山右叢書　山右歷史文化研究院　編

國史紀聞 下

［明］張銓　撰　　［明］張道濬　訂　　［明］徐揚先　校
　　田同旭　趙建斌　馬艷　點校

上海古籍出版社

國史紀聞卷七

英宗睿皇帝

丙辰，正統元年春正月，上御經筵。

時，王振用事。考功郎中李茂弘語人曰："經筵進講，不過應故事，以飾太平耳。今日最可憂者，君臣之情不通，暌隔蒙蔽，必將有意外之患也。"遂抗章致仕去。

二月，命僉都御史王翱鎮守陝西。

三月，賜進士周旋等及第出身有差。

命兵部左侍郎柴車參贊陝西軍務。

先是，虜酋朶兒只伯擁衆入寇。鎮番副總兵劉廣往援，遇虜，不戰而退。虜隨逼涼州，廣閉門不出，虜大掠去。廣奏功徼賞。車劾廣罔上不法，請寘之法。詔械廣至京，下獄。又劾寧夏守將失律，罷之。朝廷嘉車執法，賜白金、文綺。

以鄺野爲兵部左侍郎。

夏四月，河北旱蝗。

遣工部侍郎邵旻督捕之。

五月，初設提學。

南北畿以御史，各省以按察副使或僉事，各一員，專敕責成，按臣不得侵越。

以薛瑄爲山東提學僉事。

瑄每臨諸生，親爲講解，諸生翕然愛敬，呼爲薛夫子。

六月，以陳智爲右都御史。

七月，徙封襄王瞻墡于長沙，淮王瞻墺于饒州。

九月，張瑛卒。

十月，上閱武于將臺。

上命諸將騎射，以三矢爲率，受命者萬餘，惟駙馬都尉井源三發三中。上喜，撤尊賜之。觀者私相謂曰："往年王振閱武，紀廣驟升三級。今日萬乘閱武，豈但一杯酒已耶？"然竟無殊擢。

十二月，命兵部尚書王驥巡視陝西諸塞。

先是，鎮守平凉都御史羅亨信與都督趙安，率岷洮等衛兵巡邊，遇虜，安與都督蔣貴聽都指揮安敬議，逗遛不行。亨信至其營責之，貴等以芻糧不繼爲解。亨信劾貴等老帥玩寇，侵剋軍餉，乞正罪以振軍法。上乃敕驥巡邊，整飭軍務，許以便宜行事。

丁巳，二年。

二月，以宋儒胡安國、蔡沉、真德秀從祀孔子廟庭。

太皇太后欲誅王振，上、諸大臣救之，乃止。

太后御便殿，召張輔、楊士奇、楊榮、楊溥、胡濙入見。上東立，輔等西立，太后各以溫詞慰之，曰："卿等老臣，嗣君冲年，幸并力同心，共安社稷。"又顧上曰："此五臣，先朝簡任，俾輔後人。萬機皆當與計，非五人所贊成，不可行也。"頃，宣王振至，太后色遽變，曰："汝侍皇帝，起居不節，數導爲非，罪當死。"命左右斬之，女官加刃振頸。上跪，爲之請，諸大臣皆跪。太后曰："皇帝年少，豈知自古此輩禍人國家多矣。我聽帝與諸公宥振，此後不得再令干國事。"

夏五月，左都御史顧佐致仕。

佐考察，罷御史邵宗。宗九載滿，在吏部。上爲原宗詰佐，佐遂請老去。佐性嚴重，守正嫉邪，孤介獨立。入內直廬，屏坐小夾室，非議政不與諸司群坐，人皆敬憚，以故竟擠之。家居十餘年，卒。

六月，僉都御史魯穆卒。

穆自少攻苦食淡，力學篤行。嘗書座右曰："嚼得菜根，百事可做。"初爲福建僉事，理冤懲墨，人不可干以私。泉州有李姓者妻吳美，與富姻林私。李調官廣西，林令二僕從行，殺之道中，吳竟適林。李宗人訴之郡及按察司，皆受賂，反坐。十餘年未決，公一訊即明，超升僉都御史，召入臺。比入臺，請寄不行，問遺並絕。歷官三十餘年，家無餘貲，沒不能斂。

秋九月，虜寇甘涼，王驥御却之。

驥至軍中，大會諸將，問將校："畏敵不畏軍令者，誰最甚？"皆曰："都指揮安敬。"驥立縛敬，斬轅門，三軍股栗。遂大閱士伍，養銳待虜。未幾，把禿孛羅寇莊浪。驥遣都指揮衛榮，授以方略，擊敗之，俘獲甚衆。虜知有備，引去。驥以甘州兵冗，徒費芻糧，乃留五萬五千人戍邊，餘遣還，更番代上。于是，軍得休息，民省轉輸之勞。

以溫州知府何文淵爲刑部右侍郎。

文淵守溫州，廉靖寡欲，一郡大治，治行浙爲第一。宣宗下璽書襃之，增秩二級，守郡如故。至是，胡濙復薦文淵宜大用，故超擢是職。

戊午三月，以魏驥爲吏部左侍郎。

驥正道自持，不苟從俗。有進士未終制，求爲考功者，同官許之，驥曰："選法不可擅，又可上欺耶？"竟不與。

四月，《宣宗章皇帝實錄》成。

進大學士楊士奇、楊榮少師，楊溥少保兼武英殿大學士，王直、王英並禮部左侍郎，李時勉、錢習禮爲翰林侍講。

王驥率諸將出塞，擊虜，大破之。阿台朶兒只伯走，死。

虜酋阿台朶兒只伯復入寇，驥選精騎二千授都督蔣貴，戒之曰："努力樹功名，不勝無相見。"貴感奮以往。虜尋又窺邊，驥曰："虜不大創，不退，使我罷于奔命。"諜知虜巢所在，復用蔣貴爲前鋒，驥與都督任禮等帥兵出鎮夷關，與貴期以狼心山舉火爲號，夾攻虜于梧桐林，虜潰走，復進兵至野孤心、青羊山，轉戰二千餘里，俘人畜數千。虜酋以數騎遠竄，尋死。

五月，江北大水。

淮揚被災，鹽課虧少，上命巡撫周忱往視之。忱奏，令蘇州等府將撥剩餘米，每縣量撥一二萬石，運赴揚州各鹽場收貯，如數出給通關，准作次年預納秋糧。令竈戶上納私鹽，照時價給米。於是，米貴鹽賤，官得積鹽，民得食米，上下賴之。

秋八月，順天貢院火。

翰林侍講學士曾鶴齡主試。初試之夕，場屋火，試卷多毀。有司懼罪，不敢言更試，惟欲請葺場屋以終事。鶴齡曰："必更試，然後滌百弊，以昭至公。不然，雖無私，此心亦欺。朝廷何惜一日之費，不成此盛舉哉？"具二說以進。命下，如鶴齡議。

冬十月，召王驥還京，兼大理卿掌兵部事，封蔣貴爲定西伯，任禮爲寧遠伯，趙安爲會昌伯。

貴起自行伍，能與士卒共甘苦。凡出戰，衣糧器械，不役一人，皆自齎負。及臨陣，當先搏戰，子弟士卒蟻附而前，以死向敵，用是取勝。但目不知書，短于謀略，必聽人指揮而後能成功。威振西陲，羌虜畏服。

升柴車兵部尚書，仍贊理陝西軍務。

車盡心邊務，數劾將佐欺玩，或怵以後患，車曰："吾敢愛身以誤國耶?"同事者多耽宴樂,忽大計。車遂斷酒肉,澹泊自處,燕會皆不與。凡有功賞,雖敕下,必覆驗而後行。岷州土官都指揮后能以家人冒功得升賞。車奏罷,能復請,上宥之。車反覆論其不可,曰:"詐冒如能者,非一人,臣方按覆。今宥能,如餘人何?若無功而得官,捐軀死敵者何以待之?"詔嘉車忠誠,賜白金、文綺。

雲南麓川宣慰思任發叛。

十一月,以陳敬宗爲南京國子祭酒。

敬宗以師道自任,嚴立教條,痛革舊習,日勵諸生進學成德。時,關中楊鼎初發解,春闈不利,求入南監,從敬宗卒業。其爲士大夫所重如此。

己未,四年正月辛巳朔,大祀天地於南郊。

遣刑部主事楊寧往諭麓川思任發,不聽。

二月,楊士奇展墓歸。

士奇乞休,上不允。命歸省墳墓,差内使阮澹護行,賜璽書、金幣,曰:"卿省墓畢即來,毋久戀鄉土。"士奇頓首謝。

三月,賜施槃等進士及第出身有差。

逮湖廣巡按御史陳祚下獄,尋釋之。

祚按湖廣,益持風紀,上言遼王滅絶天理,亂人倫數事。上怒,逮下獄,論死。未幾事露,王廢。乃宥祚,改南京雲南道御史。

夏四月,倭大寇浙東。

先是,日本入貢,不奉約束。宣宗諭使臣:後貢毋過三舟,使人毋過三百,刀劍毋過三千。續來貢如約束,受之。及源道義卒,遣中官雷春吊祭,嗣王遣使貢謝。自後,方物、戎器滿載而來,遇官兵,矯云入貢。貢即不如期,守臣幸無事,輒請俯順夷情。主客者爲畫可條奏，即復，許貢，云"不爲例"。嗣後再至，亦復如之。我無備，即肆出殺掠，滿載而歸。

宣德末年，海防益備，夷不得間，稍如約。遂許至京師，宴賞，市易，飽恣其欲。已而，備御漸疏。至是，大寇浙東，入大嵩、桃渚，官廨、民舍焚劫一空。驅掠少壯，發塚墓。束嬰兒竿上，沃之沸湯，視其啼，以爲樂。刳孕婦，視男女，屠毒最慘。流血成川，城野蕭條。於是，朝廷下詔備倭，命重師守要地，增城堡，謹斥堠，修戰艦，合兵分番屯海上，寇盜稍息。

楊士奇還京。

五月，黔國公沐晟率兵討思任發，都督方政戰死。晟旋師，至楚雄卒，子斌嗣。

方政與晟弟昂先進，晟繼其後。政等夜渡江，襲破賊柵，斬首三千餘級。政乘勝獨進，遇伏，力戰而死。時，春已半，晟慮瘴發不利，遂旋師，至楚雄暴卒。

重修京城九門。

文皇肇建北京，既作郊廟。將及城池，會有司未果。及是，詔修九門。工部侍郎蔡信揚言於衆曰："役巨，非徵十八萬民不可，材木稱是。"上遂命中官阮安董其役，取京師營卒萬餘，停操而用之，厚其既廩，材木諸費一出公府。有司不預，百姓不知，而歲中告成。安能奉公恤下，且善經畫云。

以王質爲戶部右侍郎。

質爲四川布政，有廉名。出巡惟蔬食，不食肉，蜀人呼爲"青菜王"。轉山東，嚴覈帑藏，節浮清隱，儲畜大充。又使人間民瘼，恤荒平賦，民甚德之。後爲刑部尚書。

以范理爲德安知府。

楊溥子自鄉來，道出江陵，理爲縣令，不加禮，溥深重之。

即薦擢爲德安知府，再擢貴州左布政使。或勸當致書謝，理曰："宰相爲朝廷用人，非私理也。"及溥卒，乃祭而哭之，以謝知己。

六月，京師大水。詔求直言。翰林編修劉定之上言十事。

　　一言號令之出，宜求大公至正，久而無弊，信賞必罰，不爲苟且。二言公卿侍從，宜時召見，俾承清問，因以觀其才能，察其心術，而進退之。三言降胡近處京畿，宜漸分其類，移置南地。四言宜以京官出任郡縣，使民得蒙循良之政。五言宜倣唐制，朝官升任之時，舉賢自代。六言武臣子孫宜習韜略。七言守令之官宜加詳察。八言安富恤貧。九言丁憂宜令終制。十言宜遏僧尼。皆切時弊，留中不下。

加蘇州知府況鍾、吉安知府陳本深祿正三品，仍知府事。

　　鍾在蘇州久，愈得民心，歲滿當去，軍民二萬餘人叩闕乞留。本深在吉安，治尚寬簡，未嘗任智用威，民自信服，尤折節下士。至是亦九載滿，郡人相率乞留。藩憲以聞，上從之，與鍾俱加俸，復任。後鍾卒於官，本深以老乞休去，兩郡之民皆尸祝之。

秋八月丙子朔，日有食之。

命僉都御史王翱巡撫四川，參贊軍務。

　　松藩番賊數入寇，用兵不效。翱至，專布恩信，招懷降附，出賜金市牛酒，慰犒番酋商巴等，酋感悅，盡邀各部落十八寨來歸，受約束，地方以寧。

九月，遣官修倉儲、水利。

　　楊士奇等上言："堯湯之世，不免水旱，而民不聞困瘠者，有備故也。高皇帝篤意養民，備荒有制。天下郡縣，悉出官鈔糴穀貯倉，以時散斂。又相其地，開陂塘，築圩壩，以備水旱，民安其業。歲久弊滋，豪滑侵漁，穀盡倉毀，水利湮廢，稍遇凶荒，民無所賴。守令漫不究心，事雖若緩，所繫甚切。請擇遣京官廉幹者，往督有司，凡豐稔州縣，各出庫銀平糴，儲以備荒。陂塘圩壩，皆令修復。郡縣官以此舉廢爲殿最，庶幾官有備荒之積，民無旱潦之虞。仁政所施，無切于此。"上曰："此祖宗良法美意也。"命戶部急行之。

十月，廢遼王貴烚爲庶人。

十一月，造渾天璿璣玉衡簡儀。

降福建僉事廖謨爲府同知。

  謨杖死驛丞，楊溥欲坐償命，楊士奇欲擬因公致死，互爭不決，請裁于太后。王振因進言謂："溥與驛丞同鄉，士奇與僉事同鄉，皆有私意。償命過重，因公過輕，宜對品降職爲當。"太后韙之。自是，振漸撼內閣之過，而權歸掌握矣。

十二月，徙荊王憲於蘄州。

庚申，五年春正月甲辰朔，日有食之。

南京戶部尚書黃福卒。

  福秉心正直，義利介然，天下士大夫無識不識，皆知其爲君子。俸賜分贍姻族，卒之日，食無百緡[一]。後贈太保，諡忠宣。

召襄城伯李隆提督京營，以豐城侯李彬守備南京。

  隆丰姿凝重，器宇宏遠，守南京數年，鎮以靜定，最識大體。朝廷疑隆在留都久，得人心，召還京。始近聲妓，爲自安計，數年卒。自後代者數易，終莫能及。

二月，帝躬耕籍田。

命侍講學士馬愉、侍講曹鼐並直內閣。

時，王振專擅，欲去三楊。一日，謂楊士奇等曰："朝廷事賴三先生，然三先生亦年高倦勤矣，後當若何？"士奇曰："老臣當盡瘁報國，死而後已。"榮曰："不然，吾輩衰殘，無以效力，當擇後進可任者報聖恩耳。"振喜。翌日，即薦曹鼐、苗衷、陳循、高穀等，遂次第擢用。士奇咎榮發言之易，榮曰："彼厭吾輩矣，吾輩縱自立，彼能已乎？一旦內降片紙，命某人入閣，則吾輩束手而已。今四人竟是我輩人，當一心協力也。"士奇服其言。

大學士楊榮展墓歸。

三月，圻輔大旱。

四月，立存積、常股鹽法。

五月，倭寇浙東。

六月，召鎮守甘肅兵部尚書柴車還京，掌部事。

秋七月，少師、工部尚書兼謹身殿大學士楊榮卒。

榮明敏疏通，謀而能斷，濟險解紛，調停有術。文皇英武，群臣奏對少稱旨，獨喜榮，雖盛怒，榮一言輒霽威。屢從塞，運籌帷幄。閣中議事，衆論或窒難行，獨榮所畫無不中窾。故事，每歲秋內閣與諸大臣錄囚，楊士奇訊之未了，榮片言即決。內行謹修，禄厚財豐，贍賑窮阨，貴賤賢愚皆歸心焉。然頗納餽遺，時議少之。展墓還，至武林卒。贈太師，諡文敏。

九月，封張昇爲惠安伯。

十二月，升廣西思恩州爲府，擢土官知州岑瑛爲知府。

瑛遇老僧于道，從者呵之，不避，詰其度牒，爲楊應能，自言曰："此非吾姓名，吾托此而逃者也。君侯獨不聞乎？自金川失守，大內火起，吾潛由地道出，由湖湘入蜀，歷滇閩至此，淪落江湖，垂肆拾年。今老矣，無能爲矣，行道傷嗟，君侯獨無憐憫之心乎？願送骸骨歸。"瑛大駭，聞之巡按御史，迎至藩堂。僧趺坐，自稱朱允炆，曰："胡濙名訪張獵偈，實爲我也。"衆悚然，具奏乘傳至京。朝廷未審何人，以尚膳太監吳亮曾事建文，使往視。亮亦遲疑，僧曰："汝非吳亮耶？不見四十年，應亦難辨。我舉一事，昔御便殿時，食子鵝，棄片肉于地，汝餂而食之，汝寧忘之耶？聞楊士奇尚在，能出一見否？"亮大感慟，復命。遂取入西內居之，卒葬西山，不封不樹。曾于途次賦詩曰：

流落西南四十秋，蕭蕭華髮已盈頭。乾坤有恨家何在？江漢無情水自流。

長樂宮中雲氣散，朝元閣上雨聲收。新蒲細柳年年綠，野老吞聲哭未休。

嘗題貴州金竺長官司羅永庵壁間詩曰：

風塵一夕忽南侵，天命潛移四海心。鳳返丹山紅日遠，龍歸滄海碧雲深。

紫微有象星還拱，玉漏無聲水自沉。遙想禁城今夜月，六宮猶望翠華臨。

又曰：

閱罷楞嚴磬懶敲，笑看黃屋寄曇標。南來瘴嶺千層迥，北望天門萬里遙。

款段久忘飛鳳輦，袈裟新換袞龍袍。百官此日知何處，惟有群鴉早晚朝。

辛酉，六年春正月己亥朔，日有食之。

以定西伯蔣貴爲征夷將軍，兵部尚書王驥提督軍務，宦者曹吉祥監軍，討思任發。

麓川本百夷，僻遠，不當中國一郡。王振欲立功異域，遂力主討議，楊士奇言："遠夷不足較，且爲耕守計。"振不聽，侍講劉球上言："帝王馭夷狄，不窮兵于小醜以傷生靈，惟防患于大敵以安中國。今北虜脫歡、也先父子併吞諸部，深謀入寇，而思任發依阻山谷，悔過乞降。議者乃釋豺狼以攻犬豕，舍門庭之近，圖邊徼之遠，非計之得也。臣愚以爲麓川僻陋，滅之不爲武，釋之不爲怯。願罷兵，專備北邊。"疏入，不報。遂大發兵十五萬，轉餉半天下，命驥等討之。驥奏舉廷臣有才略者太僕寺少卿李賫，郎中侯璡、楊寧等，隨軍贊畫。

二月，命僉都御史王翱鎭守陝西。

　　翱飭關隘，練士馬，選用將帥，三邊晏然。

大學士楊溥展墓，尋還朝。

四月，以王佑爲工部右侍郎。

　　佑諂事王振，遂得以部郎獵〔二〕超卿貳。佑美而無鬚，一日，振戲之曰："侍郎何無鬚？"對曰："阿父無鬚，兒子豈敢有鬚？"聞者唾之。

五月，戶部尚書劉中敷罷，以王佐爲戶部尚書。

　　中敷忤王振，故罷，而以佐代之。

六月，右都御史陳智免，以王文爲右都御史。

七月丙申朔，日食。

八月，以薛瑄爲大理寺卿。

　　初，王振問楊士奇："吾鄉誰可大用者？"士奇薦瑄，乃召爲大理寺少卿。至京不見振，振數問士奇："何不見薛少卿？"士奇謝曰："彼將來見也。"知李賢與瑄厚，令賢道意，瑄曰："厚德亦爲是言乎？拜爵公朝，謝恩私室，吾不爲也。"一日，會議東門，公卿見振皆拜，瑄獨立。振就揖之，自是銜瑄。

十月，奉天、華蓋、謹身三殿成。

　　三殿成，宴百官。故事，宦官不預外庭宴。王振怒曰："周公輔成王，我獨不可一坐乎？"上聞之，感然，乃命開東華中門，詔：振由中出入。振至門外，百官皆候拜，振始悦。

十一月，定都北京。

　　永樂初，議遷都，設六部等衙門，各稱"行在"。十八年定都于北〔三〕，除舊在南京者加"南京"二字。洪熙初，仁宗欲都南京，復稱"行在"。至是，宮殿完，仍定都北京，復除，遂爲定制。

右都御史吴訥致仕。

　　訥，常熟人。少力學篤行，兼善醫。永樂末，舉醫生至南京。仁宗監國，以楊士奇薦，命教功臣子弟，尋拜監察御史，歷升副都御史。入臺十餘年，廉直自守，耻爲詭隨，昌詞義色，風采凛然。雖不察察爲明，而奸貪輩自摧阻消縮。至是，懇乞致仕。上嘉其賢，賜宴遣之。歸家，杜門著述，闡明理學。周忱造其廬，見湫隘，欲爲創第于城中。訥曰："訥素不愛繁華，且厭城市，何敢勞民傷財，以重吾不德耶？"忱乃止。

王驥進攻麓川，大破之，思任發遁去。

　　驥至雲南，大暑，衆請按兵。驥曰："賊方熾，毒吾民，進不可緩。敢阻軍者斬。"至金齒，分兵爲三道，徑搗上江。上江者，賊巢也。夾攻三日，不下。會大風，縱火焚賊栅，乘勢力戰，斬首五萬餘級。賊散走，保險拒守。驥益率兵深入，破連環七砦于沙水籠山，又破象陣于馬鞍山，賊死者十餘萬，思任發遁去。時，維摩賊韋郎羅者，僭王號。驥因移軍討之，以偏師抵其境，聲言大軍且至，賊潰散，郎羅逃于安南。傳檄諭之，安南人函首來獻，驥班師。

閏十一月，以李時勉爲國子祭酒。

　　時，勉在經筵，每進講必盡誠敬，冀有感悟。上亦傾聽，聞者莫不稱善，比之范純之。時，祭酒缺，衆推時勉，遂用之。諸生數千人，時，勉開導訓誨，各因其才。病不能醫、死不能喪、貧不能婚者，節省廩錢，力爲贍給。督諸生誦讀，寢興有常，燈光達旦，咿唔之聲不絕。恩義浹洽，若家人父子，教化大振。

壬戌，七年正月朔。

三月，賜進士劉儼等進士及第出身有差。

論平麓川功，進封蔣貴爲定西侯，封王驥爲靖遠伯，升郎中侯璡爲禮部右侍郎，楊寧爲刑部右侍郎。

命僉都御史王翱提督遼東軍務。

　　先是，虜寇遼東，出師御之，輒敗。朝廷以爲憂，乃命翱督軍務，得便宜從事。翱以遼左法令久弛，不復知有賞罰，以故虜至不敢戰，即戰亦不力。及諸將迎謁，責其玩寇喪師之罪，命將斬之，再三哀請乃已。於是，三軍股栗，莫敢不用命。逾月巡邊，自山海抵開原，培墉浚壍，五里爲堡，十里爲屯，烽燧斥堠，千里相望。簡閱行伍，汰老弱，賑貧乏，偶配鰥寡，遼人大悅。謂邊境空虛，乃因俗立法，詞訟細大皆收贖。在遼數年，得金穀牛馬數十萬，邊用充足。孫璟者，因漏關，鞭戍卒隨甲身死，其妻哭之亦死，其女哭之又死。他卒訴璟殺一家三人。翱曰："甲死以罪，妻死於夫，女死于父，非殺也。"令璟償其埋葬之費，璟得無罪，卒爲名將。

四月，大旱。

六月庚寅朔，日有食之。

吳中卒。

　　中在工部，多大營建，經畫條理，甚有心計。然性貪，家藏巨萬。卒贈茌平伯，諡榮襄。

秋七月，吏部尚書郭璡罷。

璡在吏部，嘗值旱蝗，侍臣言："大臣尸位妨賢。"內批令自陳。諸大臣遂皆乞去，謝天譴。璡獨不可，曰："主上沖年，吾輩皆先朝委任，受付托。一旦皆去，誰與共理？宜引罪，乞改過。璡老矣，官至冢宰，豈敢貪位？顧君臣恩義如此。"衆是其言，疏上，盡留諸大臣。至是，請老。璡秉銓十四年，名不及蹇義，然廉潔，務采實行，不用浮薄游譽之士。雖爲內閣所侵，能堅忍持正，自行其志。

九月，始置太倉銀庫。

冬十月，太皇太后張氏崩。

初，宣廟崩，太后即將宮中一切玩好之物、不急之務悉皆罷去。禁中官，不許差遣，詔凡事必關白幾行[四]。委用三楊，政在臺閣。數年來，海內休息，皆太后之力。王振即欲專擅，尚畏太后，及崩，振遂無所顧忌矣。

思任發復反，命定西侯蔣貴、靖遠伯王驥率兵討之。

先是，思任發竄入緬甸，大軍還，復出爲寇。上謂王驥曰："勞卿再行。"發卒轉餉三十萬人，東南騷動。

十二月，以徐晞爲兵部尚書。

王振威權日盛，晞當先趨附，百計獻媚，宣言："不事振者，且得禍。"於是，大臣、百執事并在外方面守令，無不重賄博振歡，舉朝多以翁父稱振，見即長跪。一夕，矯旨召兵科給事中蔣性中，至入門，遙見都御史陳鎰、王文跪燭影中，少頃，連喏而起。性中以爲上在，及至，乃振也。振向性中索遼東輿地圖，初不知所謂，後數日乃知，尚有御史見振不跪，振欲按圖求極惡地遣戍耳。其作威若此。

襄王瞻墡來朝。

癸亥，八年春正月，以王直爲吏部尚書。

以王英爲禮部左侍郎，馬昂爲刑部右侍郎。

調吏部左侍郎魏驥于南京。

驥直道自持，不苟徇俗。時，王振怙寵而驕，每出，雖六卿亦斂輿避。一日，驥遇之崇文門，不避，振銜之，譖于上。上御便殿，召驥至，問故。驥慷慨陳言："臣不才，具位六卿。臣不足惜，朝廷名器可惜耳。"上是其言，溫詞慰之。驥因力求去，遂改南。

二月，王驥敗緬人于蠻江，思任發遁去。

驥至金齒，檄緬甸送思任發軍前。緬人佯諾，不遣。驥曰："緬賊黨，不可不加兵。"乃至騰衝，分五營，蔣貴及都督沐昂分督以進。緬人擁衆大至，驥密令貴率兵沿江而下，焚其舟數百艘，大戰一晝夜，賊潰。思任發又遁去，不可得，召班師。

夏四月，雷震奉天殿，詔求直言。

下大理寺少卿薛瑄于獄，尋宥之。

振憾瑄，欲殺之，會有獄夫病死三年，其妾欲嫁其私人王山。山，振姪也。妻在，持不可，遂誣妻毒殺夫，下御史獄，坐妻死。瑄辯其冤，三駁。都御史王文詔事振，嗾御史劾瑄受賄，故出人死，請廷鞫。振喜曰："是固應死。"竟坐瑄死，繫獄。怡然讀《易》不輟，侍郎王偉伸救之，家人又乞代死，得免，歸田。

封元儒吳澄爲臨川郡公，從祀孔子廟庭。

從楊士奇請也。

立皇后錢氏。

瓦剌大師順寧王脫歡死，子也先嗣。

五月，升王翱爲副都御史，仍撫遼東，提督軍務。

畿內旱蝗。

六月甲申朔，日有食之。

宦者王振殺翰林侍講劉球。

球應詔上言十事：

一曰勤聖學以正心德。願視朝之暇，御經筵之日多，居宮苑之時少，數進儒臣，講求至理。二曰親政務以總權綱。願法祖宗成規，每聽朝罷，進大臣於左順門或便殿，親與裁決庶政，庶權綱有歸。三曰別賢否以親正士。願察內外之臣，賢者親之，不肖者遠之，則君子日進，小人日退。四曰選禮臣以隆祀典。今之太常，即古之秩宗。必得寅清端重、明習禮典者，然後可交於神明。宜選儒臣爲之，庶祀典克修。五曰嚴考覈以督吏治。近來吏無善政，民多失業。宜選公明、廉幹廷臣分行天下，考察文武官吏，黜奸墨，旌廉仁，庶人知勸懲，而吏治修。六曰慎刑罰以彰憲典。近法司讞獄，有奉敕減重爲輕、加輕爲重者，法司不敢執奏，訊囚之際多觀望以希合聖意，不能無枉。一切刑獄，宜從法司所擬，有不當者罪之。納贖亦非古法，且使貪者倖免而廉者蒙辜。宜令法司，今後文武之臣公罪許贖，其餘依律問擬，則刑罰中而憲典彰。七曰罷營作以蘇人勞。今京師營作已五六年，雖不煩民，而皆役軍。軍亦國家赤子，賴之禦侮而赴鬬，豈宜獨役而不加恤？宜罷其工。八曰寬逋賦以憫民窮。近各處報災，乞減租稅，而有司徒事虛文，民不沾惠，以致流徙益多。宜令戶部，遇有報荒，即勘實，量減其租。安養流民，使不失業，使民窮有濟。九曰息兵威以重民命。麓川連歲用兵，死者十七八，軍貲爵賞，不可勝計。今瘡痍未瘳，又遣蔣貴從事緬甸，即得思任發以歸，不過獻諸廷、磔諸市而已。以一逋寇，而驅十餘萬無罪之人以就死地，豈不乖好生之仁哉？宜召貴還，全億萬生靈之命。十曰修武備以防外患。北虜入貢之人，歲增無減，包藏禍心，誠所難測，不可不預防之。宜遣給事中、御史，於在京及沿邊閱督操備，借工各廠及服役私家軍士悉就訓練，仍公武舉之令以求良將，定召募之法以來材勇，廣屯田之規、收中鹽之利，以厚儲蓄，庶武備無缺而外患可彌。

疏入，王振怒球言總權綱爲詆已也，欲置球死地不得。會翰林修撰董璘乞爲太常卿事神，下詔獄，而球疏中有言"太常宜用儒臣"，振私人錦衣衛指揮馬順喜謂振曰："此可并殺球矣。"遂酷考璘，誣服，球與璘比，故先以言爲璘地。矯旨逮球，當朝摔球去，繫暗獄中，與董璘同處。順一日五鼓攜小校排户而入，小校前持球，球知有變，大呼曰："太祖、太宗有靈，汝何得擅殺我？"小校以持刀斷球頸，尚屹立，順舉足仆之，曰："如此無禮。"遂支解之，包以蒲，瘞衛後。董璘匿球血裙數日，密歸球家，家人始知球死。小校本盧氏人，與耿九疇爲鄉鄰，因往來九疇家。後久不至，甚訝之。一日，求見九疇，視其黃瘠不類，惜之曰："汝病乎？"小校吐實，且曰："迫于順，不敢不行。比聞劉公忠臣，小人作此逆天理事，死有餘罪矣。"因慟哭，悔恨不已。未幾，死。球魂憑馬順子，數順罪。順不自安，誦經禳之。

七月，王振枷國子祭酒李時勉於國學門。

初，王振每至國學，司成設茗延款。至時勉獨否，振銜之，乃誣以細事，矯旨枷時勉於監門。諸生石大用等數百人號哭闕下，大用願以身代。會昌伯孫繼宗言于太后，太后爲上言之，乃知振爲也，即詔赦之。

八月，致仕太子賓客國子祭酒胡儼卒。

儼家食二十餘年，淡然自處，聚徒講學，方岳重臣待以師禮。沉潛理學，充養日粹，晚年益有得云。

十月，徙封鄭王於懷慶。

十一月壬子朔，日食。

宣德故后靜慈先師胡氏卒。

甲子，九年春正月，新建太學成。上視學，謁先師。

二月，進曹鼐為翰林學士。

自楊榮没，惟鼐明敏，議大事多取決于鼐。王振亦曲加禮敬。

三月，少師、兵部尚書兼華蓋殿大學士楊士奇卒。

士奇晚年，昵愛其子稷，有告稷過者，反疑之。稷益橫無忌，至以私忿殺數人。被害者訴于朝，上以士奇故，不忍罪，付其狀于士奇，令自治。士奇卒，乃論稷于法，斬之。士奇通達國體，能持正，每曰：“天下萬世之事，當以天下萬世之心處之。”受知三朝，計從言聽，密謀顯諫，弼益宏多。當時論相業者，以士奇為首。但薦士必出其門，不能獎恬退，抑奔競。有攻己者，即目為浮薄，必欲斥逐。王振擅權，不能匡救，猶戀寵榮，死而後已，士論少之。

四月，命翰林學士陳循直文淵閣。

大旱，遣官禱雨於嶽鎮海瀆。

五月，命刑部侍郎楊寧參贊雲南軍務。

七月，兀良哈入寇，遣成國公朱勇率諸將分道出塞，擊之。

勇出喜峰口，由中路；左都督馬諒出界嶺口，由北路；興安伯徐亨出劉家口，由南路；都督陳懷出古北口，由西路。逾灤河，渡柳河，經大小興州，至全寧。遇福餘，逆戰，走之。次虎頭山，遇泰寧朶顔，又擊敗之。詔：加勇太保，亨進封侯，諒封招遠伯，懷平鄉伯，餘進爵有差。

命靖遠伯王驥經略延寧、甘肅邊務。

九月，城雲南騰衝。

時，有言騰衝險要，控阨蠻夷，宜城者。上敕楊寧城之。或曰："其地險惡多瘴，非時冒之，輒死，當徐計。"寧曰："我知奉命而已，遑恤其他。"即往相地，度工計財費，勉勵將士，使效力，越四旬而成。因建學舍，選生徒，訓農務學，以變夷俗。

十月丙午朔，日有食之。

乙丑，十年正月甲辰朔。

宴來朝官布政丁鎡等于禮部。

給事中鮑輝言："天下官來朝，宜敕吏部詢訪廉能、愷悌、治行超卓者，引赴御前，親加獎賞，待其考滿，舉擢薦用。"上從之。于是會舉丁鎡等廉能，賜敕諭，各賞衣鈔，宴于禮部。尋擢鎡爲刑部左侍郎，汝寧知府李敏爲應天府尹。

三月，賜商輅等進士及第出身有差。

《五倫書》成。

四月壬寅朔，日食。

召都御史陳鎰掌院事，命王文出鎮陝西。

鎰慈厚寬弘，悉民疾苦，不作聲色，尚務安輯。民信愛之，每入朝，必遮道送，不忍舍。比還，父老走數程歡迎。久旱，鎰禱即雨；雨久，鎰禱輒霽。民益親戴。比文代之，矯其寬，濟以猛，民雖陽畏而陰怨之。且水旱相因，邊事日作，無復昔時氣象矣。

五月，圻輔饑，遣大理寺右少卿李奎賑濟。

九月，命刑部侍郎馬昂參贊甘肅軍務。

先是，赤斤蒙古、罕東等衛番族恣肆剽掠，昂帥將士討之，盡得主名，斬之。及擒其僞初〔五〕王鎖南奔并妻子，械送京師。自是，番人不敢近邊。

十月，進曹鼐吏部左侍郎，陳循户部左侍郎，馬愉禮部右侍郎。

以苗衷爲兵部右侍郎，高穀爲工部右侍郎，仍兼學士并直文淵閣。

以錢習禮爲禮部右侍郎。

時，縉紳往賀，習禮曰："吾今任有司之職矣，何賀爲？"

丙寅，十一年春正月，始以内臣鎮守各省。

洪武中，宦官僅能識字，不解義理。永樂中，始令吏部聽選教官入内閣教書。至是，王振於内府開設書堂，選翰林官教，内官始多聰慧，知文義，任事權。凡各省鎮守，并督營掌兵及經理内外倉場，與提督營造、珠池、銀礦、市舶、織染等事，無處無之，爲害最鉅。

三月，降于謙爲大理寺少卿，仍巡撫。

于謙在梁晉久，上章舉參政孫原貞、王來自代。振素銜謙無饋遺，遂嗾言官劾謙擅舉自代，降大理寺左少卿，罷巡撫。河南、山西之民數萬赴闕乞留，復命巡撫如舊。

夏四月朔，日有食之。

倭寇浙西。

秋七月，少師、禮部尚書兼武英殿大學士楊溥卒。

自楊榮卒，士奇以子稷堅卧不出，溥惟一人當事，年耄勢孤，無所匡拂，後進者皆不能自樹。于是，內閣之柄悉爲王振所攘，生殺予奪，盡在其握，溥拱手受成而已。溥爲人質直，不尚機警，每議政決疑，與諸大臣爭可否，能舍己從人，篤於操行，安貞履節。嘗曰："士君子一言一行，當幽明無愧。"卒，贈太師，諡文定。

丘濬云："一時賢相，稱三楊，韙矣。然當其時，南交叛逆，軒龍易位，敕使旁午，瀕泛西洋，曾無一語。權歸常侍，遠征麓川，兵連禍結，極于土木之變，誰實啟之？《春秋》責備賢者，其能逭哉？"

八月，下吏部尚書王直、侍郎趙新、曹義于獄，尋宥之。

時，有無賴不得志者，以選事誣直。言官交章論列，乃白其誣。

九月，以鄺野爲兵部尚書。

自徐晞附王振，部事皆振主之，晞惟阿諛受成。晞死，野代之，頗能自持。

十月，閱武近郊。

十一月，命襄城伯李隆帥師巡邊。

十二月，召楊寧還，命兵部侍郎侯璡參贊雲南軍務。

丁卯，十二年二月朔，日食。

國子祭酒李時勉致仕。

時勉之去，諸生涕泗，送者數千人，商賈爲罷市。

以蕭鎡爲國子監祭酒。

以于謙爲兵部右侍郎。

先是，謙丁父憂。詔起復，累疏，乞終制，不允。遣行人汪琰諭祭。營葬事畢，還朝，陛見，遂留京師。既而，復聞母喪，朝廷以邊事方殷，仍命起復。

夏五月，升王翱右都御史，仍提督遼東軍務。

六月，禮部右侍郎錢習禮致仕。

習禮好古秉禮，動有矩則，文章議論，士論宗仰。歸山十五年，卒，諡文淵。

秋七月，河決張秋、榮澤，命工部尚書石璞治之。

八月朔，日有食之。

冬十月，浙江處州賊葉宗留反，命僉都御史張楷討之

王振逮霸州知州張需下獄，謫戍。

霸州民多游食，需教之種粟、麥、桑、棗，令紡績，畜雞豚，民皆勤力，不一年，生理日滋。畿內蝗作，捕之有法。吏部侍郎魏驥巡視，至其地，異之，以其法下諸州縣，人皆便之。有牧馬者擾民，需笞之，領牧者譖于王振，遂捕需下獄，笞箠幾死，謫戍邊。

逮南京右都御史周銓及十三道御史，並下獄。

銓先督南京糧儲，諸御史嘗劾其貪暴，深憾之。及掌院事，置功過簿，督責諸御史，詰旦而言，日宴不輟。御史范霖、湯永等不能堪，乃合疏言銓不法事。詔徵銓詣獄，銓亦詣奏諸御史，俱逮至。未白，而銓忿，得心疾死。於是，諸御史或降，或謫，而霖、永以首建議獨得重罪。永亦忿死獄中。霖以恤刑得減死，出獄數日亦卒。

馬愉卒。

後贈禮部尚書，諡襄敏。

麓川思機發據孟養，叛。

　　思任發子也。

十二月，襄城伯李隆卒。

戊辰，十三年正月朔。

命靖遠伯王驥督軍務，都督宮聚爲總兵，率師討思機發。

二月朔，日食。

三月，賜進士彭時等及第出身有差。

四月，福建民鄧茂七反。

命都督劉聚爲總兵，陳榮爲副總兵，僉都御史張楷監軍事討之。

　　先是，柳葉按閩[六]，檄各郡縣，令鄉村各置隘門望樓，編鄉民爲什伍，設總小甲統之，防御寇盜，不從令者，聽總小甲究治。由是，總小甲各得自恣，號召鄉民，無敢違者。建昌人鄧茂七與弟茂八，皆編爲總甲，嘗佃人田，租外例有饋遺。茂七始倡其民革之，輸租遠者，又令田主自運。田主訴于縣，縣逮茂七，不至。下巡檢攝之，茂七拒捕，殺弓兵。縣聞于上，調官兵三百人與之格鬬，殺傷殆盡。懼討，遂刑白馬，歃血誓衆，舉兵反。他縣游民皆聚衆應之，烏合至十餘萬人。劫上杭，據杉關大掠。順流而下，攻邵武，掠庫藏。御史丁宣[七]發牌招茂七，茂七笑曰："吾從尤溪，取延平，據建寧，塞二關之入，傳檄以下八閩，誰敢窺焉？"殺使者，僭稱王，署官職，其勢益熾。

五月，命刑部侍郎薛希璉巡撫福建，提督軍務。

六月，命刑部侍郎楊寧巡撫江西。

　　時，閩、浙、廣東寇盜竊發，師征未寧。江右密邇三境，慮有侵軼，朝廷命寧巡撫。至則按視郡縣，當賊衝者，增修城垣，立柵以斷要路，團練鄉兵，賊入境輒擊斬之。賊聞風畏避，不敢犯。寧益鎮以簡靜，暇則遍歷諸郡，崇獎學校，詢求民瘼，遠近威服。

七月，都督陳詔遇處州賊葉宗留，與戰，敗死。

八月，以魏驥爲南京吏部尚書，王英爲南京禮部尚書。

九月，命兵部侍郎孫原貞鎮守浙江，都御史軒輗爲巡撫。

十月，封宣府總兵楊洪爲昌平伯。

　　洪起行伍，有機變，然虜與中國和好，未大舉入寇，或有擾邊者，多不過百餘騎。洪用詭道掩殺，實未嘗對壘取勝也。

十一月，王驥等破思機發于孟養塞，思機發遁。

　　軍抵金沙江，賊柵西岸以拒。驥作浮梁，渡兵攻破之。乘勝進至孟養，賊斂衆，據鬼哭山及芒崖山等寨，皆攻拔之，斬獲無算。都指揮洛宣、翟亨等亦戰死。思機發竟遁去。大軍逾孟養，至孟那而還。

副總兵陳榮進兵攻鄧茂七，戰敗，死之。

十二月，命都督徐恭爲總兵官，工部尚書石璞提督軍務，帥師討葉宗留。

己巳，十四年春正月朔。

以寧陽侯陳懋爲征夷將軍，保定侯梁珤、平江伯陳豫爲副總兵，刑部尚書金濂參贊軍務，太監曹吉祥監督軍務，帥師討鄧茂七。

鄧茂七寇建寧，左參政張瑛戰敗，死之。

瑛初知建寧府，多善政，進參政，仍掌府事。至是，茂七寇城，瑛率兵拒戰，陷陣而死。

二月，鄧茂七寇延平，張楷、劉聚擊敗之，茂七死。

　　茂七率眾攻延平，楷以江浙、南京軍伏三面，而以福建軍素爲賊所易者出挑戰。賊蜂擁而前，伏起，合擊，大破之。茂七中流矢死。餘黨復推鄧茂七兄子伯孫爲主，據九龍山。楷等攻之，先遣選精兵二千伏山後，戒曰："明日賊必空寨來攻，若疾入其寨而據之。"比旦，賊視營兵少，果出寨攻我軍，山後軍已入其寨，賊失巢穴，因奔散。

貴州苗反，命總督軍務、兵部侍郎侯璡，副總兵都督方瑛率兵討之。

　　先是，麓川之役，朝議皆以爲不可，獨王振與王驥主之，盡調雲貴兵以行，連兵十年，將士多死，列衛空虛。苗獠乘間竊發，攻圍城堡，道路不通。驥與都督宮聚、張軏等先後擁師歸，所至人遮泣陳苗害，皆曰："吾征麓川寇，不受命殺苗也。"去之。苗前截後躡，我軍無復紀律，死亡數萬，軏等僅以身免。諸城被圍，歲餘乃解，饑死者大半，而東南騷動矣。至是，乃命璡等討之。

進工部侍郎周忱爲户部尚書，仍舊巡撫。

三月，以監察御史韓雍爲僉都御史，巡撫江西。

　　雍按江西有聲，吏民奏留一年，遂有是擢。時年方二十有八，曉暢民情，諳練吏治，鏟奸布惠，恩威大著。

浙江僉事陶成招葉宗留，降之。

　　時，石璞等屯師日久，賊深入險阻，乘間倏出，官軍調集，又復遠邐，師老財費，莫能爲計。成請招諭之，乃從僕隸四五人，徑抵賊巢，諭以禍福，言辭懇惻。宗留等環聽，竦動悔悟，率其黨出降。惟陶得二殺使者，引餘黨遁入山中。

徐恭討浙賊，敗績。

四月，王驥擒苗虫富，檻送京師，伏誅。召驥還。

　　虫富僭稱剗天王，以驥爲平蠻將軍討之。至是獲之，送京師，伏誅。

五月，命侍讀學士張益直文淵閣。

六月，南京宮殿災。

致仕少保、大學士黃淮卒。

寧陽侯陳懋執鄧伯孫，誅之，餘黨悉平。

　　懋等至建寧，鄧茂七已敗死。伯孫繼之，勢復熾。懋等仍揭榜招諭，立賞格，能自擒殺來降者，與斬敵同賞。於是，擒斬而降者相繼。有千戶龔遂榮者，入尤溪山中，降其衆數千而還。賊將張留孫勇而健，善鬬，自茂七起事，恒倚仗之。遂榮乃爲書遺之，許其自新。諜者傳，致之伯孫。伯孫果疑留孫，殺之。由是，賊將人人自疑，棄伯孫來降。遂進兵沙縣，破貢川、陳山諸寨，伯孫就執。乃分兵解汀州之圍，八閩遂平。

命刑部侍郞薛希璉巡撫福建。

　　時，殘寇羅丕復起，希璉調兵討之。知賊黨迫脅者衆，遣人抵其壘，諭曰："若等皆平民，能自新，吾當上請，貰若罪。不然吾將殄滅之，無有遺乃已，爾無悔。"不日，降者數萬計。先是，有逃入海者，聞之，亦棄兵自縛，詣麾下，待罪，悉釋之，使歸田里。不服者，縱兵擊之，擒斬殆盡，閩寇乃平。以功升刑部尚書。

秋七月，熒惑入南斗

　　時，侍講徐珵知天文，私語其友劉溥，以不祥久之不退舍，曰："禍不遠矣。"遂命其妻孥南歸。

虜也先大舉入寇，王振奉上親征。

八月，我師敗於土木，上北狩。

先是，通使往來虜中，以好語啖虜。也先因爲其子求婚公主，通使謾應之，曰："爲若請，上已許矣。"也先大喜。是年春，遣人貢馬，爲納聘也。朝廷不知，答詔無許姻意。王振又減其賞賜、馬值。也先愧忿，遂大舉入寇，塞外城堡，所至陷没。乃遣駙馬都尉井源等四將，各率兵萬人御之。邊報狎至，王振遂勸上親征。命郕王居守，英國公張輔、成國公朱勇率官軍五十萬人從，户部尚書王佐、兵部尚書鄺野、學士曹鼐、張益等扈行。吏部尚書王直率群臣伏闕懇留，不允。

十七日，車駕發京師，出居庸，過懷安，至宣府。連日風雨，人情洶洶，井源等敗報踵至，王佐、鄺野請回鑾，不許。欽天監正彭德清斥振，曰："象緯示警，不可復前。倘有疏虞，陷乘輿于草莽，誰執其咎？"學士曹鼐曰："臣子固不足惜。主上係天下安危，豈可輕進？"振怒曰："若有此，亦天命也。"會暮有黑雲壓營，雷雨大作，振惡之，又聞前軍西寧侯宋瑛、武進伯朱冕全軍覆没。鎮守大同中官郭敬密言於振曰："虜勢猖獗若此，決不可前。"振始令班師大同。副總兵郭登請車駕從紫荆關入，庶保無虞，振不聽。還至狼山。虜迫且及，遣朱勇等率三萬騎御之。勇無謀，冒入鷂兒嶺，虜兩翼邀阻夾攻，殺之殆盡。駕至土木，日尚未晡，去懷來城僅二十里，衆欲入保懷來。振輜重千餘輛未至，留待之。鄺野再上章，請疾驅入關，而嚴兵爲殿，不報。又詣行殿力請，振怒曰："腐儒安知兵事？再妄言，必死。"野曰："我爲社稷生靈，何得以死懼我？"振愈怒，叱左右披鄺出，遂駐土木。旁無水泉，人馬渴甚。次日，八月望，將啓行，虜已逼，不敢動。虜見我兵不動，乃佯退，遣使持書求和。召曹鼎草敕與和，遣二通事與虜使偕往。振急下令移營，南行未三里，虜復至，四面攻圍我師，行伍大亂，爭先奔走，虜騎蹂陣而入，奮長刀砍我軍，大呼：“解甲投刃者，不殺。”衆裸袒蹈藉，死者蔽野。宦侍、虎賁矢被體如猬。上與親兵突圍，不得出，虜擁以去。王振爲亂兵所殺，張輔、王佐、鄺野、曹鼐、張益等數百人皆死。其倖免者，蓬首赤身，逾山墮谷，連日饑渴，始得達關。兵甲輜重無算，盡爲虜所得。後二日，報至，京師大震。皇太后遣使，齎金珠、綺錦詣也先營，請還車駕。

八月，太后命郕王攝政，立皇長子見深爲皇太子。

太后集百官闕下，命郕王權總萬機，于午門南面見百官，啓事施行。時議洶洶，謂行且即真。翌日，乃立皇長子見深爲皇太子，時方二歲，郕王輔之。

夷王振族，籍其家。錦衣衛指揮馬順，伏誅。

郕王臨午門，百官劾王振擅權誤國之罪。王倉卒，未有處分。百官憤言：“振罪惡滔天，陷上虜庭，傾危宗社，若不速正典刑，誅其族黨，何以慰安人心？”因慟哭，聲徹中外。王傳旨，籍振家。馬順叱百官，使退。給事中王竑憤起，捽順首，曰：“馬順平昔助王振爲惡，禍延生靈。今日至此，尚敢廷辱群臣？”于是，衆爭毆之，揪蹋分裂，頃刻而死，血洒殿廷。復索振所親信王、毛二長隨，廷中喧嘩，班行雜亂。王疑懼，起欲還宮。兵部侍郎于謙直前，掖止之，請命衛士擊殺二長隨謝衆怒，且諭群臣，順罪應死，擊死勿論，振當赤族，行奏太后加誅。衆乃定。朝退，王直謝于謙，曰：“今日賴公鎮定，若百王直，何能爲？”王命陳鎰籍振家，振宅數處，重堂邃閣，擬于宸居，珍奇、寶玉、綺繡、金銀凡十餘庫，玉盤徑尺者十面，珊瑚樹高六七尺。磔振姪王山于市，族屬無少長皆斬，振黨彭清、陳宦等并伏誅。

以于謙爲兵部尚書。

逮宣府總兵楊洪、萬全左參將石亨，下獄。

　　上困于土木，或勸洪急發兵，衝虜圍，洪閉門不出，故逮。亨亦以不救駕，并下獄。

上出塞。

　　上陷虜中，惟校尉袁彬隨侍，也先欲謀爲逆。一夕，雷震所乘馬死，也先懼。其弟伯顏帖木兒又力勸之，乃止。也先奉上至大同城下，索金幣，約以賄至即歸駕。郭登閉門不納。上曰：「朕與登有姻，何外朕若此？」登遣人奏曰：「臣奉朝廷命守城，不敢擅啓閉。」竟不出。袁彬以頭觸門，大哭。廣寧伯劉安、給事中孫祥、知府霍瑄同出見，上曰：「虜欲歸我，情僞難側〔八〕，宜嚴爲備。」安等括公私萬餘金饋虜，請還車駕，虜笑不應。初虜來索賄，郭登曰：「此紿我耳，莫若以計伐其謀。」乃約壯士七十人，與之盟，令劫虜營，奪駕還。會有阻者，事不果。虜竟擁上去，出塞，至黑松林也先營。也先進酒，令其妻妾歌舞娛上，奉上居于伯顏帖木兒營。兩營相去十餘里，伯顏帖木兒事上甚恭謹。也先出獵，又以所獲來獻。

廣賊黃蕭養反，攻廣州。副總兵王清赴援，戰敗，死之。

　　蕭養，南海人。眇一目，有智。數坐強盜繫獄，所臥竹床忽生葉，同禁者曰：「此祥瑞也。」因謀不軌，與囚十九人越獄出，遁入海，嘯聚群盜，旬日間，至萬餘人，遂圍郡城。官軍禦之，輒敗。王清自高州引兵赴援，至沙角尾，舟膠淺水，有小艇載柴及鹽魚者奔迸，若避賊狀，近清舟，伏兵忽躍出柴中，擒清，盡殲其軍。賊擁清至城下，使呼城中降，清罵賊，遂遇害。蕭養僭稱東陽王，據五羊驛爲行宮，授僞官百餘人。

以金濂爲户部尚書。

九月，郕王即皇帝位，遥尊帝爲太上皇。

　　皇太后遣太監金英傳旨："皇太子幼冲，未能踐祚，理萬幾。郕王年長，宜嗣正統。"時議亦以時方多故，人心危疑，思得長君以彌禍亂。於是，文武群臣交章勸進，擇日行禮。郕王遂即位，改明年爲景泰元年。

以翰林修撰商輅、彭時并直内閣。

進陳循爲户部尚書，高穀爲工部尚書，仍兼學士。

商輅、彭時並進侍讀。

以郕府左長史儀銘爲禮部左侍郎，右長史楊翥爲兵部右侍郎，審理正俞綱爲太僕寺卿，審理副余儼爲僉都御史。

出楊洪、石亨于獄中，總京營兵。

起薛瑄爲大理寺丞。

擢兵部郎中羅通、給事中孫祥並爲副都御史，分守居庸、紫荆關。

冬十月，也先寇大同，破紫荆關，都御史孫祥走死。

　　先是，遣都指揮李鐸至虜營，起居上皇。也先亦遣使請和，還車駕，詞甚慢悖，朝議未決。于謙曰："獨不聞社稷爲重，君爲輕乎？"遂上言："虜賊不道，氣滿志得，恐長驅深入，不可不預爲計。邇者，各營精鋭盡簡隨征，軍資器械十不存一，宜亟遣官募義勇，集民夫更漕卒，令悉隷神機營操練。"又："仍令工部理戎器，户部調芻糧，傳檄邊鎮，虜至，或擊其前，或襲其後，使虜首尾自顧不暇，必狼狽歸。"上悉從之。經畫粗定，而虜果入寇，經大同。郭登登城謂曰："賴天地、祖宗之靈，中國有主矣。」虜知有備，不敢攻。遂由廣昌破紫荆關，殺指揮韓清等，都御史孫祥走死。

以舉人練綱爲監察御史。

綱先上言：「虜勢猖獗，非直要求金帛，將效金人以汴宋待我也。我國家國富兵強，固非宋比。然求如種帥道〔九〕、李綱其人，亦未多見。乞遴選武臣，授以方略，俟虜深入，乃奮擊之。又敕邊將勒兵内向，要其歸路。設有倡爲和議，緩于武備，且請南遷以圖偷安者，即爲奸臣，宜即加誅，以爲衆戒。」上悦，遂有是擢。

召邊兵入援。

虜勢漸迫，尚寶司丞夏瑄請召邊兵，入捍京城，内外夾擊。乃召遼東、宣府各邊精兵入援。時，邊□□□，□□孤危，又見調兵赴闕，人心皇皇，紛□□□〔一〇〕。都御史羅亨信仗劍坐當門，下令曰：「出城者斬。」衆始定。城中老稚歡呼曰：「吾屬生矣。」因設策捍御，督將士誓死以守。

也先犯京師，焚三陵，于謙、石亨等御却之。

虜薄近郊，京師戒嚴。侍讀徐珵言天命已去，倡議南遷。于謙曰：「京師天下根本，宗廟、社稷、陵寢、百官、百姓、公私積聚皆在，一動則大勢盡去，宋家南渡之事可鑒矣。」因請斬言遷都者。太監金英亦宣言於衆曰：「死則君臣同一處死耳。有言南遷者，上命必誅之。」於是，衆心稍定。謙又奏：「盡移郭外人民入城，令虜所過堅壁，勿與戰。急散官軍通州糧百萬，盡入都城。壩上諸處尚有芻粟數萬，悉遣人焚之。」或請奏報，謙曰：「寇在目前，稍緩徒爲敵資耳。」上命謙及石亨營城北，都督孫鏜、刑部侍郎江淵營城西待虜。釋王通爲都督，升鴻臚寺卿，楊善爲副都御史，協守京城。也先擁衆至城下，石亨與戰，殺傷相當。也先遣使，索大臣議事，且索金帛萬萬計。廷議不能決，問于謙，謙曰："吾知有軍，他非所敢聞。"乃以通政參議王復爲禮部侍郎，中書舍人趙榮爲鴻臚寺卿，出朝上皇於土城廟。上皇密謂復等曰："彼無善意，宜急還。"二人歸。虜益四面剽掠，焚三陵殿寢祭器，逼宣武門。于謙督軍出德勝門，與戰，發大炮擊虜，死者無數。石亨單騎挺刃，突入虜陣，殺數人。亨姪石彪持斧佐之，諸軍踴躍，呼聲振天地，虜卻而西。亨追戰城西，虜復卻而南，亨追至彰義門，又敗之。都督孫鏜與虜戰城西，小卻，諸將不相援，鏜急叩門求入，給事中程信監軍西城，不納，疏言："鏜小失利，即開門納鏜，虜益張，人心益危，宜趣鏜戰。"上立詔鏜還戰，信從城上鼓譟，發鎗礮佐鏜，虜乃退。陳循請下榜數道，諭："回達番漢，能擒斬也先來獻者，賞萬金，爵國公。"也先疑懼，而邊兵入援亦稍至。是月既望，也先遂出居庸關，伯顏帖木兒奉上皇出紫荊。石亨追敗于清風店，楊洪、范廣擊殘虜于固安，盡殲之。大同守將郭登聞京師被圍，議率所部并糾集義勇從雁門入援，先以蠟書馳奏，略曰："胡馬南驅，三關失險，賊流連內地，爲患非輕。欲悉起各處官軍民壯，入護內庭。京兵擊于內，臣兵擊于外，使賊有腹背受敵之虞、首尾不救之患。"且曰："忠臣切己，敢忘報國之心？成敗在天，不負爲臣之節。"奏至，虜已退，優詔答之。

分遣大臣鎮守邊關，副都御史沈固守大同，尚書石璞守宣府，僉都御史王竑守居庸，副都御史羅通守山西，副都御史朱鑑守雁門，都督王通守天壽山，平江侯陳像守臨清。

以何文淵爲吏部尚書。

以周忱爲工部尚書仍巡撫。

命兵部侍郎侯璡總督軍務，都督方瑛爲副總兵，討貴州苗。

十一月，京師解嚴。

時，大臣有奏，留邊將守城者。給事中葉盛上言："今日之事，邊關爲急。往者獨石、馬營不棄，則六師何以陷土木？紫荆白羊不破，則虜騎何以薄都城？邊關不固，縱守京師，不過保九門耳，如陵寢、郊社、田里生靈何？宜急遣固守宣府、居庸爲便。"從之。

論禦虜功，封石亨爲武清伯，楊洪進昌平侯，加于謙少保、總督軍務，石彪都督僉事，餘升賞有差。

時以諸將士退虜，保都城，功在社稷，升賞頗溢。侍講劉定之上言："石亨、于謙等將兵禦虜，未聞摧陷腥羶，迎回鑾輅，但迭爲勝負，互相殺傷而已。雖不足罰，亦未足賞。今亨爵通侯，謙升一品，豈不怠忠義之心乎？宜使亨等但居舊職，以崇廉恥。"羅通亦言："德勝之戰，近在都城，斬虜幾何乃升六萬六千有餘？"又言："腰玉珥貂者，皆苟全性命，忌能憎言。"于謙上言："德勝當先一萬九千八百八十人升一級，陣亡三千一百一十八人升二級，餘皆給賞而已。"且乞罷兵柄，上不許。

以都督董興爲總兵官，兵部侍郎孟鑑贊理軍務，討廣賊黃蕭養。

命僉都御史楊信民巡撫廣東。

信民初爲廣東參議，有惠政，恩信素孚于民。及是，聞信民至，民大喜。信民發粟賑濟，歸者益衆，賊黨漸散。

十二月，虜寇遼東，都御史王翺禦却之。

虜寇甘州，都御史馬昂禦却之。

尊皇太后孫氏爲上聖皇太后，母吳氏爲皇太后，立妃汪氏爲皇后。

都御史張楷下獄，放歸田。

葉宗留之亂，浙江三司官皆没，楷以撫賊班師，賊復爲亂，故罷。

命副都御史耿九疇清理兩淮鹽政。

九疇先以禮科給事中出爲運司同知，節儉嚴肅，無毫髮私，吏胥、豪勢凛凛不敢肆。丁内艱，鹽場數千人叩闕乞留。升都轉運使，嘗坐水旁，有童子曰："水清不若使君。"已而，被誣，逮下獄，得釋。至是，升副都御史，清理兩淮鹽法。

初令京府寄牧。

國初，官馬養於各苑馬寺、各監苑。永樂中，始以官茶易馬，養之民間，謂之茶馬。正統末，京師有警，乃選取以備軍資，養于順天府近京屬縣，謂之寄養騎操。及京師無事，寄養之馬不復散去，遂爲故事。每歲孳生、陪補之法，悉與各處茶馬無異。養馬之家，雖量免徭役，而陪補甚苦，圻輔之民始困。

校勘記

〔一〕"食"，疑當作"室"。

〔二〕"獵"，當作"躐"。

〔三〕"北"後疑脱"京"字。

〔四〕"幾"，疑當作"後"。（明）黃訓《名臣經濟録》卷三李賢《王振之變一》、（明）李賢《古穰集》卷二十八《雜録》："凡事白於太后然後行。"（清）谷應泰《明史紀事本末》卷二十九："事皆白太后，然後行。"

〔五〕"初王"，《明史》卷一百五十五《任禮傳》作"祁王"。

〔六〕"柳葉"，《明史》卷一百六十五《丁瑄傳》、（清）谷應泰《明史紀事本末》卷三十一作"柳華"。

〔七〕"丁宣",（清）谷應泰《明史紀事本末》卷三十一同,《明史》卷一百六十五作"丁瑄"。

〔八〕"側",疑當作"惻"。

〔九〕"种帥道",（明）項篤壽《今獻備遺》卷二十三《練綱》作"種師道"。

〔一〇〕此句□爲底本字迹漫漶處,參考（清）谷應泰《明史紀事本末》卷三十三辨識。

國史紀聞卷八

庚午，景泰元年春正月，上皇在塞北。

　　上皇書至，索大臣往迎，命公卿集議，廷臣因奏請遣官。上謂：「必能識太上皇帝者，始可行。」事遂寢。

宦者單增有罪下獄。

　　時，增恃寵驕縱。都給事中林聰率科道上疏，暴其罪惡，且言群邪趨媚，若往年之事王振，不急治必蹈覆轍。上命逮增下獄，尋釋之。

內閣彭時憂去。

命副都御史軒輗鎮守浙江。

　　軒天性廉介，清修苦節。初爲浙江按察使，四時一布袍，蔬食不葷。故舊經過留飯，惟一肉，或殺雞。人驚異曰：「軒廉使殺雞爲客，大破費。」丁外艱歸。至是，乃起爲巡撫。

虜寇大同，郭登擊敗之。

　　初，虜既退，登上疏言：「醜虜雖回，離邊不遠。傳報有云：『黃河已凍，且向延綏。青草復生，再侵京闕。』事雖未信，情亦可推。乞開誠待下，側席求賢。擴天理，克人欲，以成聖學之功；親君子，遠小人，以收天下之望。」又傳虜欲犯京師，登以京兵新選，不可輕戰。又疏曰：「今日之計，可養銳，不可浪戰；可用智，不可鬭勇。此謂知彼知己，可守則守。淶、易、真、保一帶，皆當堅壁清野，京兵分據，犄角安營，以逸待勞，以主待客，勿求僥倖，務在萬全。此謂『不戰而屈人兵，善之善者也』。」

　　至是，虜入大同境，登率兵躡之，行七十里，至水頭，日暮休兵。夜二鼓，虜營十二自朔州掠回。登召諸將問計，或言："虜衆我寡，莫若全軍而還。"登曰："今去城百里，一退，人馬疲倦，賊以鐵騎來追，殲矣。"即按劍起曰："敢言退者，斬。"徑薄虜營。天漸明，虜以數百騎迎戰。登躍馬先馳，射殺二人，手刃一人，諸軍乘之，遂大破其衆，追奔四十餘里，至栲栳山，斬虜二百餘，奪還人馬、器械萬計。是役也，登以八百騎破虜數千，爲一時戰功第一。

令生員納粟、上馬入監。

天城衛吏賈斌進《忠義集》。

斌上疏言："漢桓帝權歸宦豎，唐文宗受制家奴，宋徽、欽聽用閹寺，皆馴致敗亡。太上皇失位去國，亦由此輩。今皇上肇登寶位，宜法高皇帝，以爲治事無大小，必經宸斷。閹人專備灑掃，不許竊柄，凡阿諛者，必斥之。端本澄源，謹終如始，則天下一新矣。臣於歷代直諫盡忠守節之士與恃寵宦官，撮其尤者，錄成四卷，名曰《忠義集》。伏乞刊布，臣僚必能觀感，以興起其忠義之誠，而宦者亦不得縱奸宄之私矣。"事下禮部，胡濙覆奏："斌言雖足采，然章皇帝《御製臣鑑》已行頒給，足爲勸戒，所編不必刊布。"且言斌擅自離役，發回原衛。

閏正月，京師烈風晝晦。

命鎮朔大將軍石亨、都督范廣率兵出大同、宣府，尋召還。

二月，進苗衷兵部尚書兼翰林學士。

贈劉球爲翰林學士，諡忠愍。

以兵部右侍郎俞綱直文淵閣，尋出理部事。

以孫原貞爲兵部右侍郎，參贊浙江軍務。

封郭登爲定襄伯。

初開經筵。

寧陽侯陳懋知經筵事，內閣陳循、苗衷、高穀同知經筵事。江淵、商輅及侍郎儀銘、俞山、俞綱祭酒蕭鎡、侍讀學士劉鉉、諭德趙琬，皆經筵官。進講，每講畢，命中官撒金錢于地，令講官拾之，以爲恩典。時，高穀年陸拾餘，俯仰不便，無所得，他講官，常拾以貽之。識者病其褻媟。

三月，虜奉上皇至大同，分道入寇。

虜入蕎麥川、偏頭關，都督杜忠擊敗之。復奉車駕至大同，大掠蔚朔，分寇宣府諸城而去。宣府遊擊楊俊上言："也先妻孥輜重在哈剌莽，去宣府僅數百里，健兵屯沙窩，去邊尤近。今各邊宿兵不下數十萬。臣愚以爲，險阻之處量留守御，其餘壯勇各選謀勇將官統率，西附代州，東附永平，結營操練。更選京營騎兵，令大臣統率，至宣大會合邊兵，列營堅守，爲正兵。其永平兵赴獨石，代州兵赴偏頭關，沿邊按伏，爲奇兵。部署既定，或拘絕虜使，以激其怒；或檄數叛逆，以正其罪。彼必來侵，我正兵堅壁清野，坐觀其變。密遣奇兵，日夜倍道，擣其巢穴，使彼前不敢進，後不能顧，必可得志。虜或急還相救，我乘其奔潰，奇兵夾攻，立致摧敗。此實成功取勝之機，失今不治，臣恐他日之患猶有甚于今日者。"

事下兵部議，于謙言："興兵舉事，係社稷安危。如楊俊所言，萬一我軍出境，賊與我牽制，別分犬羊由間道乘虛四散剽掠，是自散守備，非萬全計。國家之害，非止北虜，東南寇盜未除，河南流民又聚，豈可輕內重外，更不思患預防？夷狄之性，利於疾速，不能持久，去來如風雨，聚散如蜂蟻。得利則鴟張，失勢則鼠遁。若欲糾兵涉遠，出徼倖之謀，撩奸凶之虜，將卒不相知，號令不相統，臣愚未見其可。"上從謙議。

致仕國子監祭酒李時勉卒。

喜寧伏誅。

宦者喜寧，本胡種，從上皇北征，土木之變，遂降虜，盡以中國虛實告之。虜前後入塞，犯京城索賂，皆寧爲畫計。上皇謂："不誅寧，還未有期。"乃與袁彬謀，遣寧傳命入京，令卒高磐與俱，密書繫磐髀間，令至宣府與總兵官，計擒之。既至城下，參將楊俊出，磐出書與俊，因抱寧大呼，遂縛寧，送京師，誅之。自寧誅，虜失嚮導，稍稍厭兵矣。

四月，董興大破廣州賊黃蕭養，誅之。

興率兵討廣寇，天文生馮軾隨行。至中道，夜半聞雞鳴，興問曰："此何祥也？"對曰："雞不以時鳴，由賞罰不明。願公嚴軍令。"經清遠峽，有白魚入舟中，軾曰："此逆賊授首之兆也。"時，蕭養聚舟千艘，勢甚張。眾欲請益兵，軾曰："兵貴神速，若復請兵，則緩不及事。以所徵兩廣、江西狼兵破此寇，猶摧朽耳。"興從之，率官軍至大洲頭，與賊遇，果大破之。蕭養中流矢，被擒，伏誅，餘黨悉平。後封興海寧伯。

大同參將請遣使赴虜議和，不許。

許貴奏言："虜欲求和，宜遣使報之，以紓邊患。"下兵部議，于謙言："曩遣李鐸、岳謙往使，財賂方入穹廬，虜騎已至關口。繼遣王榮、王復又往，不得要領而還。今日之事，理與勢皆不可和。何者？中國與虜有不共戴天之仇，和則背君父而違大義，此理不可和也。醜虜貪而多詐，萬一和議既行，而彼有無厭之欲、非分之求，從之則不可，違之則速變，此勢不可和也。宋澶淵之役，契丹屢爲中國摧沮，既盟之後，朝廷常歲輸銀幣三十萬。迨徽、欽北狩，岳飛輩屢敗金師，及秦檜一主和議，既割土已與之，又輸幣以賂之，甚則降去尊號，含垢忍恥，無所不至，卒之人心解體，國勢陵夷。援古證今，和義[一]之不足恃也，明矣。爲今之計，莫若選將練兵，相機戰守。虜議譎詐，和議必不可恃。"遂止。

虜入雁門關。

時，遣五將率兵三萬，分屯真、保、易、涿、通五路，以楊俊統之。以都督劉安率兵五千，巡守各城。

五月，虜入河曲，圍代州。

虜酋阿剌遣使貢馬請和，不許。

虜酋阿剌遣人貢馬請和，邊臣留之懷來，以聞。廷議遣太常少卿許彬譯虜使情僞，彬言："虜果欲議和罷兵，且奉還上皇。"奏至，召陳循等至文華殿，諭曰："也先背逆天道，遮留上皇，讐不共天，奈何言和？"循等頓首，請賞虜使，且好語諭阿剌，緩其詐謀。上曰："善。"乃厚賜虜使，敕諭阿剌，言："也先違天犯順，譎詐反覆，聚衆塞上，意在脅持，義不可從。阿剌必欲和好，待瓦剌諸部落北歸，議和未晚。"

處州賊陶得二寇武義，浙江按察副使陶成禦戰，死之。

得二先已招降。既而復叛，率衆攻武義。武義無城，惟設木柵。賊大至，或勸成稍却以避其鋒。成不可，麾兵與戰，自辰至申，勝負未決。俄而，城中火起，兵遂大潰，成策馬突陣，死之。事聞，贈左參政，諭祭，配享胡大海廟，廕其子。

立團營。

于謙以京兵分隸五軍、神機、三千諸營，不相統攝，每遇調遣，選摘湊撥，號令不同，將士素不相識，難以赴敵。乃議選三大營馬步軍一十五萬，分爲十營，每營各以都督總領，常令操練，以備調用。即于三大營總兵内選二人爲提督團營總兵官，文臣提督以兵部尚書。

南京禮部尚書王英卒。

英豪俊豁達，不屑曲檢，然直諒，好規人過，以故三楊皆不善，不相援引云。

都督楊俊論死，尋宥之。

俊先守獨石，土木之變，棄城逃歸，馬營、龍門等八城，皆不守。及守宣府，又以私怒杖殺都指揮陶忠。既至，廷臣交劾其罪，論死，繫獄。尋釋之，降都督僉事。

侯璡破貴州苗，加璡兵部尚書。

貴州新添、平越、清平、興隆等衛圍困已久，城中食盡，普定圍尤急。璡自雲南選善射者爲前鋒，自將至普定，疾戰，矢下如雨，賊大敗，圍解。遂趨貴，副總兵田禮以兵來會，盡解諸衛之圍。克隆里、甕城、柴塘諸寨，道路始通。上加璡官尚書。

城固原。

六月丙戌，虜奉上皇復入大同。

虜酋阿剌遣使請和，以李實爲禮部侍郎、羅綺爲大理少卿，使虜。

也先使其知樞密院阿剌爲書，遣參政完者脱歡等五人赴京請和。群臣請奉迎上皇，不報。次日，上御文華殿，諭大臣曰："朝廷因通和壞事，故與虜絶。而卿等屢以爲言，何也？"王直對曰："上皇在虜，理宜迎復。乞遣使，勿貽異日悔。"上不悦，曰："朕本無意大位，若曹共贊成之，今奈何異議？"于謙對曰："天位已定，孰敢他議？惟君臣大義，兄弟至情，自當遣使奉迎。"上意始釋，從謙言。上退。群臣出文華門，太監興安匍匐而呼，曰："孰堪使者？有文天祥、富弼其人乎？"衆未答，王直頰赤，厲聲曰："是何言？臣皆王臣，惟皇上使，敢弗行乎？"安語塞。時，李實任禮科都給事中，上命興安傳旨："欲遣使虜中，如何？"對曰："實雖才識不周，朝廷多事之秋，安敢愛死？諒亦不辱君命。"興安復命，遂升實禮部右侍郎，爲正使，羅綺右少卿，爲副使，使虜中。敕書既下，止言報禮，不及迎復。實請內閣白之，遇興安，詬曰："爾奉簡書行事，他何與焉？"實遂與虜使偕行。七月中，至虜營，反覆辯析。也先意屈，引見。上皇居皮帳，蓆地而寢，惟袁彬一人侍。上皇曰："我當日非爲遊畋而出，乃爲天下生靈計，不意被留在此，實王振輩所陷。"因問："聖母及上安否？"泫然泣下。又問舊臣數人，曰："在此逾年，始得見卿。"實曰："陛下昔日錦衣玉食，今服食粗惡若此。"因極言陛下寵信王振太過，以致傾危國家，有今日蒙塵之禍。上曰："振未敗時，無人肯言，亦朕不能燭奸，悔何及矣。"實等便欲迎上皇還。也先曰："敕書內只言講和，未言迎駕。上皇在此，又不可爲我輩用〔二〕，止一閑人，留之無用，我終還之，但求千載美名耳。然必須大臣來迎，乃可。"因與實等約，以八月初旬爲期。過此不至，即來擾邊。實等辭上皇，將還。上皇袖出書三封，令實齎還上太后并上，再三叮嚀迎復，曰："我得還，願守祖宗陵寢。不然，即爲匹夫，亦勝在窮廬也。"實受命，與虜使右丞把禿偕還。

普化可汗請和，遣右都御史楊善、工部侍郎趙榮使虜。

普化可汗遣使皮馬黑麻來議和，文武大臣懼虜詐，莫敢往報。楊善慨然請行。或爲善危，善曰："上皇在虜廷，食君祿者，於心何安？此人臣效命之秋也。"中書舍人趙榮亦請往，高穀壯之，解金帶贈榮，曰："子忠義人也。"乃以榮爲工部右侍郎副善，偕虜使往。胡濙言："上皇蒙塵已久，宜即附善等進服食。"不報。

李實還，請迎上皇，不許。

實遇楊善、趙榮於懷來，以虜情告之，俾善爲辭全始終。實等至京，上問："也先何言？"實悉陳前説，致上皇旨，且言虜欲還上皇意真，宜即遣使。上曰："俟楊善至，議之。"虜使把禿奏："求迎駕大臣。"上不許。王直、胡濙等上言："往者普化、阿剌遣人議和，皇上不吝一介。今也先悔禍，專使行成，竟不一報，適啓戎心，後患無已。"不聽，下大臣議。李實復奏言："也先與臣期約，迎上皇。臣言歸朝請旨，未敢擅定。也先言：'正使即未遣，須先遣人，同我使來報，不然勿謂吾失信。'遂令諸小酋收還塞上部落。臣過懷來，見官軍出郊芻牧，虜言可信。臣復命，日蒙召對，詳述虜情。近在廷大臣累疏未允。伏望俯從群言，別遣材智大臣，往迎上皇，雖虜情變詐不測，亦可塞彼無詞。不然，直在彼，曲在我。猶豫趑趄，過期失約，彼此相疑，和議不成，則上皇終不可入，干戈終不得息，邊鄙終不得寧。"疏入，復下大臣再議。遂遣虜使把禿等還，與也先敕言："送還上皇，果出誠心，即令楊善等奉迎還京。"竟不遣使。御史畢鸞等、翰林檢討邢讓，皆上疏爭之，不報。

兀良哈寇山西，鎮守山西副都御史羅通、鎮守雁門副都御史朱鑑御却之。

八月，楊善、趙榮奉上皇還。

楊善等至虜營，也先甚喜，即許送上皇還。其下有欲拘留使臣，俟再遣使至，乃還上皇者，也先曰："吾業已許之，若此，則失信于中國矣。"因問善曰："上皇還，乃復位否？"善曰："天位已定，難再更矣。"也先曰："堯舜當日如何？"善曰："堯讓位于舜，今日兄讓位于弟，事正相同。"其平章昂克問善："以何物贖帝？"善曰："太師此舉，萬代瞻仰，豈謂利乎？"也先曰："都御史言是，吾只欲垂名後世耳。"次日，也先設宴餞上皇，自彈琵琶，妻妾奉酒，善等侍立。也先曰："都御史坐。"善曰："雖居草野，不敢失君臣禮。"也先稱羨。上皇發虜中，也先率衆頭目羅拜而別，伯顏帖木兒率兵護送，至野孤嶺，痛哭別去，仍令五百騎送至京師。

下千户龔遂榮於獄。

上皇已入塞，朝廷猶以虜情多詐爲疑，禮部議奉迎禮未定。榮投書于學士高穀，大略謂："上皇之出，非遊畋無益，爲宗社計耳。今都人一聞駕旋，無不踴躍，則人心未厭上皇也。奉迎禮當從厚，主上宜避位，懇辭，而後受命，否則貽譏青史。"穀袖其書，入朝，以示廷臣。王直曰："此所謂禮失而求之野。"胡濙欲封進，感動上心。王文曰："匿名文書，不得言。"遂止。于是，給事中葉盛、程信、林聰等上疏白其事，請按問。上詰大臣："書從何得？"皆云："得自高穀。"穀云："得之道路。"榮恐累穀，遂詣闕，自言："書本出自臣手，冀感動，無它腸耳，死無悔。"遂下錦衣衛獄，尋會赦得釋。

遣商輅迎上皇於居庸關。

上皇至懷來，百官集闕下，議奉迎儀。王文忽厲聲曰："來，孰以爲來耶？黠虜豈足信？彼不索金帛，必索土地，患方大耳。"衆素畏文，皆相顧，莫敢發一言。既退，胡濙曰："一人言安足從？"卒具儀注上之，請備法駕迎安定門外。上傳旨："虜不可信，遠迎恐墮虜計。上皇入京，朕迎東安門，百官從朕，勿紛更。"遣商輅迎上皇于居庸關。上皇勞輅，曰："朕還京，願居閒。卿爲朕草書，致上。"且諭百官勿郊迎。

上皇至京，入居南宮。

　　上皇至京師，自東安門入。上迎拜，上皇答拜，相持而泣。各述授受之意，推遜良久，乃送上皇入南宮。百官隨至南城，請朝見。上皇曰："朕辱國喪師，有玷宗廟，何顏見群臣乎？"不允。升賞瓦剌使者有差。

內閣苗衷致仕。

以刑部右侍郎江淵兼翰林院學士，直文淵閣。

命保定伯梁珤、右都御史王來率師征湖貴苗寇。

　　侯璡卒後，苗勢愈熾。王驥不能定，奏言："久在南裔，身染瘴毒。乞還。"朝廷乃以珤等代之。先是永樂間，邊虜來降者，安置河間、東昌間，生養蕃息，驕悍不馴。也先入寇之時，乘機煽動，幾至變亂。至是，于謙奏："遣其有名號者，厚與賞犒，隨征苗寇。"事平，遂奏留於彼。於是，數年積患，一旦頓消。

石亨、楊洪分道巡邊。

鎮守雲南兵部尚書侯璡卒。

　　璡方督諸軍搜剿殘賊，時，暑雨方盛，疫癘大作。璡得疾，舁歸普定，卒。

九月，改江淵戶部右侍郎，進商輅翰林學士。

冬十月，改王驥爲南京兵部尚書，總督機務。

十一月，以副都御史羅通協贊京營軍務。

封宣府總兵都督朱謙爲撫寧伯。

普化可汗、也先並遣使貢馬。

南京吏部尚書魏驥、南京國子監祭酒陳敬宗並致仕。

　　驥入賀至京。陳循，驥所取士也，請曰："先生雖位冢宰，然未嘗立朝，願少待之，事在吾輩而已。"驥正色曰："君爲輔臣〔三〕，當爲天下進賢，不得私一座主。"循有愧色。驥謂人曰："循，柄國大臣，乃以朝廷事爲己私事，安得善終？"

敬宗，初以九載考績入京，王振素慕敬宗，欲一見之，托周忱道意。敬宗曰："余忝爲人師，而干謁閹宦，他日無以見諸生。"周知不可動，謂振曰："陳祭酒善書，若以求書爲名，先之禮幣，彼必報謝。"振然之，遣人致綵段求書《程子四箴》。敬宗爲書之，而返其幣，竟不往見。爲祭酒十八年，不遷，士大夫益高其風節。至是，與驥并乞休去。

以沐璘爲都督同知，鎮守雲南。

十二月，禮部尚書胡濙請明年正旦，百官朝上皇於延安門，不許。

荊憲王請朝上皇，不許。

革提學憲臣。

辛未，二年春正月，上皇在南宮。

命僉都御史王竑總督漕運。

竑先除奸墨，略無寬假，貪吏聞風遁去，閭閻豪右相戒，毋敢犯法，一時吏民畏如神明。

二月，以薛瑄爲南京大理寺卿。

時，蘇松饑，民貸粟富民不得，遂火富人居，竄海中。王文即訊，坐謀反。瑄抗章辯之，獲免。時，金英使南京，還日傾城出餞，獨瑄不至。英謂人曰："南京好官，獨薛卿一人耳。"御史劉孜言："瑄粹學飭躬，進無所求，退無所累，實君子之儒，不宜置之閑遠。乞召入館閣，講學輔導，必有稗益。"上曰："内閣本朕簡任，非人所得薦。"不許。

調兵部右侍郎文曜爲吏部右侍郎。

文曜媚附于謙，每待漏，必附謙耳語。朝退亦然，行坐不離。時以文曜爲于謙妾，內議患其黨比，乃調曜吏部。時，又有兵部侍郎王偉，謙所薦也。偉乃伺謙過，密奏之。上任謙方專，召入，以偉奏授。謙出，偉問："聖諭何事？"謙笑曰："吾有過，君言之，未必不從，何忍至此？"偉惶愧。

翰林學士周叙請群臣面陳政務，不報。

叙上疏曰："臣職叨班行，伏見永樂、洪熙、宣德三朝臨御，大班既退，百官即于午門次第輪對，君臣相與商確政務，罄盡所言，人懷畏憚而事機不洩，成密勿廟堂之美。自正統來，王振擅權，獨立在傍。於是，輔弼近侍不得召對，亦不敢盡言，以釀成今日之禍。宜令群臣依舊制論對，庶得吐露肝膽，而事機不洩于外。"疏入，不報。先是，上皇北狩，叙在南宮，貽王竑書曰："昔在先朝，嘗仰望東里先生，然迹其舉錯，究其底裏，士大夫公論不容掩也。《易》曰：知幾其神乎？《書》曰：慎終如始。竊思三楊輔治之初，一幾也。不深思遠慮，身任其責，惟陽斂陰施，掩人耳目，雖曰自保，其實誤國，故致今日之禍。此時先生與諸君子輔政，又一幾也，宜鑒覆轍，爲宗社生靈久遠之謀。失今不圖，噬臍何及？"竑服其言。

三月，賜進士柯潛等及第出身有差。

文選郎中李賢上《正本十策》，命書座右。

賢上《正本十策》曰：勤聖學，顧箴儆，戒嗜欲，絕玩好，慎舉措，崇節儉，畏天變，勉貴近，振士風，結民心。大略言："朝政闕遺，有司利弊，生民休戚，中外進言已詳，然有關于上之身心者或略。臣以爲陛下一身，國家天下之本；而心，又一身之本也。正其本，萬事理。惟陛下之心既正，則國家天下之事可以次第推行。乞留中以時省覽。"詔付外。既而，給事中李侃以災異上疏謂："賢言忠，宜采納。"乃復取奏入，命翰林繕寫，置諸左右。禮部尚書楊寧見其奏，嘆息，謂賢曰："吾讀'崇節儉'一事，殆欲下淚也。"時，上頗事聲色奢侈，嘗以銀豆、金錢撒地，令宮人、宦侍爭拾，爲鬨笑。編修楊守陳賦《銀豆謠》，甚有規諷。未及上，京師傳之。

都御史王來討平湖廣苗寇。

來至湖廣沅州，考圖定策，勉諸將以忠義，以官軍九萬八千分爲五道，督之前進。至貴州重安江，賊首韋同烈聚衆八萬，據江拒敵，連戰，大破之，斬首三千餘級。官軍與苗人旗幟雜出，賊勢窮蹙，奔遁，相蹈籍、溺死者甚衆。乘勝長驅，搗其巢穴。韋同烈與僞帥紀歌兒走香爐山。山壁立千仞，來四面圍之，絕其糧道，賊大窘。生擒韋同烈等，械送京師，餘黨數萬并東西苗蠱悉撫寧之。

江淮饑。

徐、淮諸郡大饑，死亡不可勝計。王竑經畫救濟，至忘寢食，發官廩及勸富人輸粟賑之，盡竭。獨廣運倉所儲尚富，然有內臣及戶曹主之，竑欲先發後聞，主者不可。竑曰："民窮至此，吾恐相煽爲盜，貽憂朝廷。若不亟發，即有變。吾當以爾謝衆怒，而後請罪于朝。"主者不敢阻，乃大發以賑。近者飼以粥，遠者給以米，流徙者給以糧，病者醫，死者葬，鬻者贖還。前後全活二百二十九萬餘人，民大安。謠曰："生我者父母，活我者巡撫。"先是，初上聞報，驚曰："奈何？百姓其饑死矣。"後得竑奏，大喜曰："好御史，不然，饑死我百姓矣。"

關中饑，遣左都御史陳鑑賑之。

五月，命江淵巡視淮徐諸郡。

六月朔，日有食之。

秋七月，以尚書石璞兼大理卿，總督軍務，轉餉獨石。

冬十月，浙江、福建盜平，進孫原貞爲兵部尚書，鎮守閩浙。

原貞於浙奏立宣平、雲和、景寧、泰順四縣，福建立永安、壽寧二縣，地方以寧。

巡撫江南工部尚書周忱致仕。

忱宇量恢弘，才識通敏。每會計，視地豐凶、事緩急爲張弛。有善謀者，雖卑賤，破去崖岸，開心咨訪。性尤機警，錢穀巨萬，一屈指無遺算。爲册曆記日所行事及陰晴風雨，有告報，輒按據詰訊，人莫能欺。嘗議事入京，道遇中官，敕辦膠萬餘觔，促還治，忱不應。至京上言："京庫貯牛皮，歲久腐朽，請出煎膠歸，市皮還庫。"工部索兵仗數百萬，計水磨盔，非遲歲月不可，乃沃以錫，旬日畢辦。應事之敏，類如此。初至蘇松，逋賦七百九十萬，逾年盡完。羨米充溢，每歲凶，即發以賑。及一切織造、軍需、修葺、供應之費，皆取給焉。民不知役，官不科斂。至問報饋遺，亦取之此。客遊其地者無虛日，人人得其歡心。在江南二十二年，人戴之如父母，前後理財者，皆莫能及。

以李賢爲兵部右侍郎。

時，詔議備邊長策，賢上言："虜所以敢輕中國者，恃其弓馬之强而已。臣觀今日之拒馬木，止能拒馬不能避箭；挨牌止能避箭，不能拒馬。中國長策，惟有戰車，若用得其法，虜弗能當也。臣觀車制，四圍箱板，内藏人，下留銃眼，上開小窗，長一丈五尺，高六尺五寸。前後左右，橫排鎗頭。每車前後占地五步，若用車一千輛，一面二百五十輛，約長四里，欲行則行，欲止則止，謂之有脚之城。內藏軍馬輜重，以此禦敵，使馬不得衝陣，箭不得傷人。虜若近前，火炮齊發，奇兵繼出。邊備長策，莫善於此。"遂升兵部右侍郎。

廷杖中書舍人何觀。

觀奏言："大臣王直、胡濙等，正統中皆阿附權奸，不宜在左右。"及言"北虜來朝，宜驅置於南方。"下科道看議以聞。吏科給事中毛玉爲奏稿，謂："觀誣陷大臣，擅開邊釁，宜正罪。"林聰、葉盛皆勸玉易稿，不從。盛曰："朝廷大開言路，未嘗罪一言者，雖罪觀，猶令我曹看議，蓋甚盛德也。君獨不念劉球之事乎？球之死，人至今以王振、馬順爲恨，此諸君所覩見也。雷霆之下，萬一不測，是我曹成朝廷不容直言之名。且君亦言官，獨不爲他日地乎？"玉意解，乃稍易數語，奏上。詔令錦衣衛杖觀，調外任。

十一月，命昌平侯楊洪總兵鎮守宣府，僉都御史李秉總督邊儲、參贊宣府軍務。

十二月，進陳循少保、文淵閣大學士，高穀少保、東閣大學士。

以禮部左侍郎王一寧、國子監祭酒蕭鎡並兼翰林學士，並直內閣。

禮部尚書胡濙請令百官朝賀上皇萬壽節於延安門，不許。

改禮部尚書楊寧爲南京刑部尚書。

壬申，三年春正月，上皇在南宮。

以刑部侍郎耿九疇鎮守陝西。

先是，陳鎰與王文更出鎮陝西。至是，文當出代鎰，不欲行，諷諸御史，奏留內臺，乃以九疇出鎮陝西。疇至，除弊屏貪，威望大著。先是，巡撫多部、寺、司堂上官，文移不得輒下。按察司按察，亦不肯受約束。疇奏，得徑下。又邊將請增臨洮諸衞戍兵，下疇議，言："邊城士卒不爲少。將官能嚴紀律，精練習，勤撫恤，絶侵漁，養銳氣，一可當百。加以賞罰明信，人人自奮。不然徒冗食耳。"竟不增戍。

河決沙灣，命王文行視河道。

二月，也先攻破普化可汗，遣使獻捷。

也先勢強盛，欲爲可汗，數攻普化。至是，大破普化衆，普化率十餘騎遁去，也先盡收其妻妾、人畜。遣使獻良馬二疋奏捷。命宴其使，賜紗幣。

進內閣江淵吏部左侍郎，蕭鎡戶部右侍郎。召左都御史王翱掌院事。

翱在遼左數年，虜入塞，輒敗之，威名大著，邊境寧謐。至是，召還。

三月，彭時復爲翰林侍讀。

時求終繼母喪，忤旨，故起復，不得入內閣。

有星孛於畢。

命右僉都御史李秉參贊宣府軍務。

秉抵任，請銀三萬兩，買牛給軍民耕種，秋成償價，軍民樂業，邊餉充足。時，北虜以剽掠男婦易米。朝議，每大口米一石，小口米五斗。虜不從。秉曰："是重物而輕人也。每口與米一石。"總兵官以爲礙例，秉曰："何忍使我赤子爲夷人也？專擅之咎，吾任之。"悉如數與之。後聞，上嘉之。

夏四月，命都督孫安鎮守獨石，以葉盛爲山西參政，協贊軍務。

先是，獨石、馬營等八城遇虜失守，殘毀未復。議者欲棄之，于謙曰："棄之，則不但宣府、懷來難守，京師不免動搖。"

乃薦安，授以方略，仍命盛贊其軍。盛至，列利害爲八條以進，次第行之，與安率兵度龍門關，且戰且守，八城復完。盛又請官銀五千兩，買牛千餘頭，摘戍卒不任戰者，俾事耕稼，歲課餘糧于官，凡軍中買馬置器、勞功恤貧諸費，皆取給于是。盛在獨石五年，邊人賴以歡給。

置東宮官。

胡濙、王直爲太子太師，陳循、高穀、于謙爲太子太傅，王文、何文淵爲太子太保，江淵、王一寧、蕭鎡爲太子少師，商輅兵部左侍郎兼左春坊大學士。

五月，廢皇太子見深爲沂王，立皇子見濟爲皇太子；廢皇后汪氏，立妃杭氏爲皇后。

上欲易太子，恐大臣不從。先以利啗內閣，人賜金五十兩，銀倍之。陳循等遂有逢迎意。時有廣西都指揮黃𤣱者，思明土知府瑊庶兄也。瑊老，子鈞襲。𤣱謀奪嫡，令其子糾心腹卒數千，夜入府，殺瑊父子，滅其家。𤣱時守潯州，佯不知，聞報，驚哭仆地，急捕賊。瑊遇害時，有僕福童藏屏處，識𤣱子，并識其左右，走訴憲司，總兵武毅聞于朝。𤣱大懼，謀于侍郎江淵，遣千户袁洪走京師上奏，請易太子，疏曰：「往年，上皇陷虜庭，寇至都門，幾危社稷。不有皇上，臣民何歸？今逾二年，皇儲未建，惟人心易搖，多言難定，爭奪一萌，禍亂不息。皇上即循遜讓之美，復全天叙之倫，恐事機叵測，反覆靡常。語曰：『天與弗取，反受其咎。』萬一羽翼長養，權勢轉移，委愛子于他人，寄空名于大寶，階除之下變爲寇讎，肘腋之間自相殘蹙，陛下此時悔之晚矣。乞早定大計，以一中外之心，絕覬覦之望。」疏入，上大喜，曰：「萬里外有此忠臣。」亟下廷臣會議。王直、于謙等相顧，莫敢發言。久之，司禮監太監興安厲聲曰：「此事不可已。如以爲不可者勿署名，無得首尾持兩端。"群臣皆唯唯署議。惟王直持筆有難色，陳循從臾之署。給事中李侃對衆灑泣。于是胡濙等上言："父有天下，必傳于子。陛下膺天明命，中興邦家，統緒之傳，宜歸聖子。黃竑奏是。"制曰："可。"遂立見濟爲皇太子，更封皇太子見深爲沂王；廢汪皇后，立見濟母杭妃爲皇后。大赦天下。

先一日，陳儀仗奉天門，有顚男子執挺直入，擊香亭，大呼曰："先打東方甲乙木。"諸內使急縛之下，詔下錦衣獄。先是，上欲易儲，語太監金英曰："七月二日，東宮生日也。"英叩頭曰："東宮生日，是十一月初二日。"上默然，蓋英所言，謂上皇長子也。

升黃竑爲都督。

命李賢、姚夔等巡行天下，考察庶官。

秋七月，命左都御史王翺總督兩廣軍務。

時，蠻寇兩廣，副總兵董興、武毅觀望，不肯戰。巡撫侍郎揭稽、李棠不相統，賊益熾。于謙請用翺總督軍務，總兵以下悉聽節制，事權始一。蠻聞翺來，大懼。翺至，略兵威，推誠御侮，蠻酋信服，寇盜悉平。

罷兩廣守將董興、武毅，以副總兵翁信、陳旺代之。

罷四川巡撫李匡，以提督松番兵備侍郎羅綺及總兵都督徐海整飭四川邊務。

王一寧卒。

贈禮部尚書，諡文通。

殺御用監少監阮浪。

浪侍上皇南宮，其下王堯飲錦衣指揮盧忠家。忠見其佩刀非常制，知爲上皇所賜。遂醉以酒，解之，上變告，南宮欲復皇儲，令浪以佩刀遺忠求外應。堯與浪義子趙緇皆磔死。浪入詔獄，炮烙煨煉，苦楚備至，卒死獄中。上既殺浪，猶窮治不已。忠慮禍，請卜者全寅筮之。寅以大義叱之曰："是大凶兆，死不足贖。"忠懼，乃佯狂爲風狀。學士商輅力言："盧忠狂妄，不可信，傷骨肉情。"後竟誅忠，乃已。

八月，熒惑晝見。

命副都御史年富巡撫大同。

九月，南京兵部尚書王驥致仕。

冬十月，以王文爲吏部尚書兼翰林學士，直文淵閣。

　　文與中官王誠結爲兄弟，謀入內閣。嘗私以語高穀。穀亦忌陳循寵任，思間之，乃疏請增閣臣。上令內閣自推舉，循舉蕭維禎，穀舉文。奏上，果用文。

召征苗總督都御史王來還京。

改鎮守侍郎爲巡撫都御史。

　　時議以鎮守侍郎與巡按御史不相統屬，文移往來，多窒礙難行，故改爲巡撫都御史。國初，歲遣監察御史巡按方隅，或大災重患，乃遣廷臣行視，謂之巡撫，迄事而止，無定員也。宣德中，以關中、江南等處地大而要，命官更代巡撫，不復罷去。正統末，南方盜起，北虜犯邊，於是內省邊隅徧置巡撫官矣。

也先請通使。不許。

　　也先遣人貢馬，請通使往來。下兵部議，于謙言："臣職兵戎，知戰而已。若賊渝盟，敢爲悖逆，當肅將天威，往正其罪。遣使事，不敢預議。"

　　上曰："正統中，緣使臣往來搆釁，幾危社稷。勿遣使。"時，也先使每至京幾千人，出入驕恣，毆守衛，掠人財物，至欲騎入長安門。稍稍約束，即彎弓持刀相向。通事都督昌英每好語阻之，不聽，輒侮罵。使貢在朝，時，入塞捕掠人畜。將官請剿，又以通好故，恐貪功啓隙，不欲與戰。虜益驕，東結朵顔，西交哈密，脅結赤斤蒙古，往往窺塞下。

十一月己未朔，日有食之。

癸未，客星見輿鬼。

癸酉，四年春正月，上皇在南宮。

吏部尚書何文淵罷，以王翺爲吏部尚書。

御史練綱等交章劾文淵："專權鬻爵，選用非人。侍郎項文曜，陰險奸邪，比之文淵，情罪更甚。請下法司治罪。"遂罷文淵。上命舉稱任者，綱等言："王翺，嚴公峭直。年富，操履端方。薛瑄，持正不阿。此三人者，惟陛下擇而用之。"於是，召翺爲吏部尚書。翺嚴加考察，公銓注，抑奔競，杜請托，一時任使，並稱得人。

改耿九疇爲副都御史，仍鎮守陝西。

時，有旨買羊角，爲上供燈。九疇上疏曰："昔宋神宗買浙燈，蘇軾諫止。今買羊角製燈，毋乃類是。《書》曰：'不矜細行，終累大德。'乞停罷。"上遂止。

三月，左遷吏科都給事中林聰爲國子監學正。

聰抗直敢言，屢劾權要，諸大臣多不悦。又將論王文，而言先泄，文欲中傷之。會聰甥選教官，聰爲求善地，文選出其手書，文嗾御史王溥劾之，會官廷議，擬大臣專擅選官，律論死，廷臣附會，無敢違者。胡濙謂文曰："給事，七品官也，而擬大臣；囑托，公事也，而擬選官。二者于律合乎？且人臣以宿憾而欲殺諫官，無乃不可。"遂拂衣出，曰："此疏吾不預，公等自爲之。"遂罷。濙歸，卧病不朝，數日。上使太監興安問疾，濙曰："老臣無疾，前者議事驚悸不安爾。"安問："何爲？"曰：

"諫官有小罪，而欲殺之，此所以驚悸也。"安以聞，詔原聰。

右都御史洪英致仕。

英考察浙江官吏，秉公直。被黜者妄訴之，且加謗毀。朝廷不察，勒令致仕。人多惜之。

以軒輗爲副都御史，巡撫浙江。

夏五月，歲星晝見。

王文憂去，尋起復。

增定各省鄉試取士額。

順天、應天先一百名，今各增三十五名。浙江、福建先六十名，江西先六十五名，湖廣先五十五名，河南先五十名，山東先四十五名，今各增三十名。廣東先五十名，四川先四十五名，陝西、山西先四十名，廣西先三十名，今各增二十五名。雲南先二十名，增十名。

六月，詔求直言。

秋七月，也先弒其主普化可汗，自立。

也先攻敗普化，奔兀良哈依沙不丹，沙不丹殺普化。也先遂盡殺故頭目苗裔，自立爲田盛可汗。

八月，召大同總兵郭登還朝。

登初至大同，士可戰者不滿數百，馬僅百餘匹，堡塢蕭條，甲兵朽鈍。登修城繕兵，撫循士卒，吊死問傷，衆皆感奮。不數年，馬至萬五千匹，精兵數萬人。又以己意，設爲攪地龍、飛天網，鑿深塹，覆土木，人馬通行，如履實地。賊入圍中，令人發其機，自相撞擊，頃刻十餘里皆陷。鎮守內臣陳公忌之。會姚都指揮發陳奸贓二十事，陳益疑登。巡撫沈固言鎮守不和，乞更調。上乃詔陳還，諭登留鎮。登憤邊事未戢，弊政猶存，思得公廉有爲者相與共事，上疏曰："往者承平日久，人心驕逸，官無廉耻，故肆贪婪，酿成污浊之风，致有夷狄之祸。"又曰："虏虽请和，变态岂能预度？倘或渝盟，则大同一镇首先受敌。及今无事之时，若不早为措置，一旦贼至，又似前日，束手无措。中国受侮已深，边事岂容再坏？虏既退，欲大兴屯田，苦民力困乏，牛种俱无，疏乞官为措置。"未几病，召还京。

命兵科给事中郑林练团营军士。

林见营军无统制，每出征，人马多杂沓致死，劾其操练无法。朝议遂以委林。林既受命，乃以轩辕破蚩尤阵法教阅军伍，具疏绘图以进，曰："臣通考古今阵法，莫有过于黄帝破蚩尤之阵。黄帝按井田作阵法，大军居中，专主旗鼓。八节旋绕，悉听指挥。若正北受敌，则东北、西北二阵为奇兵，张左右翼以援之。若正南受敌，则东南、西南二阵为奇兵，张左右翼以援之。其正东、正西及四隅受敌，亦如之。所谓常山之蛇，击其首，则尾应；击其尾，则首应；击其中，则首尾俱应者也。古之名将知此法者，惟太公望、孙武子、韩信、诸葛孔明、李靖诸人而已，吴起以下莫能知也。其名之曰天、地、风、云、龙、虎、鸟、蛇八阵者，则诸葛孔明也。一大阵之中，固有八阵；而小八阵之中，亦各有八阵。大阵则法伏羲八卦，小阵则法文王六十四卦，所谓阵间乎阵、队间乎队者也。若夫造遁甲有九星，开八门用三奇者，则又黄帝命风后为之也。盖圣人以神道设教，使人莫知其所以然也。大将居于玄武之位，而北岳则常山蛇也，故曰常山蛇阵。"自此队伍始整，其法后莫能易。

宦者阮安卒。

安，交趾人，清苦介洁，善谋画，尤长于营建，修北京城池、宫殿并诸司廨宇，大著劳绩。平生所受赐予悉佐公费，不私一毫。

九月，以薛瑄爲大理卿。

太子太保左都御史陳鎰致仕，卒。

以蕭維禎、羅通爲左右都御史。

冬十月，也先遣使入貢。

也先遣使貢馬，自稱大元田盛可汗。上以書示禮官，會議答書。吏科給事林聰、徐正言："也先不敢輒稱可汗，使覘中國，若從其稱，長縱逆賊。乞賜敕，曉以禍福，如稔惡不悛，聲罪致討。"安遠侯柳溥亦言："也先弒篡，所謂亂臣賊子，人人得而誅之。若從其僞稱，是與其弒主也。答書宜仍稱瓦剌太師，否則，絕其使，興師致討。"并下廷議。議言："自古王者不治夷狄。也先稱大元田盛大可汗，固不可從。若可汗，乃隋唐以來北狄酋長之常稱，非中國所禁。朝廷答賜敕書，宜稱爲瓦剌可汗，稍示羈縻。"禮部郎中章綸又言："'可汗'二字，在中國固爲夷狄酋長之常稱，在夷狄則爲帝號。也先弒主僭稱，名實大舛。今若因而稱之，不宜。"給事中盧祥、李鈞、路壁等亦以爲不便，欲仍稱太師。上曰："也先雖桀驁，亦能恭順朝廷，宜如議稱瓦剌可汗。"也先弟賽因字羅魯王諸酋亦遣人貢馬，自是稍出入東西塞上爲寇，不復深入。也先新立，恐諸部不從，亦欲與中朝通好，貢市往來。然數年賞賜虜費，亦不下百萬計。

十月，以徐有貞爲左僉都御史，治張秋河。

先是，河溢滎陽，自開封城北經曹、濮以入運河，至兗州沙灣而決，濟、汶諸水從之入海。會通河遂淤，漕運艱阻，先後遣石璞、王永和、王文相繼治之，皆績弗成。至是，命廷臣舉可治水者，以有貞名。上遂用之。

有貞，即珵，以倡南遷議，爲金英所鄙，不得進用。乃賄結陳循，循教以更名，無使内家知，庶朝廷忘前議，薦可允。乃更今名。

命右副都御史馬昂總督兩廣軍務兼巡撫。

十一月，皇太子見濟卒。

虜寇遼東。

十二月，瓦剌諸酋並遣人貢馬。

甲戌，五年春正月，上皇在南宮。

遣平江侯陳豫、大學士江淵撫安山東、河南。

二月，恒陰。

　　王竑上疏言："去年正月，山東、河南及徐、淮之境大雪異常。夏、秋雨水，人民廬舍漂蕩，麥稻湮沒，顛連流徙。邇者新春，風雨連月，寒沍倍冬，不識天意何在。嘗觀《易·泰卦》：《象》曰：內陽外陰，君子道長，小人道消。《否卦》：《象》曰：內陰外陽，小人道長，君子道消。蓋陽爲君子，陰爲小人。今方春陽長，其候類秋冬，是陰盛陽微，殆食祿者，君子少而小人多故也。然小人之行，豈懦而無用，鈍而不敏，訥而無言，愚懋而冒犯天怒者乎？必其欺詐若誠敬，便佞若忠鯁，大貪若廉，大奸若愚，即《書》所謂'靜言庸違'，孔子所謂'色厲內荏'者是也。伏望皇上念祖宗社稷之重，上天咎徵之戒，進君子，退小人，俾忠良者任政，奸邪者屏處，庶幾人事修而天變可回。然欲知君子小人，又本於聖德之明睿。伏望日親講臣，俾陳二帝三王與祖宗列聖養心修德之要，以清出治之源，則邪正莫逃天鑑矣。"上嘉納之。

詔求直言。

　　南京大理少卿廖莊應詔上疏言："往者，上皇被留虜庭，皇上撫有萬方，屢降詔書，以鑾輿未復、虜讐未報爲言。皇上之心，即堯親九族、舜徽五典之心也。賴郊廟神靈、皇上勝算，迎歸上皇於南宮。臣遠，臣未知皇上于萬幾之暇，曾時朝見以敘天倫之樂、敦友愛之情否也。臣伏睹上皇即位之初，冊封皇上，奄有大國，每遇正旦、冬至，令群臣見皇上於東廡，上皇友愛如此。伏望篤親親之恩，時時朝見上皇于南宮，仍令群臣時令亦得朝見，以慰上皇之心。如此，則孝弟刑於國家，恩義通於神明，災可彌而祥可召矣。然所係之重，又不特此。太子者，天下之本。臣愚竊以爲，上皇諸子，皇上之猶子也。宜令親近儒臣，誦讀經書，以待皇嗣之生，使天下臣民曉然知皇上有公天下之心。蓋天下者，太祖、太宗之天下。仁宗、宣宗之繼體守成者，此天下也。上皇之北征，亦爲此天下也。今皇上撫而有之，必能念祖宗創業之艱難，思所以係屬天下之人心矣。近年，日食、星變、地震且陷、山崩、水溢，災異疊見，非止霜雪不時而已。臣切憂心，以爲彌災召祥之道，莫過於此。"留中不報。

三月，賜進士孫賢等及第出身有差。

畿內饑。

順天、河間民饑，命刑部侍郎周瑄賑之。二郡連被水災，素無蓄積。瑄條上八事：一裁冗官，二停徵稅，三增軍士糧如舊，四免追逋課，五罷供應柴炭夫役，六皇莊湖泊之利恣民采取，七減價招商中納鹽糧，八借水次倉粟。上悉從之。

夏四月朔，日有食之。

新建隆福寺成。

車駕擇日臨幸，已夙駕除道。太學生楊浩等上疏言："陛下即位之初，首幸太學，海內之士聞風快睹。今又棄儒術而重佛教，豈有聖明之主事夷狄之鬼而可垂範後世者耶？"章綸亦言："佛者夷狄之法，非聖人之道。以萬乘之尊，臨非聖之地，史官書之，傳之萬世，實累聖德。"上覽疏，即日罷行。

太學生姚顯又言："王振竭生民膏血，修大隆興寺，窮極壯麗，車駕不時臨幸。夫佛本夷狄之人，信之得禍，梁武帝足爲前車之鑒。請自今凡內臣所修寺院悉毀之，以備倉廠之用，勿復興，作萬世之法也。"時不能用。自正統至天順，京城內外建寺二百餘區，大臣、諫官不言，而二生言之，一時嘆服。

五月，下監察御史鍾同、禮部郎中章綸于獄。

　　方易儲時，同每獨坐，深思泣下。已而，懷獻太子卒，同與綸入朝待漏，言及儲位事，相對流涕，同諷禮部，請復沂王東宮。胡濙縮首咋舌，曰："作死。"同遂上疏，請立沂王，以固宗社，并陳時政闕失。綸亦上疏，陳修德弭災等十四事，內言："上皇君臨天下十四年，是天下之父也。皇上曾親受上皇冊封，是上皇之臣也。上皇嘗詔傳位於陛下，是以天下授陛下也。皇上於朔望日及節旦，宜率群臣朝上皇延安門，以敘同氣之情，以極尊崇之道；復后汪氏於正宮，以正壼儀；復沂王于儲位，以定國本。"及言"內臣不可干外政，佞臣不可假威福，後宮不宜盛聲容"，語皆激切。上覽疏，大怒，并同逮繫詔獄，逼綸引大臣及通南城狀，體無完膚，竟不承兵部。進士楊集以書上于謙，略曰："奸人黃玹進易儲之說，迎合上意，本爲脫禍計耳。公等國家柱石，乃戀宮僚之賞，而不思所以善後乎？脫二人死杖下，公坐享崇高，奈清議何？"上必欲殺二人，會天大風，黃霧四塞，乃止。

謫給事中徐正戍遼東。

　　正請召見便殿，屏左右，言："今日臣民有望上皇復位者，有望沂王嗣位者，陛下不可不慮，宜出沂王於所封，增高南城，伐近城高樹，宮門之鎖以鐵錮之。"上怒，謫戍鐵嶺衛。

六月，加王文少保、東閣大學士。

秋七月，纂修《宋元綱目》。

兵部尚書儀銘卒。

改李賢爲吏部侍郎。

賢爲《君監錄》，擇其中善可爲法者二十二君，每君擇取最切要者三四事，集爲錄，上之。上覽畢，問中官王誠曰："此欲何爲？"誠對曰："欲陛下學此數君耳。"乃領之。

十二月，謫福建巡按御史練綱爲邠州判官。

時，福建官臺山民聚爲盜，綱聚兵捕其渠魁，而釋其脅從。按察使楊珏奏綱縱盜，當道亦多忌綱，遂謫綱。適遭父喪，自是遂不復出矣。

乙亥，六年春正月，上皇在南宮。

命太監班佑鎮守兩廣。

太監鎮守始此。

馬昂征廣東瀧水猺賊，破之，升左都御史。

猺賊趙音旺作亂，合諸山叛猺大肆殺掠。昂調廣西狼兵及獞人，同官軍直抵賊巢，斬獲甚衆。

逮南雄知府劉實下獄。

實初爲庶吉士，未嘗投足權門，自陳才薄親老，乞教職。後升金華同知，以廉操直節著聲，擢爲順天治中。召修《元史》，筆削任心，無所咨承屈遜。見他人書不合己意，輒大笑，聲徹陛閣間。聞者驚愕，相戒勿以藁示。出爲南雄知府。南雄當嶺南孔道，商稅巨萬，前守輒盈橐，推其餘餌過客，得其歡心，且爲游譽。實至，存稅十一繕郡學，補張九齡大庾嶺松，不私一錢。未數月，中官使嶺外，至南雄，意欲重賄不得，輒苛辱實。郡人擁實出，中官去。至韶，韶人爲言："南雄守且驛奏索賂辱太守事。"中官懼，急傳馬馳奏："實抗命毀敕，大不敬。"詔逮至京，下獄。獄中上書言：「臣蒙恩仕官三十年，不以妻子自隨，餐粗衣敝，欲爲國家愛養小民，不忍勞費。以是觸忤天使，無所逃罪。」上不復更窮治。不數日，竟卒獄中。實生平清介，甘心貧寠，人比之范丹、李及云。

夏四月朔，日有食之。

六月，以朱熹後梴世翰林五經博士。

秋八月，杖南京大理少卿廖莊、御史鍾同、郎中章綸於闕庭，同死杖下。

時，廖莊以母喪赴京，領勘合，陛見。上因念莊往年疏與鍾同、章綸復儲意同，遂縛三人，午門前杖一百。莊謫定羌驛丞，同、綸復禁獄中。同卒，死掩圜土，莫敢收葬。

丙子，七年春正月，上皇在南宮。

調工部尚書石璞爲兵部尚書，以江淵爲工部尚書。

時，于謙病，在告朝廷欲得一人協掌兵部。淵在內閣，與同官不相能，欲求出補兵部。王文與商輅密擬內批，調璞于兵部，而以淵代璞。淵不之知，旨出，淵大恚，失望。

四月，徐有貞治河工成。

初，有貞受命治河，自東北徂西南，逾濟、汶，沿衛及沁，循河，道濮、范，究源流，度地行水。上疏曰：

臣聞平水土，要在知天時、地利、人事而已。夫水之性，可順以道，不可逆以湮。禹之行水，用茲理耳。方今治者，往往反是，治所爲難。臣循覈河理，自雍而豫，出險之夷，水勢已肆；又由豫而兗，土益疏，水益肆。而沙灣大洪口，適當其衝。於是決焉，而奪濟、汶入海之路以去，諸水從之而洩，隄以潰，渠以淤，潦則溢，旱則涸，此漕運所由阻也。然欲驟而湮之，則潰者益潰，淤者益淤。今惟宜先疏水勢，勢平乃治其決，決止乃浚其淤，多爲之方，以時節宣，俾其後出溢潤之患。必如是，乃可有成。

報可。有貞乃作壩埽、牐渠，隨宜先後之。牐以制水，渠以分水。渠起金堤、張秋，逾百里至大潴潭，越范暨濮，又上數百里，經澶淵以接河、沁，用平水勢。勢隨平，命渠曰廣濟，牐曰通源。渠有分合，牐有上下。凡河流傍出不順者堰之，堰有九，長袤皆萬丈。於是，水不東衝沙灣，更北出濟漕。河治既成，緒乃作大堰，其上楗以水門，繚以虹隄。堰之崇三十有六尺，厚十之，長百之。門廣三十有六尺，厚倍之。隄之厚如門，崇如堰，而長倍之。用架濤截流，柵木絡竹，實之石而鍵以鐵，蓋合木金火土以平水性。水性平，乃浚漕渠數百里，復作牐于龍灣、魏灣，凡八，積水過丈，則泄之，皆通古河以入于海。

三年而河成。始議者，欲發京軍疏河，有貞奏蠲瀕河民馬牧庸調，專役河防，省兵費，紓民力。上從其言，不中制，卒得成功。是役也，聚而間役者四萬五千人，分而常役者一萬三千人。用木大小十萬，竹倍之，鐵斤十有二萬，錠三千，綑八百，釜二千八百，麻百萬斤，荆倍之，藁秸又倍之，而用石與土不可勝計，然用官糧僅五石云〔四〕。

夏五月，進陳循華蓋殿大學士，高穀、王文並謹身殿大學士，蕭鎡户部尚書，商輅兼太常卿，倪謙、吕源左、右春坊大學士。

以宋儒周惇頤孫冕世翰林五經博士。

秋八月，徐有貞升副都御史，還朝。

賜陳瑛、王倫爲舉人。

大學士劉儼、侍講黄諫爲順天考官。陳循子瑛、王文子倫俱不中式。循等遂劾儼、諫閱卷不公，請如洪武間罪劉三吾等例，重開科考試。上令翰林院覆閱試卷，高穀懼儼等禍不測，具白其情，且曰："大臣子與寒士並進，已不可，況又不安於命，欲構考官，可乎？"由是，儼等得釋，特旨賜瑛、倫舉人。

禮科給事中張寧上言："陳循、王文，職居輔弼，衹爲私謀，不恤國體。昔宋范質爲相，從子昇求遷秩，質戒之曰：'爾曹當閔我，勿使增罪累。'韓億爲相，其子雖舉進士，不就廷試。比之循、文賢否何如？沈文通登進士第一，馮京第二。時，以貴胄不可先寒酸，乃進京而退文通。比今試卷已落，而求與中卷比對者，得失何如？臣聞用法不可太寬，太寬則犯之者可倖免而不知懼；施恩不可過當，過當則得之者以爲易而不知感。循等假公濟私，要君杖下，罪狀已彰，人心共怒，若又待之以寬，施之以恩，則愈無忌憚矣。乞正其罪，罷歸田里。王倫、陳瑛仍發回原籍讀書。"不報。

九月，湖廣苗叛，命兵部尚書石璞率兵討之。

奸民李珍、魏玄冲爲苗向道，引之寇掠，作讖文以誑民，湖湘間諸不逞者相率從之，民大擾。命璞提軍往剿。璞以計生擒珍、玄冲，檻送京師。苗平，還治部事。

冬十二月，削寧王護衛。

韓雍劾王不法并論府僚。上遣大臣即訊，奪王護衛，罪諸官僚。

校勘記

〔一〕"義"，據（明）于謙《忠肅集》卷一當作"議"。

〔二〕"輩用"，底本漫漶不清，參考（清）谷應泰《明史紀事本末》卷三十三辨識。

〔三〕"正色曰君爲輔"，底本漫漶不清，參考《明史》卷一百五十八

《魏驥傳》、清《御批歷代通鑑輯覽》卷一百四辨識。

〔四〕"五石",疑當作"五萬石"。(明)黃訓《名臣經濟錄》卷五十徐有貞《敕修河道工完之碑》作"然其用糧於官,以石計僅五萬而止焉"。

國史紀聞卷九

英宗睿皇帝

丁丑，天順元年春正月，上不豫。徐有貞等迎上皇復即位。

上有疾，不視朝數日。儲位未定，人心洶洶，皆謂："上皇子宜復位。"惟王文有異意，揚言於衆曰："今只請立東宮，不知朝廷之意在誰。"李賢問學士蕭鎡，鎡曰："既退矣，不復再也。"十一日，百官集闕下，會奏："聖躬不寧，内外憂懼，乞早建元良，以安人心。"蕭維禎舉筆曰："我更一字，乃更'早建'爲'早擇'。"奏上，不允。傳旨，待十七日視朝。胡濙復會百官請復儲位，推商輅草疏，略曰："天下者，太祖、太宗之天下，傳之於宣宗。陛下，宣宗之子；沂王，宣宗之孫。以祖宗之天下傳之於孫，此萬古不易之常法。"約俟上出，合詞懇請。石亨知上疾必不起，與張軏、楊善，内官曹吉祥、蔣冕等謀奉上皇復辟，以問太常許彬，彬曰："彬老矣，無能爲也。盍圖之徐元玉？"亨等遂與有貞謀，爲飛語，搖惑人心，謂："于謙、王文矯取金牌符敕，迎襄世子矣。"又曰："上令内官張永等收捕諸武臣掌兵者矣。"又佯言："聞虜騎且薄都城，當以兵入内，備非常。"吉祥遂矯稱得太后懿旨，言："天子疾大漸，殆弗興。天位久虛，上皇居南内，於今八年，聖德無虧，天意有在。亨等其率兵以迎。"十六日，軏等會有貞宅，有貞升屋覽乾象，曰："事在今夕，不可失矣。"因與家人訣曰："事成社稷之福，不成家族之禍。"遂往會亨、吉祥，收諸門鑰。夜四鼓，開長安門，納兵千餘人，宿衛官軍驚愕，不知所爲。有出入者，兵輒叱止之。時，天色晦冥，軏等惶惑，有貞趣行大言："時至矣，勿退。"薄南宮城，毀垣壞門而入。上皇方秉燭坐，問曰："爾等何爲？"衆俯伏，合聲："請陛下即位。"共掖登輦，有貞前導。忽星月開朗，上皇顧問："卿等爲誰？"各以姓名對。時，群臣候早朝，待漏闕下。忽南宮呼譟震地，相顧失色。須臾，鐘鼓鳴，上皇御極矣，群臣遂入賀。

大赦。

逮王文、于謙下獄。

　　石亨等言："謙等交通中官王誠、舒良諸用事者，謀迎立外藩。"遂并逮下獄。

以徐有貞兼翰林院學士直內閣，復進兵部尚書。

逮內閣陳循、蕭鎡、商輅、刑部尚書俞士悅、工部尚書江淵下獄。

　　以其知王文等謀也。

以許彬爲禮部左侍郎，薛瑄爲禮部右侍郎，并兼翰林學士直文淵閣。

　　初，石亨等謀迎復，邀彬共事事，彬曰："此社稷功也，第彬老矣，毋能爲也。"乃薦有貞，亨輩遂與有貞合謀成功。至是，亨、有貞薦彬於上，又以瑄素爲衆望所歸，故並用之。

以李賓爲大理寺卿。

論迎復功，進封石亨爲忠國公，張軏爲太平侯，張輗爲文安侯，楊善爲興濟伯，並世襲。

　　軏、輗皆張輔弟也。軏尋改名賜。

石彪封定遠伯，充大同副總兵。

　　石亨以奪門功，諸從弟子侄及義壻、養子得官錦衣都指揮、指揮者三十三人，千户、鎮撫者二十一人，其諸竄名奪門冒功者四千餘人。亨矜功恃寵，日與曹吉祥在上左右，竊弄威權，進退大臣，凌侮公卿，人皆側目。

以袁彬爲錦衣衛指揮僉事。

殺少保、兵部尚書于謙及王文，籍其家。陳循、江淵、俞士悦、項文曜謫戍。蕭鎡、商輅、王偉除名。王直、胡濙、高穀並落傅保，致仕。

徐有貞等嗾言官誣劾于謙等竊金符，迎外藩。勘金符故在禁中，別無顯迹。石亨等言雖無顯迹，已有此意。及廷鞫拷掠，王文反覆力辯。于謙獨不言，曰：「事已至此，辯之何益？」給事中尹旻衆中發驚[一]大言，曰：「此二奸臣當誅。」蕭維禎恨王文排己入閣，遂文致獄案，謂：「謙等大逆，當族。」獄上，上猶豫良久，曰：「于謙有功國家。」有貞曰：「不殺謙，今日之事無名。」上意乃決，遂命斬謙、文及范廣、王誠等于市，籍其家。陳循等戍邊，蕭鎡等削籍爲民。

初，景帝以于謙有社稷功，推誠倚任，獨握朝綱。謙殫忠爲國，勞怨不避。事有不如意，輒撫膺曰：「此一腔血，竟灑何地？」廉清方正，一錢不私，力辭賜第，止宿直房，食無兼味，衣無絮帛。謙常病，上遣中官視之，見邸寓蕭然，還報，上特敕上方供資用。藥須竹瀝，上親幸萬壽山，伐竹取瀝畀之。或言：「謙柄用太過。」上意益堅，群猜遂起。徐有貞常求謙薦爲祭酒，謙言于上，上曰：「有貞心術奸險，成均首善地，恐壞人才。」遂不用，而有貞不知謙之薦己也，反銜之。石亨負功而驕，謙數裁抑之，亦恨謙。故二人必欲殺謙。謙死之日，天日驟變，陰霾蔽空，天下人聞之，無不流涕，爲之語曰：「鷺鷥冰上走，何處尋魚嗛。」籍其家，無長物，惟上賜衣甲而已。子冕，戍龍門。

奪郭登伯爵，以爲南京都督府僉事。

命王翺掌吏部事，楊善掌禮部事，王驥兼兵部尚書掌兵部。

以趙榮爲工部尚書。

二月，廢景皇帝，仍爲郕王，歸西宮。皇太后吳氏復爲賢妃，皇后汪氏復爲郕王妃。

湖廣苗平，召兵部尚書石璞還京。以總兵官南和伯方瑛鎮守湖貴。

贈故御史鍾同大理左寺丞。

  上謂："鍾同忠貫金石。"贈大理寺丞，官其子啟爲知縣。啟上疏，請同遺骸，得出圖土歸葬。時，同歿已久矣，血漬臂間，洗出倍鮮好。後謚恭愍。

召廖莊爲南京大理左少卿。出章綸于獄，以爲禮部右侍郎，擢國子學正林聰爲僉都御史。

以軒輗爲刑部尚書，調蕭維禎爲南京左都御史。

以耿九疇爲右都御史。

命吏部右侍郎李賢兼翰林學士，直內閣。盧忠、徐振伏誅。

癸丑，景泰帝崩于西宮。

  葬以王禮，謚曰戾。妃嬪俱賜帛，令自盡以殉。

景帝故后汪氏出居王府。

  景帝崩，上欲令汪妃殉。李賢曰："妃雖立爲后，即遭廢棄，況幼女無依，尤可矜憫。"上惻然曰："卿言是。朕以妃少，不宜居內。"初不計其母子之命，乃令出居舊府，原侍宮人悉隨之。

逮大同巡撫副都御史年富下獄，尋致仕。

　　富在大同舉廢政，革科徵，抑豪橫，廣屯田，軍功爵賞，必覈無濫。先爲襄垣王遜燂所誣，富請老。戶部言："富廉威，爲奸豪所忌，不可許。"景帝敕王："守法度，勿得汙風憲大臣。"又爲卒吳淮所誣，謂侵郭總兵，坐其上。于謙上議言："穆直布衣，監莊賈軍，以軍法誅賈，卒破秦晋。裴度御史中丞，督淮西諸大帥平蔡。我朝近日左都御史王翺、右僉都御史鄒來學皆坐總兵上，以軍令出翺等故也。淮妄言沮軍法，宜究主者。"事遂寢。富嘗按參政林厚，坐厚法，厚反誣富。景帝曰："厚怨富執法公廉。朕以邊事付富，終不以一人言疑富。"厚卒削官。富又按分守內臣韋力轉貪虐，力轉亦誣富。巡按御史爲雪富誣狀，事得已。是時，石彪倚亨勢驕橫，礙富方嚴，遂危法中富，逮於獄。上素知富，李賢又力爲解，得致仕。

罷諸邊督鎮巡撫。

漕運都御史王竑除名，安置江夏。

　　石亨□□□也〔二〕。

三月，賜進士黎淳等及第出身有差。

開薊州運河。

何文淵卒。

　　先是，景泰易儲之詔既下。文淵告人曰："詔語天祐下民，作之君；父有天下，傳之子，我所屬對也。"既歸鄉里，又屢以告郡邑親識。及上復位，文淵恐及禍，遂自縊死。

以陳汝言爲兵部尚書。

　　汝言附石亨、曹吉祥輩謀奪門，故亨薦用之。及理部事，益附權宦，表裏爲奸，招權納賄，都司、邊將多出其門。有不結納者，即中傷之。

夏四月己巳，復立元子見深爲皇太子。

封徐有貞爲武功伯兼華蓋殿大學士，掌文淵閣事。

襄王瞻墡來朝。

土木之變，襄王兩上疏，慰安皇太后，乞命皇太子居攝天位，郕王盡心輔政。急發府庫募勇士，圖迎復。疏至，景帝已立八日矣。至是，得疏於宮中。上覽之感嘆，手敕召王入朝，禮待甚隆。王辭歸，上送至午門。王伏地不起，上曰："叔父欲何言？"王頓首曰："萬方望治如饑渴，願陛下省刑薄斂。"上拱手謝曰："敬受教。"

山東饑。

上發內帑銀三萬，遣林聰賑之。有司又請，上問閣臣曰："可從否？"李賢曰："可。"徐有貞怫然曰："不可發銀賑民。里胥滋弊，民無實惠。"賢曰："弊誠有之，然民方待哺，不可不救也。"上從賢，增四萬兩，有貞不悅。後上謂賢曰："增銀賑民，有貞不然卿言，其謬如此。"

釋河南按察使王概于詔獄，命復任。

概居官清勁，鋤豪撫善，有恩有威，被誣下獄。會襄王入朝，上問官吏賢否，王言："臣過河南，百姓遮道訴廉使王概冤，且言：'請奏帝，還我王廉使。'"上即命宥概，還任。

五月，追復王振官，立祠祀之。

方上陷虜中，言官劾王振擅權誤國，有言其降虜爲虜用者。至是，振黨以聞，上大怒，曰："振爲虜所殺，朕親見之。"追責言者過實，皆貶竄。詔復振官，刻木爲形，招魂葬之。建祠於智化寺北，賜額曰"旌忠"。

進李賢吏部尚書，許彬、薛瑄禮部左侍郎，以沈固爲戶部尚書。

六月，禮部左侍郎兼翰林學士薛瑄致仕。

瑄見石亨等竊弄威權，嘆曰："君子見幾而作，不俟終日。"遂引疾，求致仕去。

逮內閣徐有貞、李賢，都御史耿九疇及御史楊瑄等下獄，降謫有差。

有貞初與石亨比，及當國，欲立功名自異，漸相左。李賢旁助有貞，用人行政稍持正，左右遂不能堪。曹吉祥亦以迎立功與國政，而不通文墨，恐權歸司禮，力贊上凡事須經內閣，意欲籠絡附己。已而引用私人，有貞、賢多裁抑之，吉祥不悅。時，御史楊瑄印馬圻內，民群訴亨、吉祥奪民田，瑄露章劾之。上喜瑄敢言，命吏部籍瑄名，且大用瑄。又糾十三道御史，班劾曹、石。給事中王鉉知之，潛告亨，亨疑有貞、賢嗾之。初，亨與吉祥爭寵，不相能，及是，遂合，頓首訴上，言："奴輩萬死一生，迎復皇上。內閣專權，交通言官，必欲陷奴輩死地，使無噍類。"因伏地哭不休，上意動。瑄等彈章入，大怒，召諸御史詣文華殿，俾誦彈章，詰之。瑄與御史張鵬、周斌且誦且對，歷陳亨、吉祥罪狀甚悉。遂下諸御史，并逮耿九疇及有貞、賢于詔獄。逼瑄誣引大臣，刑甚慘酷，數瀕死，卒一語不他及。理刑者文致瑄坐死，掌道者謫戍，餘貶斥。會京城大風，雹，壞屋拔木，走正陽門下馬牌於郊外，乃得從末減，瑄戍遼東鐵嶺，餘調除有差，於是，臺臣一空。降有貞為廣東參政，賢福建參政，九疇江西右布政使。

以李賢為吏部左侍郎。

賢之降，迫于曹、石，非上本意。上欲留之，謂王翱曰："李賢不可與有貞同去。"翱不喻，請改賢南京，謂可避禍也。上曰："南京遠。"即用為吏部侍郎。亨、吉祥聞賢留，愕然。

顧上意屬賢，亦無可奈何。

命通政司參議兼侍講呂原、贊善兼修撰岳正並直文淵閣。

原在正統時曾侍上經筵，上素知之。王翱薦正有宰相材，召見文華殿，正神采秀發，上甚喜，顧謂曰："內閣許彬老矣，不足恃也。朕今用汝，努力爲國家。"正頓首謝，出，赴閣。至左順門，遇石亨、張軏，愕然曰："何以至此？"正不對。亨、軏忌正才名，比入見，上曰："朕今日擇一閣臣，甚佳。"二人佯請："爲誰？"上曰："岳正，但官小耳。須與吏部侍郎兼學士。"二人因奏曰："陛下欲升正，甚易。姑試之，果稱職，未晚也。"上默然。蓋亨輩以事非己出，故撓之耳。

以程信爲太僕寺卿。

信爲四川參政，入賀。錄景泰間進言者，升信太僕卿。信案故事，理營衛馬。三營大將石亨等疏言："太僕苛急，請馬隸兵部。"信言："馬政隸兵部，則馬登耗太僕不得聞。即有警，馬不給，請以責兵部。"上是信言復歸太僕。

秋七月，承天門災，下詔修省，大赦。

復逮徐有貞下詔獄，除名，安置金齒。

時，有竊造封事，詆毀朝政者，假給事中李秉彝名上之。命逮秉彝，拷訊無驗。亨等因譖有貞怨望，使所親馬士權爲之，而滅其迹。上遂遣官校捕有貞於途，收士權，俱下錦衣衛獄。拷掠瀕死，士權終無所言，乃取有貞誥券示法司。刑部侍郎劉廣衡等遂劾奏："有貞詐撰制文，竊弄國柄，自謂治水希踪神禹，敢以定策貪冒天功，大不敬，無人臣禮當斬。"會灾變，得宥，編發金齒爲民。士權，泰州人，博學有氣節，寓京師教授，游縉紳間，與有貞厚善，故亨輩擠之。有貞出獄，感其義，以女許婚其子。既而，曹、石敗，有貞自金齒歸，負盟，士權亦無言。時論皆重士權之義，而薄有貞云。

調直內閣許彬爲南京禮部左侍郎。

彬年老無爲，故調。尋坐累，降陝西參政。

刑部尚書軒輗致仕。

輗以曹、石怙權侵官，乃請老。上曰："昔浙江廉使考滿，歸家，僅二竹籠，是汝乎？"輗頓首謝。又曰："卿年未老，可再用乎？"輗又頓首，以疾辭。上知不可強，賜金爲道路費，輗即日就道。

降岳正爲欽州同知，尋謫戍肅州。

上嚮用正，時時召見。正感知遇，銳意功名，在上前陳說洒洒，知無不言。欽天監湯序因灾異請去奸臣。上問正，對曰："奸臣無主名，即求之，人人自危。"匿名書事起，曹吉祥請上榜購告捕者，官三品。正與呂原見上曰："爲政有體，朝廷豈可自榜購募？秦始皇杜諫，下妖言誹謗令，竟不聞過以亡國。願以爲戒。"事遂止。正又乘間言："曹、石驕橫，不早制，恐禍起肘腋。"上頷之，曰："已諭。"正退，即徑造石亨所，諷令罷兵歸第，不然，上將有疑心。亨、吉祥因詣上，免冠請死，具道所由。上曰："無之。"且召正，責其漏言。正對曰："臣觀二家，必有悖叛之誅。即今罪狀未著，臣欲全君臣共難之情，故令早自爲計耳。"上不悅。承天門灾，正草詔，歷數時政闕失，奸邪蒙蔽，詞甚切直。亨輩因造飛語，聞于上，謂："正草詔出，時時對人言：此非上意，我欲諷上改過也。正賣直沽名，訕謗君父。"上怒，遂內批，降正欽州同知。正過家辭母，留數日。兵部尚書陳汝言曹、石黨也。嗾邏者以別事中之，逮詔獄，拷掠，謫戍肅州鎮夷所。或語之曰："公犯未信而諫之戒矣。"正曰："子謂我諫官耶？我當道如是耳。"正既去，上嘗念之，曰："岳正倒好，只是大膽。"傳至戍所，正乃題其畫像，曰："岳正倒好，只是大膽。惟上念哉，必當有感。如或赦汝，再敢不敢？臣嘗聞古人之言，蓋將之死而靡憾也。"

釋建庶人居鳳陽。

　　初，建文帝少子文圭，靖難後幽之中都。上憐庶人無罪，久繫禁，欲寬之。李賢贊曰："堯舜心也。"有諫阻者，上曰："有天命者，任自爲之。"遂出之鳳陽，歲給薪米，聽婚娶，出入自便，與奴婢三十人給使令。庶人入禁時，纔二歲，至是出，不識牛馬。

復謫前御史張鵬、楊瑄，戍廣西。

　　先是，鵬、瑄戍遼東，遇赦還。或謂宜詣曹、石謝，庶免後禍。二人不從，故復謫。詔辭嚴峻，曰："逃則殺之。"命錦衣林千户押行，二人同械，朝夕不保。時，李秉巡撫南畿，遇之途，哭不能起，命左右出之，二人不肯，曰："死則死耳，不敢累公。"秉曰："何傷？朝廷有責，吾自當之。"即詣林千户，懇求寬其繫，且解帶遺之爲道里費，二人得不死，至戍所。

復以李賢爲吏部尚書兼翰林學士，直文淵閣。

　　時，推吕原在閣。石亨等薦私人參議盧彬、太常少卿王謙，上不聽，與吏部王翱謀，仍復賢内閣。

命左都御史馬昂巡撫山西大同。

八月，謫南京都督僉事郭登戍甘州。

　　初，上陷虜庭時，也先以復駕爲名，逼京師。于謙使人謂之曰："賴宗廟社稷之靈，中國有君矣，駕可勿復。"及至大同，郭登言亦如之。上銜之，故謫。

以劉廣衡爲刑部尚書。

以御史林鶚爲鎮江知府。

上命吏部選內外官爲郡守，陛辭日，親諭勞賜燕，給道里費，遣之。鶚至郡，汲汲興除利害。鎮江漕河孔道，往經孟瀆險，議鑿河，自七里港引金山上流，通丹陽，避孟瀆。鶚言："迂遠多石，又壞民廬墓，請按京口閘、甘露壩故迹，稍疏浚通舟，春夏啓閘，秋冬度壩，道里近，功力省，又不損民壞地，利甚便。"竟從鶚言。

禁武臣輒入內廷。

石亨竊權干政，出入禁廷無忌。上厭之，謂李賢曰："總兵官豈可無故入內廷？"令左順門閽者："今後非召宣，不得輒納總兵。"一日，上登翔鳳樓，見亨新第極偉麗，顧問恭順侯吳瑾、撫寧伯朱永曰："此何人居？"永謝不知，瑾曰："必王府。"上笑曰："非也。"瑾頓首曰："非王府，誰敢僭如此？"上不應，顧內臣裴當曰："汝聞若言乎？亨橫，睚眦中傷，人莫敢告耳。"

九月，命太常寺少卿兼侍讀彭時復直文淵閣。

起年富爲左副都御史，巡撫山東。

太常寺少卿兼侍讀學士掌院事劉儼卒。

儼學力沉潛，立身修潔。贈禮部侍郎，諡文介。

召左都御史馬昂掌都察院事。

冬十月，遣行人曹隆聘江西處士吳與弼。

與弼，編修吳溥子，甘貧力學，名聞四方，從游者甚衆，足不下樓者二年。石亨覺上厭疑，又知衆不容己，問計于門客謝昭。昭倣張髯教蔡京招楊龜山故事，令亨薦與弼，收士望。石亨因誦與弼之高於李賢。賢爲草疏薦之，留中數日。上問賢曰："與弼何如人？"對曰："與弼，儒者高蹈。古昔明王，莫不好賢下士，徵聘隱逸。陛下若行此，實聖朝盛事。"上乃命賢草敕，加束帛，遣使聘之。

十一月，陳汝言下獄死，籍其家。

言官高明等交章劾汝言怙勢亂法，贓賄狼籍，逮繫獄。汝言死獄中，籍其家，金帛充牣。上令陳於大內廡下，召大臣入視，曰：「景泰間，任于謙久，籍沒，無餘物。汝言未期，何得賂之多若是耶？」時，上怒甚，色變，石亨等皆俛首不敢對。初，于謙之死，皇太后不及知，後知之，備為上言謙匡濟功，及迎立外藩之誣，上始疑之。久之，察迎立事無狀，每詰亨等，皆對曰：「臣亦不知，乃徐有貞向臣言耳。」於是，上深銜亨輩，待時而發，有貞金齒之行，而亨輩俱不免者，皆由于此。

也先為其下所殺。

也先荒於酒色，又殘忍，諸部不悅，稍解散。也先忿其平章哈剌謀叛己，欲攻之，恐不勝，乃召哈剌子飲酒，中以鴆。哈剌子嘔吐，覺，走出，嚙指血染箭，令其僕告哈剌。哈剌陽不知，益敬順也先。也先以哈剌畏己，防稍解。哈剌伏衆，伺也先出獵襲之。也先猖狂戰，敗走，從二騎遁。道中饑窘，至一婦人所乞漿，婦人飲之酪，遂去。夫歸，婦言狀，疑其為也先，急追及殺之。諸部遂分散，而孛來癩王子為雄。

十二月，進彭時、呂原並翰林學士。

張鎰卒。

鎰貴州征苗還，于謙劾其失機，不可用，自是恨謙。既奪門復辟，謀殺謙，以謙信任范廣，并誣殺之。廣既死，鎰一日遇諸塗，為拱揖。左右問之，曰：「范廣過也。」歸家，發病死。

戊寅，二年正月。

尊皇太后孫氏為聖烈慈壽皇太后。

上謂李賢曰：「朕居南宮七年，危疑之際，實賴太后憂勤保護，罔極之恩，欲報無由，欲倣前代尊上徽號，何如？"賢頓首曰："陛下舉此，莫大之孝也。"於是，上太后徽號曰"聖烈慈壽太后"，兄繼宗廕會昌侯，子孫數十人皆授官。左右又有爲其次兄求進秩，上謂李賢曰："外戚孫氏一門富貴亦足矣，復希恩澤，以爲慰太后心，不知太后正不以此爲慰。比者授其子弟官。時，數請方允，且不樂者累日，曰：'有何功於國家？濫授禄秩，如此物盛必衰，一旦有干國憲，吾不能救。'"賢曰："此足以見太后盛德。"因問："祖宗以來，外戚不與政。向爲侯者與政，不審太后知乎？"上曰："太后正不樂此。初爲内廷近侍惑以關防之説，至今猶悔。"賢曰："侯爲人醇謹，後不可爲例耳。"上曰："然。"

皇太子出閣講學。

以馬昂爲兵部尚書。

虜酋孛來寇陝西，總兵安遠侯柳溥御之，敗績。

哈剌既殺也先，孛來尋殺哈剌，而立小王子爲可汗，已又弑小王子。來寇邊，溥御之，輒敗。御史劉濬劾溥，溥行賄得釋，反謫濬。已而，虜大熾，關中大震，乃召溥還。上謂曰："溥爲主將，畏縮如此，不治何以儆衆？"遂罷太傅，勒令閑住。

二月朔，日有食之。

閏二月，起韓雍爲大理寺右少卿，尋復右僉都御史。

天順初，謫景泰用人，雍調山西副使。未幾，致仕。至是，起用之。

四月，復設各邊督鎮巡撫。

初，石亨以文臣提督軍務，武官不得自逞，因請罷之。未幾，邊徼騷然。上召李賢，謂曰："自各邊革去巡撫，軍官貪肆，士卒罷弊。朕初復位，奉迎之人紛紛以此爲不便，今乃知其謬也。卿與吏、兵二部議，舉才能者用之。"遂用浙江布政白圭遼東，山東布政王宇宣府，僉都御史李秉大同，監察御史徐瑄延綏，山西布政陳翌寧夏，陝西布政芮釗甘肅，俱以京官巡撫。上曰："武人所以惡文臣者，只因不得遂其私耳。在任者悉召還。"馬昂以貴州有兵事，速請一人往，召以白圭贊理貴州軍務，而以程信巡撫遼東。

以葉盛爲右僉都御史，巡撫兩廣。

時，兩廣盜起，廷議舉有才望者往撫之，遂用盛。盛方丁父艱，家居，乞終制，不允。初，廣東鹽例不出境，歲久，鹽積商困，往往賄守關者，潛過廣西市利。盛至，知其弊，以聽之則法壞而利歸於商，禁之則商滯而利歸於關津，乃請鹽商入米餉邊，聽出境販鬻。於是，公私兩利。

以崔恭爲左副都御史，巡撫南畿。

恭初爲萊州守，有廉明聲。升湖廣布政，盡革諸弊。時，劍利流民相殺，恭曰："急則大變。"下令流民願附籍者聽，否俟秋成遣歸，眾遂定。調江西，發庫宜乾沒銀五十萬〔三〕。制役法，民一歲任勞，九年得逸。至是，巡撫南圻，所至進耆老，詢利害，爲興革，復儀真漕河及常鎮河，程工贍廩，民不告勞。

令吏部左侍郎孫弘守制，以姚夔爲吏部侍郎。

弘，石亨鄉人也。初爲太僕少卿，冒奉迎功，升工部侍郎。亨又薦爲尚書，上調弘吏部，曰："再升當爲尚書。"亨怏怏曰："即尚書，何不可？何再耶？"上不能堪。及是，弘聞喪。上謂李賢曰："孫弘豈勝吏部？宜令守制。吏部乃人物權衡，廷臣中誰可任者？"賢曰："無逾姚夔，夔有大臣度。"遂用夔。上一日密謂賢曰："石亨輩干請招權，奈何？"賢曰："惟獨斷可以革之。"上曰："非不自斷，從之則悅，不從意便怏然。"賢曰：

"若理果不可，是亦難從。君權不可下移，誠能獨攬，彼之勢自消，趨赴者漸少矣。"上頷之。

布衣陳真晟詣闕上書，不報。

真晟，漳州人，初習舉業，嘗應試福州，聞有司防察過嚴，無待士禮，走歸。棄舊業，務聖賢踐履之學，以敬爲主，嘗曰："《大學》'誠意'爲鐵門關，'主一'二字乃其玉鑰匙也。"至是，詣闕上書。其書首采程氏學制；次采朱子論說；次作二圖。一著聖人心與天地同運；次著學者心法天之運；次言立明師、補正學、輔皇儲、隆教本數事。書未上，先疏乞召見陳說，不報。及書上，下禮部議，竟寢。歸，聞吳與弼名，欲就正之。貨其家，直得五金。携兄子一人行，戒之曰："我死即瘞于道，題曰'閩南布衣陳真晟墓'。"至江西，張元禎止之宿，叩其學，大加稱許，曰："濂洛之學，自有真傳，如與弼者，不可見，亦不必見也。"遂還鎮海，尋卒，年六十四。

五月，徵處士吳與弼至京，入見，命爲左諭德，固辭，尋遣還鄉。

與弼將至，上問李賢："與弼當授何官？"賢曰："宜授宮僚，輔導東宮。"又曰："與弼至，宜館次供張，召見顧問。"上頷之，命與弼爲左諭德。及見上文華殿，力辭不受職。上曰："久聞高義，特聘至，何不受官？"與弼對曰："微臣草茅賤士，少嬰病疾，屛處山林，非有高世之行，不意聲聞過情，誤塵薦牘。蒙聖明過聽，天書束帛，賁及草茅，不勝感愧，力疾趨闕，謝主上厚意。臣今年六十八矣，衰朽之人，實不堪世用。"上曰："宮僚亦優閑，不必辭。"與弼辭益力。于是，賜文幣、廩餼，遣中使送至館。上顧謂賢曰："此老非迂闊者，務令就職。"與弼三辭後，稱病篤。賢叩其意，與弼以敕書以伊傅之禮聘之，却授館職，故不拜。賢曰："如此亦固矣。朝廷致敬盡禮待先生，初無不承權輿之意，必欲如傅說爰立作相亦難。既稱衰病，若當大任，勢不能行，人反失望。不如且就宮僚，果有建明，大拜未晚。"與弼終不受，力求歸山。賢言於上，上曰："果爾，亦難強留。"賢曰："此朝廷盛事，幸始終恩禮。"上首肯曰："既以行人聘來，還以行人送歸。與璽書，令有司繼粟，終其身。"與弼感激，乃條上十事，然皆經生常談，無過人者，遂辭歸。既歸，益矜肆，無復故態，羅倫常投詩嘲之。後與弟訟，囚服詣府庭，太守張瑄驚，禮之。張元禎移書責之，有曰："當上告素王，正名討罪，豈容先生久竊虛譽，爲名教中罪人？"至跋石亨族譜，稱門下士，識者尤鄙之。

六月，雲南總兵沐璘卒，以沐瓚爲都督同知，鎮守雲南。

七月，以宣城伯衛穎鎮守甘肅。

瀧水猺鳳弟吉作亂，葉盛討擒之。

  初，猺賊鳳廣山恃險出沒爲寇，官兵不能制。廣山死，其子弟吉繼之，益猖獗，爲〔四〕稱將軍，劫掠鄉村，攻圍城邑，殺害人民，不可勝計。盛調兩廣大軍，水陸並進，斬箐伐木，開山通道，直搗其巢，斬首三百餘級，擒弟吉，檻送京師，餘黨潰散。

南京刑部尚書薛希璉卒，以耿九疇爲南京刑部尚書。

  上念九疇去非其罪，召還，陛見，憐其老，以爲南京刑部尚書，曰："遂卿優閒。"

九月，命副都御史林聰捕江淮群盜。

  江淮鹽徒橫行劫掠，道路爲梗，上遣聰捕之。聰設法擒渠魁，戮數人，脅從用輕典，盜以寧息。

冬十月，孛來寇延綏，守將張欽禦敗之。

帝獵南苑。

　　苑在京城南二十里，方一百六十里。苑中有按鷹臺，臺傍有三海子，皆元之舊也。本朝稍增治之，闢四門，繚以周垣，飛走盈內，籍海戶千餘守視。自永樂來，搜獵于此，以講武事。是日，上親御弓矢，命勛戚武將應詔馳射。既畢，賜酒饌，以所獲分賜從臣而歸。

十二月，左都御史羅通致仕。

己卯，三年春二月，以山東左布政陸瑜爲刑部尚書。

　　李賢所薦也。賢再入閣，石亨與有力，而賢終不悅，慝怨，接殷勤。亨見賢日信用軋己，上寵顧漸衰，益恨賢。及是，見賢薦瑜，不次擢，遂揚言賢納瑜賂，爲先容，冀以感賢。朝士紛然，謂必不用瑜，賢且得罪。及瑜至，上竟用之，群誹始息。

建州夷酋董山叛降朝鮮。

　　董山潛結朝鮮，受僞制，爲中樞密使。遼東巡撫程信調得其制書，疏請，乘其未發，先詰之，可伐其謀。上遣給事中往朝鮮，錦衣譯者往建州，兩酋初不肯承。出制書示之，皆驚服，謝罪。

石彪有罪，下獄。

　　彪凶暴貪狡，既陷年富，益恣肆，數侮總兵。總兵不能堪。遂爲流言，誣彪有異志。上疑之，欲召彪還。彪又令大同人保己爲總兵，上益怒，或又曰："彪結死黨，必欲留據大同，爲石亨外援。"遂逮繫詔獄。

禁文武大臣、科道官往來交通。

　　初，石彪事發，言官密奏，即有泄於彪者。上召李賢曰："群臣黨惡如此，不可不戒。"賢曰："誠如明旨。"上乃敕諭百官："今後文武大臣無故不許往來，近侍官不許造大臣私宅，錦衣衛官亦然。"于是，朝廷肅然，交通之弊始息。

四月，以王槩爲右副都御史，巡撫陝西。

時，歲荒，老弱流移。槩檄所司，設法鳩集，停逋負，民恃以無恐。

致仕南京國子監祭酒陳敬宗卒。

七月，下工部右侍郎翁世資於獄，謫衡州知府。

內織染局奏："上供文綺乏，當下蘇松，織造七千疋。"世資言："東南民力竭矣。宜樽節以蘇疲困。"與尚書趙榮、左侍郎霍瑄議，減其半。二人有難色，世資曰："儻得罪，世資自當之，不以相累也。"疏入，上怒。推主議者，遂逮世資下獄，謫衡州。

九月，石亨罷兵歸第。

上初復辟，石亨輩屢在上前矜迎駕奪門功，上亦惑之。一日，從容與李賢言及，賢曰："迎駕則可，奪門則不可。況郕王不豫，天命、人心咸屬陛下，何必奪門？且內府門豈可奪？'奪'之一字，何以示後世？賴天靈助祐，幸而成事。萬一郕王左右先覺，亨輩不足惜，不審置陛下於何地？"上曰："然彼時何以自解？方悟此輩非爲社稷計，不過圖富貴而已。"賢曰："臣彼時極知此舉之非，亦有邀臣與謀者，臣不從。臣愚謂郕王果不起。文武群臣請陛下復位，安用如此勞擾？誰貪天功邀求升賞，又孰敢招權納賂者？"上曰："善。"由是薄亨。亨生男未彌月。上令亨負兒入見，喜摩其頂曰："虎子也，善撫之，朕行與卿結姻。"上意欲寵亨，且探亨意。亨不諭，曰："不敢，臣兒無福。"上笑而頷之，命左右取金鎖繫兒項，賜封鎖定侯。亨頓首謝，負出。上益疑亨。及石彪事敗，言官交章劾亨，遂罷兵柄，勒令歸第。

孛來寇大同。

虜寇大同，總兵官李文避不敢出，虜直抵雁門、忻、代，殺掠人畜，烽火達於京師，民大擾。遣都督顏彪、馮宗統兵屯紫荆、倒馬以備之。虜既大獲利，去而復來。敕兩都督提兵出雁門，虜始退。

冬十月，南內離宮成。

庚辰，四年春正月，宴朝覲官布政賈銓等十人於禮部。

以布政蕭晅爲禮部尚書，賈銓爲副都御史，巡撫山東。

　　二人皆以卓異舉者。

起年富爲戶部尚書。

　　初，吏部舉賈銓。上問李賢，賢曰："銓貌不稱名。年富執法不撓，可居此職。"上頷之。左右不悅富者甚衆，謂賢曰："上不喜此人，不宜再舉。"一日，上召賢曰："戶部非年富不可？"賢曰："此人不悅者衆，愈足見其賢。"上曰："國計所關，豈顧私情不悅者哉？"遂召用之。富經理財賦，蒞以勤廉，不動聲色，而出納適節云。

致仕大學士高穀卒。

　　上復辟，閣臣皆流放竄殛，惟穀以忠謹及嘗請迎駕，致仕。既歸，杜門不接賓客。有問及朝政者，輒不應。官至台鼎，家業蕭然，身沒未幾，子孫貧窶。成化初，姚夔言："穀端亮有守，始終不渝。"得贈太保，謚文毅。

二月，誅石彪。逮石亨下獄，死。

　　亨既歸第，有怨望語，遂有告亨謀不軌者，言："亨門下有瞽指揮童先者，嘗教亨舉大事，於袖中出妖書曰：'惟有石人不動。'亨信之，與所親盧旺、彥敬謀曰：'大同人馬甲天下，我撫之素厚。若以石彪代李文守大同，北塞紫荊關，東出山東，拒臨清，絶餉道，則京城可不戰而困矣．'"上聞之，即日縛彪棄市，逮亨繫獄，斃之獄中，籍其家。法司請瘞亨屍，上問李賢，賢請盡法斬首。上念亨功，不從，令瘞之。亨，粗豪無機巧，威名震主，不知斂戢，招權納賄，凌上虐下，故及于敗。法司又請究亨黨冒功升秩者。上問賢曰："此事恐驚動人心。"賢曰："此輩方不自安，若令自首免罪，自帖然矣。"從之。於是，冒功者四千人盡首改正，人心皆快。

三月，賜進士王一夔等及第出身有差。

召軒輗爲左都御史，總督南京糧儲。

輗致仕去，上思之，復召用。輗嚴毅，遇人無賢否悉峻拒，不得接。歲時詣禮部拜表慶賀，屏居一室，撤燭，朝服端坐，寂無一言。鼓嚴，出行禮，禮畢，竟御肩輿歸。僚儕聞輗來，輒避去，不樂與處。南武庫郎沈琮嘗言："留都大臣，惟輗及魏驥廉平俊偉，不務文飾云。"

逮遼東巡撫副都御史程信下獄，調爲南京太僕少卿。

遼東總兵董興倚曹吉祥，姻昵指揮夏霖恣不法。僉事胡鼎發霖奸贓四十事，信以狀聞。詔錦衣指揮郭英逮霖，籍其家。英得霖貨，末減霖。寇深遂劾信惑外臺官，瀆聖聽。詔詰信，不肯引咎，徵下詔獄，調南太僕少卿。

五月，靖遠伯王驥卒。

驥沉毅恢宏，有文武材，遇事立斷，用法嚴明，故能成功。然麓川之役，阿附王振，勞敝中國，多殺無辜。晚年石亨用事，又相依倚，不無訾議云。

秋七月乙未朔，日有食之。

南京刑部尚書耿九疇卒，以蕭維禎爲南京刑部尚書。

九疇孝友純至，居官清正，平生無他嗜好，公退焚香讀書而已。好善疾邪，别白太過，以故與衆寡合，累遭讒困。卒，諡清惠。

八月，虜酋孛來寇大同，總兵李文禦之，敗績。

九月，寧夏總兵都督張太敗北虜於東壩。

冬十月，帝閲列侯諸將於西苑。

命僉都御史韓雍巡撫大同。

　　雍陛辭，上召至文華殿，賜鈔，諭之曰："善爲朝廷守北門。"雍精悍闊達，有智略，時出己意經畫，防守城堡，部署將校，糾奸蠹，練士伍，逾年戎政大修，虜不敢近塞。

十一月，虜寇莊浪，副都御史芮釗禦却之。

　　虜寇涼州急，釗率輕騎馳赴涼州，與總兵畫策守戰，時出奇兵擣虜營。虜知不可近，乃分部屬散掠莊浪諸虜[五]。釗分兵追剿，所向克捷。虜勢屈，乃遁去。是時，虜出没邊境幾一載，而城守無虞，居人不致流散者，釗之功居多。

閏十一月，以崔恭爲吏部右侍郎。

掌欽天監事禮部侍郎湯序有罪，下獄。

　　時，月食，欽天監失於推算。上謂李賢曰："月食，天變之大者，而欽天監推算不精，失職矣。"因言："湯序，凡有灾異，必隱蔽不言；天文有變，則曲爲解説。朝廷正欲知灾異，以警戒修省，而序乃隱蔽如此，豈臣下盡忠之道？"賢曰："序若此，罪可誅也。"上乃收序下獄，降爲太常少卿。

釋徐有貞，歸田。

　　上與李賢、王翺論人才高下，因曰："若徐有貞，才學亦難得，當時有何大罪，爲石亨、張軏所陷？如後世議何？可釋歸田。"有貞始得還鄉，卒於家。有貞，短小精悍，博學多能，天官地利，兵法水利，陰陽方術，無不通曉。然心險毒，好傾軋人，以故不得善終。

辛巳，五年春正月，以廖莊爲南京禮部侍郎。

夏四月，以程信爲刑部右侍郎。

五月，江南、北大水。

六月，孛來寇河西，總兵仇廉禦之，敗績。命懷寧伯孫鏜、兵部尚書馬昂率師往禦。

孛來寇河西，圍困城堡，日久不退。仇廉率兵自蘭縣渡河，與莊浪合兵，虜邀擊之，廉敗還。虜益猖獗，大肆殺掠，官軍莫敢與敵，關中震恐。於是，以昂總督軍務，鏜爲總兵官，率京營兵萬七千、河南山東兵六萬征之。

秋七月，曹吉祥、曹欽反，率兵犯闕，殺恭順侯吳瑾。懷寧伯孫鏜、尚書馬昂討平之，吉祥、欽伏誅。

吉祥在正統、景泰間，常領兵征苗，麾下多韃官。吉祥結恩惠，收爲爪牙，竄名奪門中，皆升峻職。及石亨敗，盡革諸冒功者，此輩爲吉祥曲庇如故。吉祥初以迎駕功，一門弟姪俱得顯官，又賣官鬻獄，黷貨無厭。上積厭吉祥凶橫，稍疏抑之。吉祥憤，輒懷異志。又見石亨誅，益不自安，遂與其姪昭武伯欽，都督鐸、鏶，指揮鉉謀爲不軌。會馬昂、孫鏜出師西征，將以詰旦陛辭。欽等與吉祥約，殺昂等，奪其兵，入內爲變。吉祥誘禁兵爲應，所結番將都督伯顏、也先等數十人，各以部兵從，期會已定。恭順侯吳瑾及都指揮完者禿亮聞其謀，漏二鼓，詣長安門告變。上急令疊石塞諸禁門，召中官，急縛吉祥。至四鼓，賊兵合番漢五百騎直抵禁城，遂殺錦衣衛指揮逯杲及左都御史寇深。吳瑾率兵禦之，戰死。執李賢於朝房，刃傷其首。欽要賢奏赦，賢即爲草疏，自門隙投入。欽見門不啟，縱火焚門，適大雨，火滅。比明，詔會昌侯孫繼宗統諸兵討賊。孫鏜先登力戰，諸將分道逆擊，馬昂以精兵殿。工部尚書趙榮聞變，亦大呼市中，率數百人往會之。欽退屯東安門，鐸以衆接戰。自辰至午，敗鐸，斬之。欽中流矢，創甚，還駐東大市街。鉉以百餘騎往來馳突，官軍環結不動，自相枕籍。鏜斬先潰者以徇，督戰益急，追斬鉉。欽懼，率百餘騎攻朝陽門，欲出奔，不克。諸軍進薄之，殲其衆。鐸爲亂兵所殺，欽匿其家眢井中，伯顏、也先等縋城遁，遣兵追之，皆獲。是晚，上御午門朝百官。下伯顏、吉祥、也先等御史獄，伏誅。仍棄鐸市，磔欽屍，籍其家，賞將士。餘黨並落職，流嶺南。

八月，進孫鏜爲懷寧侯，馬昂、王翱、李賢並加太子少保，完者禿亮爲都督。

追封吳瑾梁國公。

　　謚忠壯。

命兵部侍郎白圭、副都御史王竑出河西，分道禦虜。

　　孫鏜、馬昂會曹欽反，不果行。河西羽書紛至，李賢乃薦圭與竑分道禦虜。比至，虜已得利引退，遂班師。竑仍督漕巡撫。

以大理卿李賓爲右都御史。

　　寇深死。上令廷議擇人，衆舉蕭維禎。上曰："此人，吉祥曾力薦之，非端士也。"李賢曰："大理卿李賓，年雖少，容止老成，久典刑名，可當此任。"遂升賓右都御史。

詔天下。

　　李賢言："曹賊就擒，此非小變，宜詔天下，罷一切不急之務，與民休息。"又言："自古治朝未有不開言路者，或設敢諫之鼓、誹謗之木以導之，或旌擢賞勞以勸之。聖帝明王，其惓惓求言若此者，惟恐不得聞其失也。惟奸臣惡人，攻己必欲塞之，以肆其非。由是，覆宗絕祀，陷于大僇而不悟矣。"上曰："此吉祥、石亨輩實爲之。今宜列之詔書，使知朕意。"先是，御史張鵬、楊瑄以言，自此言路始開。

赦岳正還鄉。

曹、石敗，上因思正言，謂李賢曰："向岳正固嘗言之。"賢因請曰："正有老母，使得生還，幸甚。"乃命釋爲民。

甘肅總兵宣城伯衛穎破西番于涼州。

都督毛忠爲番虜所圍，穎提兵往救，全師而還。

九月朔，日有食之。

十二月，巡撫兩廣副都御史葉盛，同都督顔彪討平兩廣諸蠻。

大藤賊弗靖，盛督官軍、土兵分道夾攻，破石門、紫荊等寨七百餘處，斬三千餘級，餘衆潰，寇盜悉平。

壬子，六年春正月，虜共立脫思爲可汗，始入河套。

孛來稍衰，其大酋毛里孩、阿羅出與孛來相仇殺，而立脫思爲可汗。脫思，故小王子從兄也。於是，毛里孩、阿羅出、孛羅忽三酋始入河套。河套三面阻黃河，土肥饒，可耕桑，切近陝西榆林堡，東至偏頭關，西至寧夏幾二千里，南至邊，北至黃河，遠者八九百里，近者二三百里，即周之朔方，秦所取匈奴河南地，漢之定襄郡，赫連勃勃、趙元昊所據以爲國者也。唐三受降城在套北黃河之外，元東勝州在受降城東。國初，虜遁河外，居漢[六]北，延綏無事。正統以後，浸失其險，虜始渡河犯邊。鎮守都督王禎始築榆林城，創沿邊營堡、墩臺二十四所，歲調延安、綏德、慶陽三衛官軍分戍，而河南、陝西客兵助之，列營積糧，以遏寇路。景泰初，虜犯延慶，不敢深入。至是，諸酋掠我邊人，以爲嚮導，因知河套所在，駐牧其中，遂爲邊境剝膚之害矣。

二月，復設提學憲臣。

三月，罷陝西屯兵。

　　陝西管糧參議尹旻奏言："虜退河開，士馬衆多，人民轉輸困極，請乞罷兵。"議者懼後有警，難之。李賢言："兵出在外，可暫不可久。暫則壯，久則老。且虜時窺邊，安能保其不來？若慮其來，不可罷兵，更無休息之時。今陝西人民困極，芻餉不繼，宜暫令諸軍還。俟有虜警，再調未晚。"上從之。

六月，下國子祭酒劉益于獄。

九月，皇太后孫氏崩。

　　諡曰孝恭章皇后。

少傅、吏部尚書致仕王直卒。

　　直器宇宏偉，性端重，寡言笑。在吏部，留意人才，干請杜絕。歸田後，嘗謂人曰："西楊不與予共事內閣，出理部事。當是時，不能無憾。然使不出部，丁丑正月，當坐首禍，能免遼陽之行乎？"卒贈太保，諡文端。

以戶部侍郎張睿爲尚書，督糧儲。

　　上從容問李賢曰："今六卿庶皆得人，但慮王翺老矣。"又曰："年富亦不易得。"賢對曰："繼翺吏部，非此人不可。"上曰："朕意亦如此。刑部陸瑜甚佳，李賓、趙榮亦可。惟禮部石瑁稍文弱。"賢曰："瑁不滿人望，宜令致仕。"上曰："且留之，恐後來者，未必過瑁。"一日，奉天門奏事，瑁失儀，上謂賢曰："瑁動止粗疏，豈堪禮部？戶部侍郎張睿可代之。"瑁即上疏乞休。上見疏，又不忍，曰："瑁篤實，豈可因小失而退？"仍留瑁，而睿升尚書，督糧儲如故。

十月，以項忠爲右副都御史，巡撫陝西。

忠爲陝西按察使，有惠政，得民心。歲饑，不待奏報，輒發粟賑濟，全活數萬人。丁母喪，陝人數千赴闕乞留，詔奪情復任。至是，徵爲大理寺卿，陝人復詣闕乞留。乃改右副都御史，仍撫其地。

十一月，學士吕原卒。

原溫恭儉約，不苟取予。曹、石用事，原與岳正密言于上，二人覺之，反中傷。正去，原以謹厚得留。與李賢共事，賢通達，見事立斷，原濟以持重。至是，以憂去，抵家卒。贈侍郎，謚文懿。

虜寇寧夏，守將張泰擊敗之。

虜酋毛里孩等寇固原，還至黄河大壩，掘渠水灌寧夏城。時，寧夏精騎調援延綏，泰募義勇三千人，付其子翊，至壩與虜背河而營。夜半虜渡河，敗之。翌日，使善泅者浮水罵虜，虜以爲水淺，悉衆渡河。翊半渡擊之，前驅者盡溺水中，斬獲數百，追出賀蘭山外而還。

癸未，七年正月。

以白圭爲工部尚書。

二月，以陳文爲禮部侍郎兼翰林學士，直文淵閣。

石瑁致仕，以姚夔爲禮部尚書。

會試場屋災。

焚死舉子高潔、胡鸞等千餘人。

夜，空中有聲。

李賢上言："無形有聲，謂之鼓妖。上不恤民，則有此異。惟陛下憫念元元，一切不便於民者悉皆停罷，則灾變可彌。"上嘉納之。

三月，以尹旻爲吏部右侍郎。

四月，大理寺卿王宇卒。

　　宇洗冤雪枉，平反甚多。卒之日，囊篋罄然。

五月己丑朔，日有食之。

召巡撫陝西副都御史王概爲大理寺卿。

　　時，讞奏者多深刻爲名，概獨持明允，濟以長厚。諸所參駁會文切理，法吏轉相傳録，以爲規式。

七月，追諡宣宗廢后靜慈仙師胡氏爲恭讓章皇后。

　　宣宗晚年，追悔廢后事，嘗曰："此朕少年事。"欲復后位號，不果。至是，孝恭皇太后既崩，錢皇后爲上言："胡后賢而被廢，其死也，人畏太后，殯葬皆不如禮。"勸上復其位號。上以問李賢，賢曰："陛下此念，天地鬼神實臨之。臣愚以爲陵寢享殿神主，皆如奉先殿之式，庶幾稱陛下之孝，不然徒爲虛文。"上即命舉行。

八月，再會試天下舉人。

致仕少傅、禮部尚書胡濙卒。

　　濙平易寬和，自奉淡泊。居官敬謹，立朝幾六十年，爲尚書三十餘年，恩榮始終，世莫與比。但過於畏慎，少風節，與時委蛇。宣德易后，景泰易儲，濙職司宗伯，無所匡救，未免保身之意重云。卒年八十九，贈太保，諡忠安。

下錦衣衛指揮袁彬于獄，尋釋之。

　　時，都指揮門達有寵，司緝察，兼問刑，權傾中外，橫恣羅織，遣官校遍行郡縣訶刺，所至騷動，道路側目，人莫敢言。惡袁彬質直不阿，自計得進言於上者，惟李賢與彬而已，謀排去之，乃使邏卒摭彬陰事數十上之。上欲法行，不以彬沮，諭之曰："從汝逮問，但要活袁彬，還我彬。"既下獄，達拷掠，欲置之死。有漆匠楊暄者，憤然不平，上疏言："昔者駕留虜庭，獨彬以一校尉保護聖躬，萬死一生，備嘗艱苦。今卒然付獄，中外共駭。乞御前審録，彬死無憾。"并條達不法二十餘事，擊登聞鼓以進。上令達逮問，達逼暄，使誣李賢主使。暄懼拷死於獄，乃陽諾曰："此實李閣老教我爲之，但我言於此，無證人不信。不若請廷鞫，我對衆言之，彼無辭。"達信之，遂以聞。上命法司訊於午門，暄大言曰："天日在上，我死則死耳，何敢妄指正人？此實門指揮教我。"達失色，計沮。彬遂得釋，調南京。暄亦免。

九月，以韓雍爲兵部右侍郎、王越爲副都御史，巡撫大同。

雍入議事，上奇雍貌，升兵部侍郎，謂李賢曰："代雍者，必如雍乃可。"賢薦王越。及至陛見，上又喜，曰："將材也。"遂用之。

十月，兩廣盜起，命都督顔彪率兵討之。

十一月，葉盛、顔彪率兵討廣賊，平之。

廣西流賊多入廣東爲害，而兩廣守將頡頏自異，故瀕年不成功。盛請革兩廣鎮將，立總鎮於梧州，居中調度，則賊可平。衆韙其策，而不果行。盛不得已，請益兵。上乃命顔彪率兵赴之。盛與彪協議，破賊砦八百，擒斬數萬人而還。

甲申，八年春正月庚午，上崩於乾清宫，罷殉葬。

上不豫，命中官牛玉執筆，口占使書，處置后事："一、東宫即位，百日成婚；二、定后妃名分；三、勿以嬪御殉葬；四殮殯器服悉從儉。"書畢，玉付内閣，使潤色之。玉持示李賢、彭時，皆警愴，曰："何遽至是？所言關大體，非上英明，不能及此。止殉一事，尤高出古今，真盛德事也。"十七日，上崩。

上復辟後，厲精求治，章奏皆自裁決。信用李賢，用人行政，必與商確。嘗謂賢曰："朕每日五鼓起，拜天畢，省章奏已，謁奉天殿後視朝。朝退，復覽章奏，始還宮。暇則讀書，不敢少逸。"又曰："朕於服食，未嘗揀擇去取，即着布衣，人不以爲非天子也。"戒左右驕佚，嘗以南城事爲言，曰："朕即位以來，未嘗一日忘在南城時。爾曹何敢自肆？"初雖寵任曹、石，而旋燭其奸，立見疏遠，簡拔忠直，一時閣部大臣多得其人。

皇太子即皇帝位。

尊皇后錢氏爲慈懿皇太后，貴妃周氏爲皇太后。

上即位之明日，命議上兩宮徽號。中官夏時倡言："錢后久病，今當只尊上生母周貴妃爲太后。"李賢曰："天子新即位，四海顒望，宜遵遺詔，庶幾順天理，服人心。景泰初事例不可法。"彭時曰："此言是也。朝廷所以服天下，惟在正綱常。若只尊所生，恐損聖德。"夏時入，請命，少頃出，傳仁壽宮旨，曰："子爲帝母，當爲太后，豈有無子而稱太后者？宣德自有例。"彭時曰："今日事與宣德時不同。胡后曾上表讓位，退居別宮，故正統初不加尊號。今日名分固在，豈得不尊？若阿諛順從，是萬世罪人也。中宮已無子，何所利害而爲之爭？所以不敢不極言者，欲全皇上聖德，非有他意。若推大孝之心，則兩宮同尊爲宜。"衆皆然之，夏時再入請命。良久，出，曰："得上再三勸諭，已俞允矣。"將草詔，彭時執筆，曰："正宮須加二字，不然無別。"乃於錢后加"慈懿"，而貴妃止稱太后。是日，同議者懼忤內旨，有後患，皆隱默不言。惟李賢開端，彭時極力繼其後，卒能挽回。

下侍讀學士錢溥獄，謫順德知縣。降兵部侍郎韓雍爲浙江參政。

溥，正統時進士，浮躁嗜進。時，王振訪可教內書者，或薦溥，試《薔薇露》詩，大加稱賞，特授檢討，累遷侍讀學士。溥所教內侍，後多用事。溥與陳文鄰，內侍每來謁溥，必邀文共飲。及英廟大漸，太監王倫伴讀東宮，來謁溥。文意必召己，竟不召，乃使人密伺之。倫言："上不豫，東宮納妃如何？"溥言："當以遺詔行事。"已而，內閣草詔，李賢當秉筆，文起奪其筆，曰："無庸，已有草之者矣。"遂言溥、倫定計，將逐賢，以溥代之，而以韓雍代兵部尚書馬昂。賢怒，遽以聞。乃下溥獄，謫外。雍亦坐貶。

二月，上大行皇帝尊謚曰法天體道仁明誠敬昭文憲武至德廣孝睿皇帝，廟號英宗。

葬裕陵。

錦衣衛都指揮門達有罪，下獄，謫戍南丹衛。以袁彬掌衛事。

　　言官劾達欺罔故殺諸大罪數十，謫戍煙瘴，召袁彬復職。彬仍餞達於郊，不念往事，時以爲長者。達卒死戍所。

加李賢少保兼華蓋殿大學士，陳文吏部左侍郎，彭時吏部右侍郎。

三月，復前修撰岳正，御史楊瑄、張鵬官。

起副都御史李秉，巡撫宣府。

賜進士彭教等及第出身有差。

西番寇甘肅，總兵衛潁、巡撫都御史吳琛擊敗之。

　　先是，西寧番酋扒沙巴哇等七族作亂，命潁等討之。潁與琛將甘、涼、蘭、鞏等衛官軍三萬五千人，分五路以進，至駱駝山，俘斬七千餘人，獲牛馬二萬有奇。

編修張元禎請行三年喪，不報。

五月，大風，雹，拔木，壞郊壇。

户部尚書年富卒。

　　富剛正朴忠，言不輕發，廉静寡欲，遇事敢爲，臨利害，不少變氣節，才識爲時推重。謚恭定。

以李賓爲南京兵部尚書。

以兵部尚書馬昂爲户部尚書。

　　時，言者交章劾昂不職，故調之。

以王竑爲兵部尚書，李秉爲左都御史。

復定襄伯郭登爵，鎮守甘肅。

六月，禮部左侍郎兼翰林學士致仕薛瑄卒。

　　瑄學貴踐履，暗然自修，一言一動，悉中矩矱；辭受取與，必揆諸義。出處大節，光明峻潔，於富貴利達泊如也。接人無大小衆寡，一以誠待之。接引後學，惓惓以復性爲教。其言平易簡切，不爲穿鑿奇僻之談。晚年游心高明，默契道妙，有不言而悟者。著《讀書録》二十卷。卒贈禮部尚書，謚文清。

七月，立皇后吳氏。

八月，御經筵。

　　給事中張寧請經筵講《大學衍義》，從之。

修《英宗睿皇帝實録》。

懷寧侯孫鏜奉朝請。

　　時，革奪門功，鏜亦在其中。上念鏜有功國家，止令歸第。

九月，廢皇后吳氏。

令審囚勿會内閣。

冬十月，立皇后王氏。

　　詔言：“先帝臨御之日，常爲朕簡求賢淑，已定王氏，育於别宫,以待期矣。不意内臣牛玉偏徇己私,朦胧奏请,将已退吴氏册立。礼成之後,朕观吴氏德不称位,何以表宫闱而相祭祀?不得已,请命母后,废黜吴氏,仍遵先帝成命,册立王氏为皇后。明正牛玉之罪,免死,谪居南京。"

调巡抚两广佥都御史叶盛巡抚宣府。

　　盛在两广,与丘濬不合。丘每毁之,言:"盛贪功,掩杀无辜。"进士张廷纶放诞,不修行检,素不为盛所礼。进谒李贤,因言盛讥摘贤诗文,贤衔之。他日,锦衣指挥贵汤〔七〕盛称盛文学之美,且云:"置之政府,于先生无忝。"贤怃然曰:"与中笑我,乃为入阁地邪?"及盛议事至京,给事中张宁等合议举盛,宜入内阁。贤沮之。调盛大同。盛至镇,修屯堡,垦荒田,补战马,边备大振。

革太平侯张瑾、兴济伯杨宗等爵。

　　时,有内直将军诉,天顺初因入直迎驾而升,非冒功者,今一切褫职,非法意。上念其久于役,特复之。而以迎驾夺门升者,纷然入诉不已。李贤言于上曰:"自石亨辈此举之後,人以得富贵之易,贪利者惟幸有事,宜早治之。"上即命兵部按其事,以迎驾夺门升者,自太平侯而下,俱夺爵。

初立宫中庄田。

擢束鹿知县盛顒为邵武知府。

　　顒初为御史,以论石亨谪知束鹿。豪右闻其来,相戒曰:"是尝劾石总兵者,不可犯也。"顒至,变搏〔八〕击为抚循,吏畏而民安之。未几,丁内艰去。民留之不可,候其服阕,相率诣阙,奏乞顒再任,从之。顒至,不复用刑法,有争讼者,谕之以理,辄叩头不复辩。邻邑讼久不决者,上官委顒,折以片言,各心服去。邑介真、保二府间,四境之民,闻风趋赴郊外,有荒落地，遂聚以成市，人因名爲清官店。至是，以卓異升知邵武。

逮南京六科給事中王徽等下獄，並謫遠州判官。

先是，王徽、王淵以内臣用事，勢甚張，在朝無敢公言者，徽乃率同官上言五事，其一曰"保全内臣"，言宜遵祖宗舊制，内臣無使預政。否則，如王振、曹吉祥輩怙寵擅權，事敗之日，雖全之，不可得也。近有無恥大臣，與之結納，或行叩頭之禮，或有翁父之稱，因而鬻獄賣官，擅作威福。宜嚴交結之禁，凡大小政事悉斷自宸衷，則天下睹清明之政，而宦豎亦不陷刑戮之禍矣。上嘉納之。

至是，徽等復上言："牛玉罪重罰輕，請明刑憲，以正朝綱。"數玉大不韙之罪四，乞寘諸法。因詆斥李賢附阿權豎，籠絡縉紳，中藏奸僞，外務掩飾。疏入，中官惡之，摘其語以激怒上，皆逮下獄。科道交章論救，乃俱謫判遠州。

十一月，以高明爲南京都察院僉都御史。

時，南中臺憲稍弛，百司多自恣。明振風紀，明法令，痛斥庶官之貪暴者，南都肅然。

召定襄伯郭登提督京營。

大臣薦登有文武才，故召用之。

十二月，命定西侯蔣琬鎮守甘肅。

校勘記

〔一〕"發驚"，底本漫漶不清，參考（明）于謙《忠肅集》卷末附録于冕《故明少保兼兵部尚書時特進光禄大夫柱國太傅謚肅愍于公行狀》辨識。

〔二〕"石亨□□□也"，（清）谷應泰《明史紀事本末》卷三十六："石亨忌竑，嗾言官論其犯闕也"。《明史》卷一百七十七《王竑傳》："石亨、張軏追論竑擊馬順事，除名，編管江夏。"

〔三〕"發庫宜乾没銀五十萬"，《明史》卷一百五十九《崔恭傳》："有廣濟庫官吏乾没五十萬。"（明）項篤壽《今獻備遺》卷三十二《崔恭》："有廣濟庫者，庫官吏乾没五十萬，盡發其奸贓。"

〔四〕"爲"，疑當作"偽"。

〔五〕"虜"，疑當作"處"。

〔六〕"漢"，疑當作"漠"。

〔七〕"貴湯"，據《名山藏》卷六十五當作"吕貴、湯胤績"。

〔八〕"搏"，當作"搏"。

國史紀聞卷十

憲宗純皇帝

乙酉，成化元年春正月，有星孛于天市。

赦陳循、江淵、俞士悅及王文子宗彝、于謙子冕，並還鄉。

二月，彗星見。

躬耕藉田。

　　上祀先農畢，釋祭服，秉耒三推，三公九卿以次而耕。既畢，賜宴而回。

天雨黑黍于襄陽，地震，有聲。

兩廣蠻作亂，以趙輔爲征夷將軍，韓雍爲左僉都御史，率兵討之。

　　時，兩廣鎮將怯懦，無方略。諸蠻復叛，四出殺掠，所至丘墟。王竑奏言：「峽賊稱亂久矣，皆由守臣以招撫爲功，譬之驕子，愈惜愈啼，非撻之不止。浙江左參政韓雍有文武才，若以討賊屬之，可逭南顧之憂。」於是，升雍僉都御史，與輔討之。廣東按察使夏塤[一]上言：「兩廣連歲用兵，未見成功。猺獞逼脅平民，進則驅之，以當矢石；退則殺之，以紓怨憤。自用兵不已，供費日繁。臣恐外患未除，內變將作。宜慎選守令，撫綏招集，俾見在者懷恩而固守，被脅者聞風而來歸，則賊勢自孤矣。」疏下兵部議，時是其言。

以王恕爲副都御史撫治荊襄。

　　時，南陽豪民爭礦，殺人。恕至，獲其巨魁，餘黨悉散遣歸農。俄內艱去。會鄖襄盜起，旋起復用。

北虜酋求遣使往來。不許。

三月，加吏部尚書王翺太子太保。

進陳文爲禮部尚書。

帝幸太學，釋奠先師。

四月，以張寧爲汀州知府，岳正爲興化知府。

　　先是，王徽等[二]劾李賢獲罪，寧會六科申救，忤賢意。賢欲薦岳正爲南祭酒，正不應，忌正者遂僞爲正劾賢章示賢，賢銜之。會兵部清黃官缺，九卿合薦，寧堪任僉都，正堪任兵部侍郎。賢假歷練之說阻之，各升知府。時論譁然，不平。

命副都御史楊璿巡撫荊襄。

荊襄流民劉千斤反，以撫寧侯朱永爲總兵官，兵部尚書白圭提督軍務，率兵討之。

　　初，北方流民聚襄鄧山中，凡數十萬。錦衣千戶楊雄使河南，策其必反，上疏言：「流逋之衆宜選良吏賑恤，漸圖所以散遣之。願占籍者聽。」不報。至是果反，推劉千斤、石和尚爲主，僞署官職，攻劫郡縣，西至漢沔，東及蘄黃，北入南陽，勢甚猖獗。乃命永等率兵討之。

五月，兵部尚書王竑致仕。以王復爲兵部尚書。

　　竑正色立朝，遇事敢言，多內批，不報。嘆曰：「大臣以道事君，不可則止。吾可以行矣。」遂引疾歸。

六月，韓雍會諸將于南京。

　　雍至南京，諸軍畢會，議進兵方略。或曰：「方今兩廣殘破，盜賊蜂起，譬之烈火燎原，無復緩急。宜分江西兵及達軍，由庾嶺入廣東，大軍由湖廣入廣西，隨在逐之，俟其團結，乃合諸兵圍困，此萬全計。"雍曰："不然。兵法有云萃于中堅，先其難之謂也。大藤峽爲賊巢穴，舍此不圖，而趨其末，未見其能濟。苟全師至彼，南可援高、廉、雷，東可應南韶，西可取柳慶，北可斷陽洞諸路，勢如常山蛇，動無不應，舉無不克，何煩于逐？叔敖曰：'寧我薄人。'志曰：'先人有奪人之心。'薄之也。兵貴拙速，不尚巧遲。今併力擣其腹心，元惡既擒，餘必投刃而解矣。"諸將曰："善。"乃合軍兼程而進，遣偏師擊破會陽洞，戮不用命者指揮李英等四人，軍威大震。

秋七月，起程信爲兵部侍郎。

廣東副使毛吉御賊，死之。

廣寇數萬。流掠郡縣，吉與知縣王麒率兵討賊，奮不顧身，皆死之。初，吉出軍時，給軍餉千兩，委官余文司之，費止十三。文憫吉死難，以所餘密授其僕，俾爲喪具。一夕，僕之婦忽出中堂，據正席坐，舉止如吉狀，顧左右曰："請夏憲長來。"舉家驚惶，急走報夏。頃之，夏至，揖而言曰："吉受國恩，不幸死于賊，固無餘憾。但余文以所遺官銀付我家人，雖官府無所稽考，我負汙辱於地下矣。願亟還官，毋汙我。"言畢，忽仆地。少頃，婦蘇。事聞，加贈，以褒其忠。

兩畿、河南、山西、湖廣、江西、浙江大水。

户部言：南畿、江浙水旱相仍，歲運京儲四百萬石。今罹災傷，優免數多，來歲兌運不足。請以淮浙鹽廣募商人於淮徐、德州水次倉納米，俟來歲分撥官軍支運，庶民不困於凶年，而國用亦無所損矣。制可。

八月，沐琮嗣封黔國公，鎮守雲南。

九月，虜寇榆林，寧遠伯任禮、巡撫都御史項忠御却之。

御史魏瀚等言："自古備邊之策，不過練卒擇將，廣儲畜，修城池，利甲兵而已。邇者，虜寇長驅，動以萬數，沿邊殺掠。兵部以乏兵召募，示弱於虜。今京師軍士不下三十餘萬，或占役於私家，或借工於公府；或買閑而輸月錢，或隨從而備使令。其操練者大率老弱，不勝甲胄，且馬多羸瘠，器非犀利，使之折衝禦侮，安能嬰鋒挫鋭？況今之爲將帥者，雖曰用勳戚，取人望，而身任安危，忘家徇國，爲陛下效力輸忠者，未之見也。請責總兵官簡練營軍，毋沿玩習。仍命給事中、御史各一人，不時嚴查。設有賣放占役，即以白簡從事。然大要尤繫於兵部之得人。今尚書王復質實有餘，應變不足，處此多事，未見其濟，更宜圖之。"上曰："復任未久，難責近效。項官軍分十二營團操，情弊多端，轉加廢弛。今還歸三營，如舊訓練，差給事中、御史不時查點。若仍前弊，即參奏究處。"

冬十月，定哈密、諸夷朝貢例。

姚夔上議言："哈密近爲乩加思蘭殘破，人民潰散，不時來貢，動以千百，貪饕宴賜，道路疲於供億。合令歲一人朝，不得過二百人。乩加思蘭五十人。其土魯番亦力把力等，或三年、五年入貢，經哈密者，依期同來，不得過十人。宜敕陝西守臣嚴加防範。"從之。

進內閣彭時兵部尚書。

項忠開龍首、鄭白二渠成。

關中水泉鹵，故有龍首渠久湮廢。忠奏："開渠三十里，民便之。"涇陽鄭白渠，亦久廢，忠募工疏鑿，灌田七萬頃。

十一月，承天門成。

升南京刑部右侍郎廖莊爲刑部左侍郎。

韓雍督諸將攻破大藤峽，賊平。

雍破修仁、荔浦諸峒，進至潯州。諸將問計，皆曰："大藤峽天險，密菁重崟，守備堅固，莫若屯兵四圍，且戰且守，以待其斃。"雍曰："峽山寥廓，岐徑紛披，六百里間，安可圍也？且屯兵久，彼鈍我衰，賊若睥睨衝突，患且不測。今新破府江，勇氣百倍，峽賊聞之，亦已落膽，因而乘之，可立破矣。"遂分兵數道，四面攻之，別遣兵斷其歸路。賊悉力拒扼，雍督兵仰攻，皆殊死戰，呼聲震山谷，縱火焚其岩寨。賊潰入九層樓諸山，絕厓懸壁，人所難到。賊發大石強弩，並下如雨。雍誘使大發，遣人潛陟絕頂，覘賊發竭，舉礮爲應。自卯至未，賊力竭，忽礮震，大駭。雍率健卒，緣木攀蘿而升，沿山奮擊，連數日夜，俘斬四萬一千有奇，盡降其餘黨。先是，峽中有大藤如斗，延亘兩崖，諸蠻蟻渡。至是，斬之，改名斷藤峽。置藤縣千户所，控要路刻石紀功而還。

丙戌，二年春正月，令三品以上京官薦舉堪任布、按二司官者。

二月，李賢憂去。

三月，賜進士羅倫等及第出身有差。

　　倫對策引程伊川語："人主一日之間，接賢士大夫之時多，親宦官宮妾之時少。"執政欲節其下句，倫持不可，直聲震于時。

論平蠻功，封趙輔爲武靖伯，升韓雍左副都御史，提督兩廣軍務兼理巡撫。

復故少保、兵部尚書于謙官，遣使致祭。

　　上在東宮，知謙勛績。謙之死，事起倉卒，上不及救。後每念及，常爲嘆息。即位初，謙子冕訟冤，還其沒產。至是，復謙官，遣使致祭。有曰："先帝已知其枉，朕心實憐其忠。"聞者感嘆。

升鎮守荊襄王信爲都指揮同知。

　　石和尚、劉千斤僭逆，荊襄震驚。信度房陵險要，自率數十騎往據之，調集民兵，不滿千人。賊四千餘衆突至，圍攻之，主帥逗遛不援。信多張旗舉火，晝夜不息，歷四旬餘。間以死士出城五六里舉火礟，賊以爲援兵至，驚，潰走。乘潰追，斬六十級。

江淮饑，人相食，命副都御史林聰賑之。

　　聰請鬻兩淮没官鹽二萬引，船料鈔暫改收米，以備賑濟。又請發松江府糧十萬石。皆從之。

選延綏土兵。

　　巡撫延綏盧祥言："營堡兵少，而延慶民驍勇，習虜敢戰，若選爲土兵，練習調用，必得其力。"兵部覆奏，請御史往選。於是，延安之綏德州、葭州，慶陽之寧州、環縣，皆選民丁之壯者，編成什伍，得五千餘人，量免戶租，委官訓練。由是，土兵盛强，毛里孩連年入寇，皆却之。

四月，倭寇浙東。

五月，李賢起復。降修撰羅倫爲福建市舶副提舉。

　　時，朝廷據楊溥故事，起復李賢。賢入京，倫詣賢私第，告以不可。復上疏曰：

　　　大臣起復，綱常風化之所繫，天下後世之所觀，陛下將爲國家植綱常，爲萬世立民極者也。欲正大綱，莫先於明人倫；欲明人倫，莫先於孝。孝者天之經也，地之義也。國而非此，不可以爲國；家而非此，不可以爲家；人而非此，則禽獸矣；中華而非此，則夷狄矣。故先王制禮，子有父母之喪，君命三年不過其門，所以教孝也。古者求忠臣於孝子之門，誠以居家孝，故忠可移於君。爲人臣者，未有不孝於親，而能忠於君者也；爲人君者，未有不教其臣以孝，而能得其臣之忠者也。請以宋事言之，仁宗嘗起復富弼矣，弼辭曰：'何必遵故事，以遂前代之非，但當據《禮經》，以行今日之是。'孝宗嘗起復劉珙矣，珙辭曰：'身在草土之中，國無門庭之寇，難冒金革之名，以私利禄之實。'二君卒從其請，史册書之，以爲美談。自是而後，無復禮義。史嵩之欲援例起復爲丞相，王黼起復爲執政，陳爲中起復爲宰相，賈似道起復爲平章，蒙議當時，遺笑後世。臣乞陛下以宋爲鑒，使賢終制，此臣之願也，亦賢之分也。又何必違先王之《禮經》，拘先朝之故事哉？朝廷舉措，大臣出處，天下觀之，史筆書之，清議雖不行於朝廷，天下以爲何如？公論雖不行於今日，後世以爲何如？誠不可不懼也。臣見比年以來，朝廷以奪情爲常典，縉紳以來〔三〕復爲美名。食稻衣錦之徒接踵廟堂，據禮守經之士寂寥無聞，不知于先朝之故事何所據耶？昔富弼有母喪，韓琦言起復非盛世事，而富公竟不可奪；史嵩之遭父喪，大〔四〕學生攻之，至數百人，嵩竟終制。今大臣起復，群臣不以爲議，且從而爲之辭，所以豫爲己地也。大臣既無忌，群臣復何慙？群臣既有例，大臣復何辭？今之大臣固韓琦、富弼之罪人，今之群臣又太學生之罪人也。貪利忘親，上下成風，率天下之人，爲無父之歸。臣不忍聖明之世，風俗之弊，綱常之壞，一至於此也。天子者，以孝治天下者也；大臣者，佐天子以治天下者也。欲孝行於天下，必先行於大臣。臣願陛下不惑群議，斷自聖衷，許令李賢依富弼、劉珙故事守制，脱有兵革之事，亦從墨衰之制。將見朝廷既正，則天下自正；大臣既行，則群臣自效。綱常由是而正，人倫由是而明，風俗由是而厚，士心由是而純矣。

疏入，賢怒，力辭。內批，降倫提舉。御史陳選等交章留倫，謂倫所言天理人情之至，乞宥之，以開言路，不報。王翶引文彥博故事勸賢留倫。賢曰："潞公市恩，歸怨朝廷。吾則不敢。"倫雖貶而士論重之。自是，臺諫少起復者。

白圭、朱永討荊襄賊，平。

圭至南陽，分兵爲五路。圭與永由南漳入湖廣，總兵李震以土兵來會。劉千斤等迎戰，適永病，圭督諸軍擊破之。賊退入巢穴，憑險拒守。圭命裨將率兵千餘，由間道出賊後，焚其營，而自以大軍臨之。賊方出戰，顧其營火起，遂駭散，自相踐籍，死者無數。斬首數萬級，生擒劉千斤等，獻俘京師，伏誅。惟劉長子、石和尚脫走。

敕陝西巡撫項忠、總兵楊信總兵河套。

李賢等奏："胡虜之衆，不當中國一大郡，連歲擾邊，輒得利去。河套原非虜穴，今毛里孩據其中，出沒不常。古云：不一勞者，不永逸。今欲安邊，必須大舉後可。乞令兵部會議，進兵搜剿，掃清醜類。又，秋禾方熟，虜必入掠，延綏、鄜慶一帶，宜推選武將一人，統精兵萬人守之，庶有備無患。"於是，王復等議以爲大舉搜套，必主將得人。大同總兵楊信，舊鎮延綏，習知地利，宜召還京，面受成算。上從之，召信還，乃遣信與項忠協謀征剿河套。安遠侯教讀戴仲衡上言："用兵事宜，大略謂兩軍交戰，生死定於呼吸。彼摧堅執銳之士奮不顧身，何暇斬級，此其功最爲上也。今論功者，反以首級驗功升賞，有當先破敵者不錄，所以士無鬬志，惟圖幸取首級，往往坐是而敗。乞稽國初舊例，以當先者爲奇功，生擒者次之，斬首者又次之。如此，則人以進死爲榮，而虜不難滅矣。"奏入，下兵部議。王復以爲難行，奏言："擒斬者有實可驗，而當先者無迹可憑。以是爲功賞之差，不免有濫報之弊。近如涼州奏功，生擒斬首者僅及三十，而奮勇當先者乃至千餘，豈足憑信？"上是之，仲衡言格不行。

秋七月，命副都御史滕昭總督漕運，巡撫江北。

八月，命征虜將軍宣城伯衛潁鎮守遼東。

以邢讓爲國子祭酒。

九月，建州酋董山叛，寇遼東。

冬十月，毛里孩寇延慶，都御史項忠、彰武伯楊信御却之。

朱永等執賊首石和尚，餘黨悉平。

石和尚、劉長子復聚衆千餘，流劫巫山、大昌間。諸將率兵襲其後，賊計窮力屈，指揮張英招劉長子縛石和尚詣軍門降。諸將忌英功，誣英匿賊賄，捶殺之。劉長子竟以俘獻，與石和尚同磔于市。

十一月，命兵部尚書王復整飭陝西邊備。

復奏："臣奉命整飭延綏、寧夏、甘涼邊備。東自黃河岸府谷堡，西止定邊營接寧夏花馬池，東西縈紆二千餘里，內多險隘，境外臨邊，無有屏障，止藉墩臺、城堡爲守禦。舊城堡二十五處，參差不齊，道路不均，遠至百餘里，近或五六十里。兵馬屯操，反居其內；人民耕牧，多在其外。遇賊入境，傳報倉卒，調兵策應，事已無及，不過虛聲應援。及西南直抵慶陽等處，相離五六百里，烽火不接。北面沿邊一帶，墩臺疏闊，難以瞭望。臣與鎮撫等官計議，府谷等十九堡，俱係極邊要地，必增置移易，庶幾可守。又於安邊營起，每二十里築墩臺一座，共二十四座，接慶陽。定邊營起，每二十里築墩臺一座，共十座，接環縣。俱於附近官軍量撥守瞭。北面沿邊一帶，空遠者添墩臺一座，共三十四座。隨其形勢以爲溝墻，必須高深，足以阻賊來路。因其舊堡，廣其制，必須寬大，足以積芻粟，容客兵。庶幾墩臺稠密，營堡聯絡，而緩急易於策應，可以遙震軍威矣。"從之。

追封董仲舒廣川伯，胡安國建寧伯，蔡沈崇安伯，真德秀浦城伯。

論平荊襄功，進朱永撫寧侯，李震興寧伯，加白圭太子少保。

十二月，刑部左侍郎廖莊卒。

莊在景泰時以諫言獲罪，直聲震天下。然好剛使氣，人有過，輒面斥之，人不能堪，己則釋然。晚節稍弗逮，識者惜之。贈尚書，諡恭敏。

以太常少卿兼侍讀學士劉定之直文淵閣，收恤貧民。

姚夔奏："京城多疲癃殘疾之人，扶老攜幼，呻吟悲號，足干天地之和。昔文王發政施仁，必先鰥寡孤獨。伏望特敕五城御史，查審收入養濟院，時給薪米。查流來者，亦暫收之，俟春和，量與行糧，遣還原籍，有司一體存恤，務令得所。此亦調攝和氣之一端也。"

大學士李賢卒。

賢在英廟時，眷注最專，言無不入。上在東宮時，有讒于英宗者，英宗疑之。一日，不豫，臥便殿。召賢密諭曰："今庶事初定，而大者反搖，奈何？"賢頓首伏地，曰："此國本也。"英宗曰："然則必傳位太子乎？"賢又頓首，曰："宗社之福。"英宗立命召上至，賢扶上曰："謝謝。"上抱英宗足泣，遂為父子如初，讒不得行。以故上即位，益信任賢。而賢以謫王淵、王徽，抑岳正、張寧，遂不滿于清議。及奪情起復，貶斥羅倫，士論益少之。賢明敏，練政務，所薦用文武大吏多得其人。顧不屑爲小廉曲謹，頗以賄聞。于謙之死，賢與有力焉。卒贈太師，諡文達。

丁亥，三年春二月丁酉朔，日食既。

三月，召商輅，復兵部左侍郎兼翰林院學士，仍直文淵閣。

山都蠻叛，以襄城伯李瑾爲總兵官，進程信爲兵部尚書提督軍務，討之。

　　先是，四川、貴州山都掌蠻叛，兩鎮守將不相上下，兵久無功。朝議遣大臣督戰，科道官在軍中者，忽告捷得賞。未幾，諸蠻又叛，據大壩山箐險，破合江以上九縣。乃進信尚書督軍，與瑾發川、廣、雲、貴、播州兵討之。

四月，封太后弟周壽爲慶雲伯，周彧爲長寧伯。

　　後數月，壽進爵爲侯，諸子弟皆受錦衣指揮。壽受奸民李政等投獻慶都、清苑、清河地共五千四百餘頃，彧受魏忠投獻景州、東光縣地一千九百餘頃，作爲莊田，民甚苦之。

復團營，命白圭提督操練。

六月，雷震南京午門。

召羅倫爲南京翰林院修撰。

秋七月，吏部尚書王翱致仕。

八月，虜入榆林塞孤山，守將湯胤勣戰敗，死之。

《英宗實錄》成。

以周洪謨爲南京國子祭酒。

九月，以葉盛爲禮部右侍郎。

虜破開城縣，知縣于達教死之。

冬十月，以武靖伯趙輔爲總兵官，左都御史李秉提督軍務，率師討董山，平之。

　　董山糾衆入寇，遣秉與輔及都督王瑛率番漢軍五萬討之。山降，送京師，放歸廣寧。秉曰："山不可宥，請誅山。"分軍爲三道，期會進剿。朝鮮亦遣將率兵萬人，遏其東走。兵擣賊巢，虜逋，俘斬千人，班師。

程信、李瑾討山都掌蠻，平之。進信兼大理卿。

　　信至永寧，分軍三道，自督大軍入金鵝池，四川軍由戎縣，貴州軍由芒部，雲南軍由普市入，期會大壩。進至李子關、渡船鋪，賊恃險拒敵，飛梭、下壘石如雨，我軍發神鎗勁弩，賊却。攀崖上，順風舉火，焚其龍背、豹尾二寨。賊退保大壩，貴州軍已踦其後，四川、雲南軍角其左右，賊驚散，不支。連破諸寨，斬首五千，擒二千餘。賊復走入天井、水磨二洞，洞幽暗，不可入。塞洞，圍守月餘，賊死幾盡。九姓上獠附賊，乘還師撲剿，又大捷。請移瀘州衛渡船鋪控諸蠻，分山都掌故地隸永寧、芒部。更大壩爲太平川，立長官司，轄熟夷。論功，升信兼大理卿。初，信之南征也，制詞官殺皆得專斷，迄班師，信不輒殺一人。曰："刑賞，天子大柄。以閫外事不易集，假大臣，懾束人耳。即幸事集，輒自專非分，必有奇禍。"時服其言。

命副總兵都督韓斌防守遼東。

以江西左布政使林鶚爲南京刑部左侍郎。

　　鶚在江西，一時僚貳往往用己意，出入於法，鶚據律多所平反。廣信奴民妄稱天神夏尚書等，遠近驚疑。鶚榜喻之，戮其魁，事遂解。歲饑，奏減田租十五萬，禁樂户買良家女爲娼，遏嶺南洞寇，不使入境。一時稱良，方面者必首歸焉。

十一月，致仕少保、吏部尚書王翺卒。

　　翺清心寡欲，端方剛直，循守禮法，一毫不苟。典銓日，門無私謁，明於知人，進賢惟恐不及，恩怨一不介意。嘗曰："吏部豈報恩復仇之地耶？"歷任五十餘年，第宅服食，不改於舊。上特命有司起第縣西。公餘退宿朝房，非朔望、令節謁先祠，不入家門。沒後，家無餘貲，人謂其清白之節，不愧古名臣云。贈太保，諡忠肅。

翰林修撰章懋、黃仲昭、檢討莊昶杖闕下，調外任。

時，內庭將以明年上元張燈，命詞臣賦詩。懋謂昶、仲昭曰："國家無事，海宇治安，內庭然燈，朝士踏歌，傳之史冊，恐爲聖明之累，吾輩合諫。"於是，三人同上疏曰："今者張燈之舉，陛下孝養兩宮，將以備耳目之娛，奉其歡心。然大孝養志，不在玩好。況川廣弗靖，遼東離亂，北虜包藏禍心，江西湖廣大旱，數千里民不聊生，此正宵旰焦勞，不遑暇食，兩宮母后同憂之日，陛下當不暇爲此。至於翰林以論思代言爲職，雖供奉文字，然鄙俚不經之詞豈宜進於君上？若不取法聖賢，而曲引蘇軾、宋祁爲比，自取侮慢，罪復何辭？若曰此微事耳，不足累聖德，是殆不然。《書》曰：'不矜細行，終累大德。'又曰：'不役耳目，百度惟貞。'若此事不止，他日甚於此者將無所不至，不可以細微而不之謹也。昔舜之止漆器，禹之惡旨酒，漢文之停露臺，聖賢之君競競若此者，正以欲不可縱、漸不可長故耳。願陛下停罷燈火，省此冗費，以活流離之民，賞勞役之士，則干戈可息，災旱可消，國家享太平無疆之休矣。"疏入，上怒，杖三人闕下。左遷懋臨武知縣，仲昭湘潭知縣，昶桂陽判官。朝論稱爲"三君子"，又與羅倫稱"翰林四諫"。

以李秉爲吏部尚書。

十二月，下刑部郎中彭韶于獄中，尋釋之。

長寧伯周彧冒賜額，奪真定、武強縣民田，敕韶即按頃畝。

詔至，繞田周視，徑歸上疏自劾，曰："昔田文使馮歡收債於薛，歡顧折券，矯賜薛人。文顧稱善，以其能市義於民也。臣按真定田，自祖宗來，許民開種，即為恆產，不復起科，以勸力農。往年太監韓諒奏討武強縣無糧地五百餘頃，英宗不許。後因廣寧侯莊客擾民，方將前地減輕起科，誠非得已。今彧又飾詞請求，有司不敢執奏。臣按視之田誠有餘，然地有高下，水旱不時。潦則鹼薄汩淹，旱則高皐枯槁，取彼益此，必須數畝之地，僅得一畝之入。今若按畝而量，餘皆奪為閒地，則仰事俯育且無所資，田租、力役復何所出？臣知其非死則徙耳。戚里之家，錦衣美食，豈可與民爭尺寸之利？臣誠不忍履畝，奪小民衣食之資，附益貴戚，謹待罪闕下。"疏入，逮下詔獄，科道官交章論救，得釋。先是，詔論僉都御史張岐倖進下獄，方釋，復職。至是，復下獄，直聲震一時。

後彧及翊聖夫人劉氏復討武邑、通州、武清縣地，共九百餘頃，戶科給事中李森等言："彧谿壑之欲無窮，畿內之地有限。小民賦稅衣食皆出于此，一旦奪之，何以為生？且入本朝來，百年于茲，民生日眾，安得尚有不耕之田？名曰'求討'，實則強占。伏望仍以田與民為業，今後敢有投獻奏求者，治以重罪，則豪強畏法，小民被惠，宗社之幸也。"上是其言，令待勘報區處。

禮部會議景泰廟號，不許。

荆門州學訓導高瑶上言："己巳之變，先帝既已北狩，皇上方在東宮，虜騎迫於都城，宗社危于一髮，使非郕王繼統，國有長君，則禍亂何由而平？鑾輿何由而返？及先帝復辟，貪天工者[五]，遂加厚誣，使不得正其終，歲時祭祀，未稱典禮。乞敕禮官集議，追加廟號，以盡親親之恩。"事下禮部，群臣皆不敢議，復請上裁。

左庶子黎淳奏曰："高瑶建言，欲加郕王廟號。臣惟當時陛下既已立爲皇太子，則異時當居天子之位。乃群臣又立親王爲天子，則所立之皇太子將何爲哉？若曰主少國疑，四方多事，成王之時，姬旦何不遂取天位？若曰神器久虛，不可無人，共和之際，周召何不共分姬室？特以君臣有定分，天經地義截然而不可易也。此事處置已久，人心已定。若誤聽瑤言，一加廟號，必將祭告太廟，改易舊制，而行祔廟承祧之禮；必將遷啓梓宮，改造山陵，而加珠襦玉匣之典；必將追贈皇太后、皇后之稱；必當盡復當時所用之人。所行之事，臣未見其可也。陛下昔爲皇太子，名正言順，郕王乃敢廢之，易以己子，至使先帝久遭幽閉。此非郕王所自爲，當時館閣大臣陳循等貪圖富貴，從諛爲之也。至郕王有疾，陳循自合迎請先帝復位，乃率群臣奏乞，早選元良，正位東宮。當時皇太子見在，欲選何人？陛下即位之初，群邪寒心，及見取回商輅，復職內閣，然後欣然自以爲得計，私竊效慕，希求進用。彼小人者，但欲得官，豈顧貽患？臣謂高瑤此舉，非欲尊禮郕王，特爲群邪進用之地。此必有小人主使之者，不然彼草茅疏遠，安敢妄言？上誣先帝之明，使後世視爲口實，議者豈可隱忍曲從，而煩陛下之議哉？”

疏入，上曰：“景泰事已往，朕不介意。加廟號，亦不必行。”

虜酋乨加思蘭入大同塞，以撫寧侯朱永爲平胡將軍，帥師禦之。

以李孜省爲上林苑監丞。

孜省，江西人，爲吏犯贓，巡按御史楊守隨逮問充戍。逃至京師，以符水夤緣入禁中，得幸，授太常寺丞，與禮部侍郎萬安相結。守隨還朝，劾孜省罪惡，不宜典郊廟之祀。命改上林苑監丞。

以林聰爲右都御史。

戊子，四年春正月，召章懋爲南京大理寺左評事，黃仲昭爲右評事，莊昶爲南京行人司副。

時，六科給事中毛弘等上言：「元宵張燈，誠皇上奉兩宮之孝心。章懋等因事納諫，蓋以天下災荒、北虜窺伺，無非欲皇上常存敬畏，制治保邦耳。古人有言：君明臣直。今懋等敢言直諫，實由皇上聖明。既不容其言，又改調外任，於從諫之美不無少妨。」章上，遂改調南京。

二月壬辰朔，日有食之。

虜乩加思蘭殺阿羅出，力[六]滿都魯爲可汗。

三月，改戶部右侍郎楊璿爲右副都御史，撫治荊襄流民。

夏四月，陳文卒。

文忮懻貪圖，羅倫之貶，文有力焉。及代李賢秉國鈞，益恣意，不顧名節。縱子大通賄賂，人皆醜之。卒，諡莊靖。禮部主事陸淵之奏：「莊靖，美諡，陳文何以當此？迹文平生，貪穢彰著，生既逃于重罰，死又竊夫美名，殊失勸善懲惡之典，乞更惡諡以服天下之心，以爲將來之戒。」御史謝文祥亦以爲言。上曰：「文生前，不言其過，恩典已行，而始言之。」不允。

固原土達滿四反，據石城。

國初元年，涼萬戶把丹率衆歸附，其部落散處開城諸縣，以畜牧射獵爲生。天順末，虜酋孛來、毛里孩內侵，把丹孫滿四與其黨李俊等有北徙意，乘時劫掠，藏匿逋逃。事覺，有司捕之急。會參將劉清、守備馮傑復逼索各土達賄，土達怨之，滿四遂糾衆反。石城者，四面俱山，高數十仞，西山嶺平，可容數千人，最險峻，四入據之。劉清領兵與戰，不利。陝西鎮撫遣都指揮邢瑞、申澄率軍往捕，戰於城下，申澄死之，邢瑞遁，官軍大潰，遠近震駭。

五月，京師大旱。

敕陝西副都御史陳价、總兵寧遠伯任壽、寧夏總兵廣義伯吳琮、延綏副都御史王銳、參將胡愷會兵討滿四。

六月，都察院左僉都御史張岐有罪，除名。

岐以壽寧侯兄夤緣躐躋，巡撫遼東，朘虐邊軍，爲戍卒所奏。遣給事中鄧山按之，得實，遂除名。

慈懿皇太后錢氏崩。

太后孝謹不妬。初，英宗北狩，太后每夜焚香籲天，倦則卧地，因損一股。泣過多，又損一目。與景帝汪后情好甚篤，及英宗復辟，待之始終盡禮。至是，崩。上迫於周太后，不欲附葬山陵，詔大臣議。彭時曰："此一定禮，無可議者。梓宮當合葬裕陵，神主當祔廟。"中官夏時曰："不可。慈懿無子，且有疾，不宜入山陵。"時曰："太后母儀天下近三十年，豈可別葬？此事關係非小，一或乖禮，何以示天下後世？"因謂同列曰："吾輩當力爭，不可使主上有失德。"已，上御文華殿，召內閣諸臣入，問曰："慈懿太后葬禮當如何？"時對如前。上曰："朕豈不知？但與周太后有礙。"商輅曰："外議洶洶，若不合葬，則人心不服，且於聖德有損。"劉定之曰："孝子從義，不從令。雖聖母有言，亦不可從也。"上默然良久，曰："合葬固是孝，若因而失聖母心，亦豈得爲孝乎？"時曰："皇上大孝，當以先帝之心爲心。先帝待慈懿太后始終如一，今若安措於左，虛其右，以待後來，則兩全矣。"上頷之。時等退而上疏，言附葬附廟，所以全先帝夫婦大倫。皇上母子深恩，因引漢文帝合葬呂后、宋仁宗合葬劉后故事，且言夫有出妻之理，子無棄母之道，關係綱常，不可有失，貽譏萬世，言甚懇切。下禮部議，姚夔奏言：「宜如內閣議。」太后不從。夔乃帥百官，伏文華門，上疏言：「陛下當守祖宗成法，遵先帝治命。若今日之禮稍失，則違先帝之心，損母后之德，不得爲至孝。若母后猶持不從，則當以大義斷之。」因伏文華門，痛哭不起。聲徹大內，上乃力請，太后從百官議，群臣始退。

七月，降御史謝文祥爲南陵縣丞。

張岐敗，文祥以岐乃姚夔所薦，因劾夔濫舉。詔下文祥于獄。夔奏：「此臣不明之罪，乞貸文祥，仍乞罷歸田里，以謝言路。」不允。御史楊琅等言：「文祥小臣，不足惜。所惜者，朝廷大體。乞曲賜保全，以昭納諫之美，作敢言之氣。」詔文祥徇私植黨，竟降縣丞。

有星孛于台斗。

任壽等討滿四，敗績。

時，寧夏兵先至，陳价與吳琮不俟延綏兵，自固原急趨石城。未至十里許，賊數千迎降。卒馮信言于陳价曰：「賊雖誠僞叵測，然我軍勞頓，且乏水，不可與戰。姑從之，退兵，徐議攻討。」吳琮叱曰：「兵已至此，豈可退？」遂麾兵進，賊先遁去。至城，驅牛羊數千在前，精壯後繼。時，尚無兵甲器械，各執木挺而鬪，官軍遂敗。任壽、吳琮退保東障，遺失軍資、器械以千計。士卒有被圍者，盡棄之而歸，賊勢益盛。

逮陳价、任壽、吳琮、劉清、馮傑下獄。

命副都御史項忠總督軍務，都督同知劉玉爲總兵，以馬文升爲副都御史巡撫陝西，會討滿四。

八月，京師地震，有聲。

月犯房宿。

册宫人萬氏爲貴妃。

萬氏侍上于東宫，譎智善媚。至是，册爲貴妃，專寵，居昭德宫。妃父貴授都督同知，兄通爲錦衣衛都指揮，通妻王氏出入掖庭，權勢薰灼。萬安認爲同宗，與劉吉皆附之。朝士希進者，群趨其門。

九月，命左副都御史王恕巡撫河南。

時，兩河旱蝗，恕上疏曰："蝗雖天災，實關人事，良由臣失職所致。況河南瀕年水旱，加以荆襄盗起，軍勞征調，民困轉輸。今歲買辦物料，多于往年，民何以堪？伏望罷臣，別選賢能代理。尤望陛下去奢崇儉，除祭祀、軍需之外，一切不急之務、無益之事悉從停止，庶天意可回而灾沴可弭矣。"

彗星見。

時，萬妃專寵，儲嗣久虛，進退大臣，多出中旨。彭時乃因星變上言："外庭大政，固所當先；宫中根本，尤爲至急。望正名均愛，廣繼嗣，爲宗社大計。"又言："如黜陟人才，皆宜斷自聖衷，不可專委旁近。庶權歸朝廷，人無希幸。"上優詔答之。科道官魏元等亦言："陛下春秋鼎盛，震宫尚虛，豈可以宗廟社稷之大一付於愛專情一之所，而不求子孫衆多，以固國本安民心？"又言："四方水旱，民困日急，不蒙省救，視爲泛常。是猶子訴饑寒，而父母若不聞，彼若棄父母而不顧，則何以處之？乞罷征税，發内帑，遣官賑濟。"又言："過信僧徒，費無限之貨財，建無益之齋醮。西番札實巴等又加以法王名號，賞賚無節，出入乘輿，導用金吾。乞發回本國，仍敕寺觀不得請建醮修齋。"又言："兩京大臣多奸貪蒙蔽之徒，勿謂其位高而不忍遽去，勿謂先朝舊臣而暫且寬容，宜令自裁，以全大體。"上是其言，詔："宮中事，朕自處。其餘，所司即擬行之。"

馬昂致仕。

御史胡深等劾昂："不學無術，妨政害民，結納勢要，廣開賄門。四方水旱，賑濟無策。乞罷斥，以弭災變。"昂上章乞休，遂罷。

吏科給事中程萬里請復河套，不許。

萬里言："毛里孩久不朝貢，往來宣府、大同間，其情叵測，萬一有變，驚擾畿內。臣愚意有可敗者三：距我邊方纔二三日程，是彼為客而我為主，以客就主，以逸待勞，一也。自恃強衆，併吞諸部，志滿氣盈，驅馳不息，人馬疲勞，二也。比來邊報，見賊烟火，有一二百里者，有三五十里者，散逐水草，兵力四分，三也。為今之計，宜選京師騎兵一萬，宣府、大同各一萬，每三千人為一軍，驍將十人統之。密使人探虜所在，出其不意，晝伏夜行，擣其巢穴，破之必矣。宜及其未發，早為之所。欲戰則圖方略，欲守則飭兵力。無祇憑文移，致誤大計。"詔下兵部，會廷臣議，謂："毛里孩自前歲朝貢後，不復犯邊。今無故興師，遠涉沙漠，非萬全計。請敕沿邊守臣，但戒嚴以備。"從之。

京師地震。

十月，命考察兩京官。

以地震、星變故也。

進內閣彭時吏部尚書，商輅兵部尚書，劉定之禮部左侍郎。

御史林誠以星變劾輅不職，并及景泰中易儲事，輅力求退。上怒曰："唐太宗用王、魏，朕用輅，何不可？"輅又力請宥言官，上喜曰："輅真大臣。"誠得不問。

以楊鼎爲户部尚書。

伏羌伯毛玉攻滿四,戰死。

玉同諸將攻石城,滿四以衆逆戰,佯敗。玉麾衆乘之,賊扼險,官軍不能進,墮崖死者甚衆。玉遂被害,劉玉亦中流矢,官軍退不可止,項忠斬一千户以殉,衆始定。時有星變,占者以爲應在秦州。忠曰:"《兵法》云:禁祥去疑。昔李晟討朱泚,熒惑守歲,卒以成功。況此小醜,何憂不克?"賊城中無水,忠斷其汲道,夜出者輒擒之,賊日困。朝廷慮師淹歲月,欲益兵。忠已定平賊計,謂:"京軍怯,不諳戰,益之無補。"馬文升曰:"不益兵,萬一賊不能平,誰任其咎?第請濟師,若賊破,即止之。"忠如其言,奏上。時廷議,已請遣撫寧伯朱永帥京軍四萬往矣。上覽忠奏,召兵部議,程信曰:"事急矣,行不可緩。"彭時、商輅曰:"賊若四出攻劫,誠可慮。今入山自保,我軍圍守甚堅,若釜魚阱獸,不久成擒。觀忠布置,賊不足憂也。"程信忿其言不行,出危言曰:"忠若敗,内閣不得辭其責。"時力持,兵卒不遣。

十一月,彗滅。

項忠、馬文升擒滿四,進忠右都御史,文升左都御史。

忠等與賊相持久,降者漸衆。忠乃以二卒自隨,抵賊寨,曉以禍福。於是,脅從之衆相率來降。有楊虎貍者,驍勇有謀略,滿四倚爲腹心,夜出被執,忠叱命斬之。虎貍乞命,乃撫其背,許以不死,解所束金鉤賜遣之,約爲内應。虎貍誘滿四出戰,爲官軍所擒,餘衆遂潰,斬首七千有奇,俘獲二千餘人。忠自圍賊,日披堅立陣前,督諸軍攻戰,雖矢石如雨,不避。文升勸其持重,忠曰:"奉命討賊,久無成功,雖死所甘。"時論偉之。

十二月，虜索羅忽、乩加思蘭入榆林塞，遂入寧夏塞，大掠環慶，至于固原。

己丑，五年正月。

任壽、吳琮、陳价俱謫戍，劉清、馮傑伏誅。

命禮部侍郎葉盛、都給事中毛弘勘南京考察官。

南京吏部侍郎章綸、都察院右僉都御史高明考察庶官，二人各徇意見。綸獨上章奏，罷九十六人，言官交章劾綸。上乃命盛與弘即按之。盛還奏言："明與綸偏執已見，不能誠心商確，致乖察典，宜逮問。"上釋，不究。

吏部尚書李秉致仕。以崔恭爲吏部尚書，尹旻爲吏部左侍郎，葉盛爲吏部右侍郎。

秉質直任意，與崔恭、尹旻兩侍郎不相能。有御史康永韶者，素附秉，以星變合諸言官，乞汰京官，并劾商輅、姚夔等。馬昂竟罷去。時謂秉主之，諸大臣遂忌秉。是年，朝覲黜退者衆，又多大臣姻黨，兩侍郎時時於人前短秉。於是，給事中蕭彥莊誣劾秉任情行私大罪十有三，具言其暗結御史，附己專權。下廷議，兩侍郎唯唯，不復置辨，但曰："二人嘗言之，奈不聽何？"法司竟議秉衒直沽名，顛倒選法，遂落秉太子少保，令致仕。仍訐問彥莊秉所結御史主名，彥莊以劉璧、吳遠、馮徵對，蓋璧等嘗言推舉，當歸吏部也。彥莊時劾山西布政丘陵，陵亦懇訐："彥莊使山西，怒不趨承，故誣劾，報私怨。"刑部主事亦訐奏永韶，遂俱下獄。諸御史又疏言："大理卿王概謀入吏部，彭時爲之內主。彥莊，概姻家。彥莊劾秉之疏，概所授也。"時不自安，稱病。商輅欲弭衆口，請用崔恭爲吏部，旻轉左代崔，盛代尹。彥莊等俱謫官。

二月，設固原衛。

项忠奏言："固原地方千里，水草豐茂，畜牧蕃多，内爲土達巢穴，外爲北虜藩籬。守城惟一千户所，軍少勢孤，是以滿四陸梁，捍御無策。州北三百餘里，有西安廢城，虜每由此出入。宜於此設一衛一所，以扼其要衝。"事下兵部議，從之。

滿四伏誅。

閏二月，月犯昴宿。

日變白，土霾四塞。

興化知府岳正致仕。

正在興化節財愛民，修水利，廣儲蓄。至是，入覲，乞致仕，許之。

三月，賜進士張昇等及第出身有差。

夏四月，逮正一真人張元吉下獄，論死。

元吉凶淫貪暴，專恣不法，前後殺人數多，莫敢控訴。諸生蔡讓因巡按趙敔發策詢民瘼，備陳元吉過惡。敔不敢問，元吉益無忌憚。其族人張留煥赴闕訐奏，遣官勘實。械元吉至京，廷鞫具服。刑部尚書陸瑜等言："張氏遠祖道陵主張玄教，其言無稽，天豈有師？繆崇其號，子孫傳爲故事，至援漢張良以爲所自出。迨宋以來，以真静先生等號，猶未有品級。胡元入主中國，始有封爵三品。我朝革去天師之號，止稱真人。延至于今，子孫爭襲，致成仇隙。今元吉所犯，律當凌遲。其妻子當流。且其先世無功於國，無補於世，宜絶其廕封，以扶植正教，仍籍其族而徭役之，無令印行符籙以惑世誣民。"奏上，論死，繫獄。後赦之，謫戍邊。

五月，以禮部左侍郎萬安兼翰林學士，直文淵閣。

安體貌魁碩，眉目如畫，外若寬恕長者，而内深刻刺骨。與同年李泰深相結，泰，中官李永昌猶子也。時，内閣議欲用泰，泰推安曰："子先爲之，我不患不至。"故安得先入。未幾，泰暴死。

六月癸丑朔，日有食之。

以禮部尚書姚夔爲吏部尚書。

河決開封。

八月，禮部左侍郎兼翰林學士劉定之卒。

　　定之襟懷坦夷，操履修潔。與人交，色溫氣和，一於自下。至論事，則根據義理，略無沮忌。居內閣，再進密疏，皆援古證今。卒贈禮部尚書，謚文安。

九月，南京翰林院修撰羅倫致仕。

孛羅忽、乱加思蘭寇延寧、固原。

十二月，無雪。

　　彭時上疏言："自古旱灾，皆因下民愁苦，感動天變。近日，光祿寺買辦、各城門抽分，掊剋太甚。而獻珠寶者倍估增直，規取府庫，以萬民膏血充奸佞囊橐。伏望懲革，以惠生民。"

庚寅，六年春正月，升韓雍右都御史，提督兩廣軍務兼巡撫。以平江伯陳銳爲征蠻將軍，充總兵官，鎮守兩廣，開府蒼梧。

　　時，韓雍以憂去，兩廣賊勢復張。僉事陶魯言："兩廣地勢，猶一人之身，今軍政分而爲二，以是賊入寇掠，無人任其責者。乞敕大臣總督兩廣，如馬昂、葉盛、韓雍故事，庶事禮歸一。"巡按御史龔晟亦言："宜立總府於梧州，簡命大臣，兼制兩廣，則事統于一而責有所歸。"兵部覆議，宜如魯等所請。乃起復雍右都御史，總督兩廣軍務，兼理巡撫。雍奏乞終制，上曰："兩廣用人方急，難拘常例。"不允。

河南地震。

三月，京師雨霾，晝晦。

夏四月，陰霾四塞。

命戶部尚書薛遠行視漕河。

時，江南糧運不至，遠奉命往視，至則濬泉源，浚河流，漕以克濟。

五月，京畿大水。

六月戊申朔，日有食之。

秋七月，皇子生於西宮。

初紀妃得幸，有娠。萬貴妃知而恚之，百方苦楚，胎竟無恙。妃稱病，出居安樂堂，托以痞報。至是，誕育。妃少乳，太監張敏使女侍以粉餌哺之，護視惟謹。

以右副都御史王越總制延綏三邊軍務。

九月，命總制陝西軍務副都御史王越、總兵武靖侯趙輔帥師搜河套，尋還。

自虜據河套，邊人大擾，乃令王越總關中軍務，議搜河套，復東勝。越奏言：「河套水草甘肥，虜酋孛羅忽、乩加思蘭等糾率醜類，居套分掠，出入數年。雖嘗沮于我師，然未經挫衄，終不肯退。欲得一威望素著者統制諸軍，往圖大舉。」朝廷從其議，以武靖侯趙輔充總兵官，搜河。未幾，輔以疾還，搜套亦不復舉。

冬十月，毛里孩、乜烈忽寇陝西，總兵劉聚擊却之。

荊襄流民反，命都御史項忠討之。

時，大旱，荊襄流民入山者九十餘萬，劉千斤餘黨李鬍子復聚衆為亂。上命忠帥師討之。

辛卯，七年春正月，罷江南民運。

　　初，漕法，民運至淮、徐、臨、德四倉，官軍轉運於津、通二倉，往返經年，民多失業。宣德間，周忱議："民運至瓜州、淮安，給脚價兌與官軍，是爲兌運。"至是議："罷兌運，令官軍徑赴江南水次交兌，民加過江船費，遠近有差。"自是，民不苦累。

京師饑，發太倉粟平糶。

　　京師米價騰躍，富民因閉糶，以要厚值。彭時奏請，將太倉米平價發糶，而權貴之家反因而射利。户部侍郎陳俊請凡糶以升斗計，滿石以上者閉不與。貧民始得沾惠。

二月，復設九江、蘇州、杭州三府鈔關。

命彰武伯楊信帥師巡邊。

　　時，輔臣有請興十萬之師，以楊信爲總制搜河套者。兵部尚書程信言："河套地廣遠，無水草，興師十萬，則饋運加倍。自古御戎，來者拒之，去者勿追，此不易之法也。"既而，楊信亦止請三萬人巡邊禦敵。朝廷乃與信二萬人，令巡邊，而罷搜套之議。朱永以套虜未退，議戰守二策，其略曰："今虜賊數萬在邊，我軍堪戰者止可一萬，而又分散防守，何以禦敵？宜於京營、大同、宣府、寧夏、陝西等處，量調軍馬數萬，期三月內俱至榆林，聽臣調度，相機審勢，擣其巢穴。此戰之策也。若軍馬饋餉一時未辦，宜慎固封守，嚴督沿邊居民，無事則分哨耕牧，有警則舉號避藏。仍令隄備官軍各守城堡，同候會兵截殺。此守之策也。"事下兵部，白圭等以"馬方瘦損，供餉不敷，勢難進剿，請命諸將慎爲守禦，以圖萬全"，上從之。

項忠討荆襄賊，平之進左都御史。

　　忠遣人持榜入山諭降，若負險不服，縱兵剿，不赦。凡遣還鄉者四十萬人，俘斬二千人，編成者萬餘人。忠復率官軍，移營竹山諸處，分路撫捕。時，流民有自國初入山，生子孫，占籍應役，未嘗從賊者，兵刃之下，無分玉石，死者枕藉山谷。其編成湖貴者，多死，棄屍江滸。時，有作《平荊襄碑》以紀其功者，或曰：此其墮淚碑也。後給事中梁璟等劾忠濫殺殃民，詔不問。

三月，有星孛于天廟。

禮部侍郎邢讓、國子祭酒陳鑑、司業張業並除名。

　　國子監舊有會饌椒油錢鈔，輸納者多後期，師生不得時給，出監則委而去之，致有餘積，相循以爲公用。讓前爲祭酒，任意費之，不立案稽考。迨遷禮部，鑑代其任，亦復如故。及是，助教葉時等訐典簿王允，發其事。讓等各上奏申辦[七]，科道交章劾之，詔逮讓等下刑部置對，遣官覈實，凡鈔三十三萬六千五十八貫、錢一百四十九萬九千餘文，俱無歸者。讓等以監守自盜，坐斬，贖爲民。王允充戍。

六月，以程信爲南京兵部尚書，參贊機務。

秋七月，命右都御史林聰巡撫大同。

九月，南京吏部尚書致仕魏驥卒。

　　驥端方廉静，身不勝衣，言不出口而清德雅望爲海内達尊。家居二十餘年，布袍糲食，不治生產。病革，遺書付其子冠，勿擾鄉里。營墳墓已，有司得請如例葬祭，冠以遺言力辭，從之。賜謚文靖。

十一月，立皇子祐極爲皇太子。

　　萬貴妃所生也。

彗出軒轅。

　　內閣彭時上疏言："修省之要：一罷佛事；二謹命令；三請退朝之暇，延接大臣，面議政事；四重官賞，節刑獄；五聽受直言；六戒勵有司，奮厲事功；七清理三營草場，減退勢豪莊田，嚴有司掊剋之禁。"上優詔答之。時，廷臣因天變陳言，皆謂："上下不交，請召閣臣面議機政。"彭時亦爲中官言之。諸內臣恐發其私，乃誑時等，言："初見上情未浹洽，不宜多言。俟再見，乃可。"時等諾。已上御文華殿，召時等入見。時言："天變可畏。"上曰："朕已知之。"時又言："昨御史建言，減京官隸輿俸，外議洶洶，武弁更多怨望，急宜復舊，以安衆心。"上曰："然。"萬安遽呼"萬歲"，與時等頓首，趨出，自後不復召見矣。中官反謂人曰："常言上不召見，及見，無一嘉謀讜論，止呼'萬歲'而已。"一時轉相傳笑。

遣吏部右侍郎葉盛行視河套。

時議大舉搜套，驅虜出河外，沿河築城堡，抵東勝，徙民耕守其中。敕盛往議方略，盛上言："搜河套，復東勝，未可輕議。宜增兵守險，可爲遠圖。宜令守臣峻削邊垣，增築城堡，收新軍以實邊，選土兵以助守便。"上從之。未幾，王越言："虜退日久，邊患稍寧。宜遣罷戍卒，臣暫還京。"遂與盛同召還。

十二月，皇太子薨。

諡曰悼恭。

命刑部侍郎王恕總理河道。

恕上開河事宜，言："徐州河道，南臨大江，北抵長淮，別無泉源，止藉高郵、邵白諸湖積水接濟。湖面雖與河面相等，而河身高于湖身，每旱，湖水消耗，則河水淺澀，不能通舟。若將河身浚深，則湖水自來，雖遇乾旱，亦無淺阻。"又云："高郵湖堤岸，磚砌三十餘里，每西風大作，波濤洶湧，船觸之輒碎，失亡不可勝計。而堤岸之外，地勢頗下，若再浚之深闊，壘土以爲外隄，將內隄原開三座改爲通水橋洞，接引湖水，於內行舟，可免風濤之患。又，雷公、句城、陳公塘俱有漢唐以來古迹，若每塘修放水、減水閘二座，潦不致衝決塘岸，旱得以接濟運河，誠爲便計。"

彗星見。

上以星變避正殿，徹樂。諭德謝一夔上言五事："一曰正宮闈，以端治本；二曰親大臣，以詢治道。三曰開言路，以決壅蔽。四曰慎刑獄，以廣好生。五曰謹要費，以足財用。"多人所難言者，上怒斥之。

禁官司科罰。

左都御史李賓奏言："外官聽訟，罰人財物。暫寄官庫，終歸〔八〕囊橐；假立文簿，虛作支銷。昔唐臣陸贄有言：建官立國，所以養民；賦人取財，所以資國。今舍法而取財，既非所以養人；罰物以營私，又非所以資國。不禁則貪風愈盛，末流之弊將不可言。宜令依律問擬，勿得科罰，以爲民害。"從之。

壬辰，八年春正月。

三月，賜進士吳寬等及第出身有差。

以余子俊爲副都御史巡撫延綏。

子俊至延綏，相度邊地，盡得其要害、險塞。乃廣榆林城，增三十六營堡，請盡鏟陝中人伍籍詭落、及罪謫南戍子孫不習風土者，實榆林衛。又請建學，立官師，擇俊子弟教之。俗多棄地，不圃藝，子俊教之樹蔬果。開界石外地，興屯田，歲得糧數萬石。自是，榆林始爲重鎮。

子俊又上疏言："陝西三邊，惟延慶爲內地。國初逐出北虜，遠遁河外。至正統初，渡河犯近塞，始於沿邊創營堡，築墩臺。天順以來，虜入河套，駐牧其中。自是，虜顧居內，而我列屯守御反在其外。臣以爲宜於沿邊一帶墩臺空處，築邊墻，立砦堡，綿引相接，以爲保障便。"報可。於是，東起清水營紫城砦，西至寧夏花馬池，塹山湮谷，東西二千里。每二三里間，爲對角敵臺崖砦，連比不絕，空處築墙，如新月狀，以偵敵避射。凡爲堡十有二，崖砦八百一十有九，小墩七十有八，大墩十有五，兩月成。自是，虜不敢輕出入矣。

四月，自二月不雨，至於是月，運河涸。

秋七月，隴州大風、雨雹。

雹巨如牛者五，長七八尺，厚三四寸〔九〕，六日方銷。州之北山吼三日，斷成溝，長半里〔一〇〕。

修隆善寺。

工完，升工匠三十人爲文思院副使，寫碑官爲尚寶寺少卿。工科都給事中王詔等言："頻年天變於上，而星妖見；地變於下，而江海溢。或炎夏霜降，或平地皋出，或雨雹傷稼。夷狄侵邊，將士暴露，加以水旱相仍，瘟疫流行，軍民疾苦，日甚一日。正宜汰冗官，去冗食，以節國用、救荒凶，乃濫升官爵如此，彼西征北伐捐軀命之人，將何以酬之？伏望斷自宸衷，追寢前命，則名器不濫而國體正矣。"不報。

陸瑜致仕。

虜寇平涼、臨鞏，巡撫都御史馬文升擊敗之。

追至黑水口，擒其平章鐵烈孫，斬首二百。尋命升總制陝西軍務。

八月，哈密人殺忠順王孛羅帖木兒，王母弩濫答力理國事。

九月，虜寇固原，馬文升擊却之。

虜寇韋州，至固原好水川。文升檄諸路兵，伏湯洋嶺。虜至遇伏，驚遁，盡棄輜重，擒斬二百餘級。

十一月，定襄伯郭登卒。

  登文武兼才，秉禮好學，多謀善斷，仗義殉國，忠誠不二。卒贈侯，謚忠武。

癸巳，九年春正月。

二月，吏部尚書姚夔卒。

  夔偉丰姿，善議論，豪俊慨慷，遇事立斷，但闊達，不拘小節，薦引知交，頗通饋謝，時論少之。贈太保，謚文敏。

以尹旻爲吏部尚書，王概爲刑部尚書。

  時議以王概代姚夔，商輅亦薄旻，屬意于概。旻懼，百方經營。適輅以妻喪在告，旻亟通中官覃勤，乘間奏旻爲人望所歸，中旨用旻吏部。尋升概刑部尚書。

三月，北畿、山東饑，人相食，命巡撫賑之。

以葉盛爲吏部左侍郎，陳俊爲吏部右侍郎。

山東晝晦。

夏四月辛酉朔，日有食之。

免山東田租。

五月，進商輅户部尚書，萬安禮部尚書。

南京吏部侍郎范理卒。

  理居官清慎，凡事精慮而力行，一以興利爲主，所至有惠政，去後皆祠之。

六月，北畿、河南大水。

延綏徙鎮榆林。

七月，土魯番據哈密。

  土魯番速擅阿力〔一〕欲以哈密掠赤斤諸夷，王母不從，遂入哈密，虜王母，遺番離散。

遣高陽伯李文右、通政劉文規復哈密，不克。

　　哈密既爲土魯番所併，其部落散居苦峪，累求救援。兵部言："哈密乃西域咽喉，若棄而不救，恐赤斤蒙古、罕東諸衛亦爲土魯番所脅，則我之藩籬盡削，而邊患無已時矣。"下廷議，謂："宜及賊勢未盛，遣使諭赤斤諸夷，曉以大義，俾知脣亡齒寒之勢。下敕詰責土魯番，使悔過自新，庶可散其奸謀。縱哈密不能自存，亦足以堅各衛内嚮之志。"因舉文等習知夷情，宜委以西事，遂遣之。文等至甘肅，集番兵數千，駐苦峪，不敢進，謬言不見土魯番而還。阿力遂輕中國，益侵擾邊境。

南京兵部尚書程信致仕。

　　信在南京，因天變與六卿合議，上言興利除害三十餘事，多見諸行。至是，力疏乞休，賜敕還鄉。

八月，王越率兵出塞捕虜。

　　越諜知虜他掠，遺老穉守廬帳，乃選精騎萬人，自出塞，齎七日糧，晝伏夜行，每二舍伏兵數百人，使行休。四日，至虜帳，縱兵擊殺，斬首二百級。比虜歸，悉力來追我軍。越結陣徐行，殿者力戰。及前，虜再遇伏，知有備，引還。

逮給事中韓文等，於文華殿考訊，尋釋之。

　　文與梁璟、王詔等會劾王越邀功啓釁，因薦李秉、王竑可當大任，語頗涉兩宮。上怒，逮至文華殿考訊之。詔頓首曰："臣等愚，觸忌諱。然犬馬之誠，實惟爲國。"上怒解，乃釋之。

十月，虜寇廣寧。

上閱列侯諸將于西苑。

　　公侯而下皆騎射，英國公張懋三發三中，上大喜，賜金帶一束。尋命掌中軍都督府事，提督軍營。

十一月，修《宋元綱目》。

十二月，暫停徵馬。

兵部言，北圻、山東、河南水旱，民間馬宜停徵。上曰："馬政固國家急務，但歲歉民貧，救死不贍，喪彼得此，將安用焉？議是，凡災傷地，皆暫停之。"

甲午，十年正月。

二月，罷支運爲改運。

淮、徐、臨、德四倉支運糧七十萬石，改就水次兌與軍船，名爲改兌。

三月，免江北、兩廣田租。

以水旱災故也。

吏部左侍郎葉盛卒。

盛博學宏才，文武兼濟，崇道義，尚名節，言動思效古人。居家孝友，蒞官清慎。公退，手不釋卷，考古辨[一二]疑，殆忘寢食。生平慨慕范希文，惜未柄用，不究其略。卒，謚文莊。

起致仕都御史林聰掌南京都察院事。

先是，掌院事者制諸御史，使緘默以悅權倖。及聰掌院，諸御史時有彈劾，當事者厭之，謂不能鈐其屬。聰曰："己既不言，而又遏人使不言，誠非聰所能也。"

四月，以朱英爲都察院左副都御史，巡撫甘肅。

英至鎮，條上安邊十策，皆切中事機。下所司議行之。

召王越還掌院事，加太子少保。

八月，刑部尚書王概卒。

謚恭毅。

命定西侯蔣琬提督團營。

九月癸丑朔，日有食之。

免蘇、松、常、鎮四府田租。

　　以水災也。

以項忠爲刑部尚書。

以原傑爲左副都御史，理院事。

十月，滿魯都寇宣大。

十一月，虜寇臨鞏。

致仕兵部尚書孫原貞卒。

十二月，罷湖廣淘金。

　　時，內供日侈，賞賜無節，帑金漸乏，乃于湖廣、寶慶等府開金場二十餘處淘金，歲役夫五十五萬有奇。武陵民死于蛇虎、大水者無算，僅得金三十五兩。守臣奏："所得不償所失，請罷金場，有司以贖銀易金進用。"從之。

提督兩廣軍務右都御史韓雍致仕。

　　雍開府梧州，承制專決，盡法繩下，不貸大吏，謗議遂起。鎮守內臣黃沁忌雍束縛不得肆，嗾人上書誣雍："坐視猺賊出沒，匿不以聞，以致滋蔓，流劫郡邑。"上遣使即訊雍，乃引疾乞歸。

以李孜省爲禮部侍郎，掌通政司事。

　　孜省時受密命，察百官賢否，書小帖以所賜圖書封進，其寵眷至此。

乙未，十一年正月。

二月，以項忠爲兵部尚書，董方爲刑部尚書。

三月，賜進士謝遷等及第出身有差。

少保、吏部尚書兼文淵閣大學士彭時卒。

　　時，端慎嚴密，外和內介，立朝三十年，公退，未嘗以朝事語子姓。每遇大政，持正不阿，清約自守，不取非議。終歲止一二宴會，生平無聲色之好。卒贈太師，諡文憲。

四月，進商輅文淵閣大學士，以吏部侍郎劉珝、禮部侍郎劉吉並兼翰林學士，直文淵閣。

五月，皇妃紀氏徙居永壽宮。

紀妃有子，生六年矣。上念之，而慮萬貴妃妬，不得召見。已張敏厚結貴妃宮監段英，乘間言之，貴妃驚曰："何不早令我知？"遂言于上，召見昭德宮。上見皇子岐嶷，大喜，因感動泣下。貴妃留皇子宮中，自撫之，而徙紀妃于永壽宮。一時中外聞之，且喜且懼。上命內閣擬名，文武諸大臣遂具奏："請立爲皇太子。"上曰："儲貳事重，姑俟皇子稍長行之。"時，衆議欲請皇子與母同處，恐激萬貴妃怒，有不測。商輅因獨對，進言曰："皇子聰明岐嶷，國本攸繫，天下歸心，重以昭德宮貴妃撫育保護，恩逾己出，百官萬民皆謂貴妃賢哲，近代無比。但外議皆謂皇子之母因病別居，久不得見，揆之人情，誠爲未順。伏望令就居近宮，皇子仍令貴妃撫育，俾朝夕接見，庶得遂母子之至情，愜朝野之公論。"上頷之。

月犯明堂中星。

金星晝見。

逮陝西巡按御史熊繡，謫爲清豐知縣。

繡按陝，守法徇公，推賢嫉惡。布政于璠納賂事敗，棄官遁。繡追之急，璠遂遣子誣繡他事。逮至京，卒無驗。璠落職，璠所親當路力主謫繡，陝民訴冤於朝者數百人。

六月，皇妃紀氏薨。

紀妃飲萬貴妃觴，遂病。上止遣醫一視之，不復治療。至是，薨。外議藉藉，皆謂卒于鴆也。商輅引李宸妃故事，得贈淑妃，殯葬，悉如禮。

秋七月，朵顏三衛夷人請開馬市，不許。

以右副都御史張鎣巡撫大同。

鎣至大同，斬首虜，奪兵械，築城浚濠，清理屯種。虜酋乩加思蘭知有備，請入貢。具奏，許之。

八月，浚舊通惠河。

九月丁未朔，日有食之。

十一月，立皇子祐樘爲皇太子。

十二月，復郕王帝號。

商輅嘗因召見，從容言及景帝監國事，曰："郕王有社稷功，宜復帝號。"左右聞者皆泣。上亦泣下，遂下詔，尊爲恭仁康定景皇帝。

丙申，十二年春正月，南京地震，有聲。

以王恕爲副都御史巡撫雲南。

雲南鎮守中官錢能怙勢貪縱，遣其麾下指揮郭英，取捷徑，往安南求賂。凡朝廷遣使往來安南皆出廣東，未有由雲南者，於是安南君臣駭愕。久之，欲因間啓途，遣一酋以兵尾其後。將近邊，英紿其酋，請先白守關者，因脫歸，邊吏戒嚴，安南兵始去。事聞，朝議籍籍，謂英引外夷窺邊，乃遣恕巡撫其地。恕至，即令按察使捕英治之，英懼，赴井死，没其寶石於官。械其黨至京師，誅之。恕上言："昔交趾鎮守非人，致一方陷没騰衝啓釁，致蠻賊叛逆。今日之事殆又甚焉。"且勸不寶異物，凡草木禽獸寶玩，宜一切拒絕。在雲南，凡閱月，疏二十上，直聲動天下。

虜酋乩加思蘭寇宣府。

二月乙亥朔，日有食之。

命副都御史原傑經略鄖陽。

　　荆襄、唐鄧一帶，皆長山大谷，綿亘千里，爲流逋窟宅。劉千斤、李鬍子因之爲亂，雖次第討平之，而死者不可勝計。有司又日驅逐，迫令出境，人心離怨。祭酒周洪謨憫之，乃著《流民說》，略曰：昔東晉時，廬松之民，流至荆州，乃僑置松滋縣於荆江之南。陝西雍州之民，流聚襄陽，乃僑置南雍州於襄水之側。其後松滋隸於荆州，南雍併於襄陽，垂今千載，寧謐如故。前代處置流民，甚得其道。今若設州縣以撫之，置官吏，編里甲，寬徭役，使安生樂業，則流民皆良民矣，何以逐爲？右都御史李賓深然其説。至是，流民復集，賓乃援洪謨説上之。報可，遂遣傑。

加商輅太子少保、吏部尚書，萬安户部尚書。

三月，命副都御史朱英總督兩廣軍務，兼理巡撫。

　　兩廣用兵以來，諸將貪功，每有小寇，輒張大聲勢，覬用兵博升賞。英知其弊，下令撫綏猺獞，各安生業，約束將士，寇來自守，不許輒進兵。諸峒岷有倡亂者，購首惡誅之，餘黨釋不問。

六月，巡撫遼東右副都御史彭誼致仕。

　　誼在遼十年，嚴武備，實倉廩，鎮静有威。自小黑山之捷，虜遠遁不敢近塞，東方以寧。時，鎮官橫徵諸衛，誼下令，凡移文不經院者皆覆請，違者以軍法從事。虐焰頓息，邊人德之。

秋七月，皇第二子生。

　　母曰宸妃邵氏。

命兵部右侍郎馬文升整飭遼東軍務，尋還京。

　　時，滿都魯、乩加思蘭聲言入寇，警報甚急，乃命文升往備之。文升至遼，繕城堡，利甲兵，練軍士，選精壯。虜知有備，遂不敢入。

京師黑眚〔一三〕見。

京師忽有黑氣，壯若狐狸，夜入人家傷人。遍城驚擾，日暮皆張燈，持刃自防，事聞，禁中命設法捕之，旬餘乃息。商輅因變異上言弭灾八事：一番僧國師，不得重給符券；一四方常貢外，勿受玩好；一許諸人直言；一分遣使者録囚理冤；一停不急營造；一實三邊軍儲；一守關隘；一增置雲南巡撫。上優詔答之。

八月，罷宮中玉皇祠。

時於宮北建祠，祀玉皇。輅上言："皇上爲此，無非欲爲母后祝釐，爲萬民祈福，但稽之古禮未協。昔傅説之告高宗曰：'黷于祭祀，時謂弗欽。禮煩則亂，事神則難。'況天者至尊，無對事之之禮，宜簡不宜煩，可敬不可瀆。今乃別立玉皇之祀，并用南郊禮樂，非祀典所載，于義不經。伏望停罷，勿爲褻瀆，庶天心昭鑒，可變灾爲祥矣。"疏入，上即命毀其祠。

土魯番速擅阿力請入貢，許之。

阿力遣使赤兒米即致書邊臣，飾其攻滅哈密之罪，言："王母已死，城郭人民與金印俱存，朝廷遣一介諭之，即獻。"邊臣以聞。下兵部議，言："速擅阿力蕞爾小夷，誇詐無憚，屢遣使臣遊説搆亂，宜先究治其使，徐興問罪之師。但自古中國之馭夷狄，視若禽獸，不足與校。況哈密夷衆，流亡之餘，存者無幾，縱使得其城池，猝難興復。宜暫用羈縻之術，以俟可乘之機。乞行甘肅守臣曉諭土魯番，前後所遣使者，量加賞勞，護之出境，益戒嚴以戒不虞。"詔可。既而禮部復言："宜俯順夷情，許其入貢。"從之。

九月，妖人李子龍伏誅。

子龍，本姓侯，名得權，易州人。幼爲狼山廣壽寺僧，稍長，游少林，遇術士，推其命，當大貴。又遇道人，授與妖書，云："關中長樂李氏，母孕十四月，生男子龍，紅光滿室，白蛇盤繞。"得權奇其説，遂更名子龍，蓄髮。往來真定間，交結無賴少年，與道士方守真入京，館匠卒楊道仙家。道仙故出入内府，得權因得與諸寺人交，以邪術煽動之，皆爲所惑。太監韋含妻以養子女鮑石等引雜宦竪入内，登萬歲山臨望，憩御床，莫之譙呵。諸内竪不得志者，皆敬禮之，冀非望。已爲錦衣衛刺事旗校所發，執得權下獄，韋含自殺。諸閹見含死，皆展轉求解脱，獨得權甘就戮。自言享受非分，備陳所歷，皆人不能到。李賓、王越恐有污衊，急呵止之。獄具，得權及楊道仙、鮑石等皆伏誅，餘黨遣戍。

增孔子籩豆、佾舞之數。

　　先是，祭酒周洪謨上言，宜加孔子王號，祭用天子禮樂。禮部尚書鄒幹以謚號、器數不足爲孔子重輕，議仍舊。至是，洪謨復言："孔子自唐開元封爲文宣王，被以衮冕，樂用宫懸，已用天子禮樂矣。今服冕仍天子之禮，佾舞止諸侯之樂，以禮論樂，則樂不備；以樂計禮，則禮爲僭。宜增籩豆十二，佾數八，與冕服相稱。"上從之。

十月，京師地震，有聲。

以陳鉞爲副都御史巡撫遼東。

　　鉞爲光禄寺少卿，與中官相結。會山東災傷，營内旨，特升左布政使。抵任，不飾名檢，務厚殖，又苛刻，人不能堪。巡撫牟俸素裁抑之，鉞恚甚。至是，巡撫遼東，益恣情朘削，蕩無紀綱。

南京禮部侍郎章綸致仕。

刑部侍郎林鶚卒。

　　鶚秉禮植義，造次必恭慎，事母盡孝，交游不苟。歷官二十餘年，家無益産，篤行清節，人莫能及。時年五十，譽望出諸卿右，衆冀大用，卒之日，皆悼惜之。贈尚書，諡恭肅。

十一月，原傑撫定荆襄流民，設鄖陽府及湖廣行都司。

　　傑至荆襄，徧歷深山窮谷，宣朝廷德意，延問流民，皆願附籍。傑於是大會湖、陝、河南三省撫按藩臬，合謀僉議，籍流民得十二萬三千餘户，皆給閑田，令開墾，以供賦役。建置郡縣以統之，遂割竹山之地，置竹溪縣；割鄖津之地，置鄖西縣；割漢中、洵陽之地，置白河縣；升商縣爲商州，而析其地爲商南縣；析唐縣、南陽、汝州之地，爲桐柏、南召、伊陽三縣，使僑寓土著，參錯以居。又即鄖縣城置鄖陽府，以統鄖及竹山、竹溪、鄖西、房、上津六縣之地。又置湖廣行都司及鄖陽衞於鄖陽，以爲保障之計。經畫既定，乃上言："民猶水也，水性之就下，猶民之秉彝好德也。曩脅從之黨，豈皆盜耶？設若置立州縣，簡任賢能，輕徭薄賦，先結其心，佩犢帶牛，漸化其俗，則荆榛疆土入貢版圖，反側蒼生安枕閭里，撫安之策，莫良於此。"因薦鄧州知州吳遠爲鄖陽知府，諸州縣皆選才賢任之。

以吳道宏爲大理寺少卿，撫治鄖陽。

　　原傑慮新設郡縣漫無統紀，薦御史吳道宏有撫馭才，堪代己。上遂用道宏。自是荆襄之間，帖然安堵。上加傑功，以璽書勞之。

以原傑爲右都御史。

十二月，以倪謙爲南京禮部尚書，錢溥爲南京吏部左侍郎。

二人皆屢被彈章。至是，以中旨用之。

周洪謨升禮部右侍郎，仍掌國子監事。

以耿裕爲刑部右侍郎。

命巡撫延綏副都御史余子俊移鎮陝西。

丁酉，十三年春正月。

置西廠。

　　自李子龍誅後，上銳意欲知外事，顧近侍汪直猾黠，乃命選錦衣官校善刺事者百餘人，置廠於靈濟宮前，號西廠。縱之出入，分命各校，廣刺督責，大小政事，方言俚語，悉采以聞。時，福建指揮楊曅以殺人逃匿京師，其姊夫中書董璵托錦衣百户韋英營解。英正欲從直刺事而無由，即潛報直，謂曅東楊之孫，家資巨萬，造惡百端，嘗納生人於棺焚之。事露，乃挾數千金入京行賄，將欲招納亡命下海，謀不軌。直大喜，馳發官校掩捕。曅至，鞫之，搜得一單，皆饋遺當道者。直入奏，出追所挾金，考掠無完膚。曅妄言寄頓其叔武選主事仕偉家，直即于兵部縛仕偉，拷掠如曅，并逮訊其孥。三日，曅死于獄中。復遣英飆馳至閩，籍曅家。英勢鴟張，所過橫暴，有司畏其威，皆入重賄。

續編《宋元通鑑綱目》成。

二月，山陰涌血。

日本國入貢。

夏四月，進商輅謹身殿大學士，萬安太子少保，劉珝户部尚書，劉吉禮部尚書。

改右都御史原傑爲南京兵部尚書。

　　吏部擬滕昭、翁世資爲南京兵部，上皆不從，特命傑。時，傑將入都，王越忌，沮之，遂有是命。

汪直執太醫院，左通政方賢、院判蔣宗武、禮部郎中樂章、行人張廷剛、刑部郎中武清、浙江布政劉福，並下西廠獄。

章、廷剛以使安南還，武清以勘事還，福以起復，直并執下獄，索賄已，釋之，無敢言者。

五月，罷西廠。

汪直自開西廠，數起大獄，散遣官校，分布天下，所至羅織，臣民重足而立。商輅等上言："近日伺察大煩，政令大急，刑綱太密，人情疑畏，洶洶不安。蓋緣陛下委聽斷於汪直，而直又寄耳目於群小，如韋英、王英輩，自言親承密旨，得專與奪，同惡相濟，殘毒善良。"因條直大罪十，且言："自設廠來，中外騷然，臣工不安於位，商賈不安於市，行旅不安於塗，庶民不安於野，若不早除，必有意外之變。一旦禍興，卒難消彌，國家安危未可知也。"疏入，上怒，曰："一內豎，安能危天下乎？"命中官懷恩傳旨，詰責甚厲。輅曰："朝臣〔一四〕無大小，有罪皆請旨收問，直敢擅執繫三品以上京官。大同、宣府北門鎖鑰，守備一日不可缺，直一日械數人。南京祖宗根本重地，留守大臣，直敢擅自收捕。諸近侍，直敢擅易置。直不黜，國家安得不危？"劉翊、劉吉亦相繼言："直擅竊威福，濁亂朝廷，直不可一日容。"懷恩還，奏上，乃命革西廠。初，輅等將上疏，王越早朝遇劉吉、劉翊，曰："汪直行事儘公。商公在事久，恐直持其短長。二公入閣未久，又借直力，何故亦論列乎？"翊曰："不然。吾輩言事為朝廷，非為身計也。直果公，朝廷用公卿大夫亦何為？天下後世謂此為何等時耶？"越語塞，慚而退。

兵部尚書項忠除名。

汪直掌西廠時，一日，忠遇諸途，既過始覺，追，下輿，謝过，直不爲禮。既而，辱忠於朝。王越垂涎代忠，復毀短之。直日捃拾忠陰事，將中傷忠。忠約九卿疏直過惡，尹旻不從。忠遂具草，令郎中姚璧持詣諸部僉名，而送稿於尹，俾收以自別，尹即潛報直。疏入，會商輅疏亦上，上撤廠，還直司設監。直泣奏："此非外臣意，實黃賜、陳祖生所嗾。"且中以他事，遂調二人南京。時，有千戶吳綬者，先在楚軍撓法，忠逐之。附直用事，直薦鎮撫司問刑，遂與直謀，誣忠受黃賜請托，賜弟指揮賓蹯升都司。下廷訊。吳綬乘間搆忠，欲置死地。忠廷辯慷慨，不少屈。衆知直意，無敢違者。獄成，竟除忠名。姚璧降調。璧，姚夔子。尹旻素與夔不合，遂調璧廣西思明府同知。居數年，以滿歸，卒。

六月，南京兵部尚書原傑卒。

傑有經濟才，而樂聞直言，推誠待物，故所至成功。

復西廠。

御史戴縉九年滿，不遷，覘倖進，乃假災異上言："近年災變薦臻，皇上諭大臣同加修省，未聞大臣進何賢，退何不肖，亦未聞群臣革何弊，進何謀猷。惟太監汪直緝捕楊曅等之奸、高崇等之貪，奏釋馮徽等冤抑之囚，皆允合公論，足以服人而警衆。伏望推誠任之，仍設西廠。"御史王億亦言："汪直所行，不獨可爲今日法，且可爲萬世法。"上悅。於是，直復開西廠，訶察益苛，人不堪命，勢焰薰灼。王越首趨附之，殷勤托心腹。尹旻偕諸卿貳，欲詣直結歡，屬越爲介，及門，尹私問越曰："入當長跪乎？"越佯愠曰："安有跪人六卿？"越先入，旻陰伺之。越叩首出。旻入即跪，諸卿從之，直大悅。既出，越尤旻，旻曰："吾特效人耳。"

以戴縉爲尚寶司少卿。

繆欲都御史，及是命下，悻悻不樂。

大學士商輅加少保，致仕。進萬安文淵閣大學士。

輅見汪直復用事，遂請老。萬安又從旁擠之，輅遂致仕，安得首相。

户部尚書薛遠、刑部尚書董方、左都御史李賓並致仕。以王越爲兵部尚書兼左都御史，掌都察院事。

汪直嗾御史馮瑾等排異己者，令諸大臣各自陳。於是，方、遠、賓相繼引去。越得爲兵部。馮瑾亦升大理寺丞，以其首爲鷹犬也。

以翁世資爲户部尚書，林聰爲刑部尚書，余子俊爲兵部尚書。

京師雨錢。

秋八月，以陳俊爲户部尚書。

滿魯都、乩加思蘭入貢。

滿魯都、乩加思蘭遣使貢馬駝五千。時，乩加思蘭以女妻滿魯都，欲代滿魯都爲可汗。恐衆不服，又欲殺滿魯都，而立幹赤來爲可汗。滿都魯知之，索幹赤來，乩加思蘭匿不與，遂相讐殺。

冬十一月，浙江大雷雨，虹見。

戊戌，十四年春正月，考察天下朝覲官。

福建右布政鍾清、浙江按察使劉釪、江西按察使趙敔皆以清正爲中外所推，俱以不謹罷。士論不平。釪，錄〔一五〕仲子也。

二月，皇太子出閣講學。

皇太子出閣，詔簡儒臣爲東宫官。時，有東宫内侍覃吉，識大體，通書史，輔導東宫經書，皆口授，動止悉導以正，暇則論説吏治、民情、農桑、軍務，至宦者專權蠹國諸弊，悉直言之，曰："吾老矣，安望富貴？但願天下有賢主耳。"上嘗賜東宮皇莊五，吉極言不當受，曰："天下山川，皆主所有，何以莊爲？徒勞民傷財，爲左右之利而已。"竟辭之。皇太子嘗誦佛經，見吉至，即棄去，携《孝經》。吉跪請曰："主得無誦經乎？"曰："讀《孝輕》耳。"其見重若此。每東宮出講，必使左右迎請講官，左右或不悦，吉曰："尊師重傅，禮當如此。"

賜進士曾彦等及第出身有差。

進萬安吏部尚書、謹身殿大學士，劉珝、劉吉並太子少保、文淵閣大學士。

以彭韶爲廣東左布政。

三月，皇太子冠。

以王恕爲南京兵部尚書，参贊機務。

建州夷叛，寇遼東，命兵部侍郎馬文升往撫之。

　　建州諸夷久欲爲董山復讐，邊將久索其賄，遂怨叛，糾合入寇。巡撫陳鉞掩降虜爲己功，又附汪直開邊釁，出塞襲殺諸虜。于是，東夷大譁，懼，入塞殺掠吏民，羽書狎至。時議欲以大官餌之，文升曰："官不足以釋其忿，且生邊患，宋李繼遷事可鑒。當遣大臣往撫之。"中旨遂用文升。汪直恃寵倖功，陰主越議，欲與文升俱。文升謝絶之，疾馳赴鎮，直深以爲恨。

致仕南京翰林修撰羅倫卒。

　　倫慷慨樂善，遇事敢言，以救時行道爲急，於富貴利達澹如也。既辭疾歸，結茅居金牛山，取給隴畝，不受饋遺。友人或贈之衣，行遇乞人死于途，即解衣覆之。客晨至，留飯。其妻語其子曰："瓶粟罄矣。之傍舍干之。"比舉火，日已近午，曠然不以爲意。與學者講求性道，終日不倦。卒四十八，學者稱爲一峰先生。正德中，追諡文毅。

上杭盜起，以高明爲左僉都御史率兵討之，尋引疾歸。

明奉敕，許便宜行事，力疾而行。至則先揭榜諭之，賊恃險不服，乃進兵，擣其穴，俘四百餘人，誅首惡四十，餘悉輕宥之。海濱民矯令募亡命，爲不軌，明慮興大獄，止坐妖言誅之，衆遂定。明即上疏乞休，納符敕去。嘗曰："孔戣三宜去，司空圖三宜休。吾無才，一宜退；有病，二宜退；親老，無兄弟，三宜退；及治盜徵，宜再起；賊平疾作，宜再退。"自稱五宜居士云。

六月，命宦者汪直經略遼東邊務。

初，通事王英欲撫東夷，會遣馬文升，不得遂。至是，聞文升招安有緒，復勸汪直往，而己佐之，謀攘文升功。直入奏，得請，賜旗牌，從百餘騎往。

貴州總兵吳經請征普定蠻，不許。

普定諸蠻出沒劫掠，經請大發湖廣、雲南兵擊之。經，吳綬兄。余子俊以綬故，欲從其請。上曰："兵凶戰危，豈可輕動？蠻夷爲患，在防禦得宜耳。若大發兵，恐首惡未得，徒傷無辜。況貴州山菁茂密，縱使兵至，豈能得志乎？"但敕巡撫相度緩急奏聞。

秋七月，兵部右侍郎馬文升撫定建州諸夷。

文升至遼，召各衛酋長，宣示璽書，使知朝廷意，示以禍福，皆聽命。其以無辜掩殺者，給牛、布慰之，諸夷悅服。惟海西陽聽撫，陰謀入寇。文升諜知之，伏兵敗其衆。海西夷懼，亦降，遼事遂定。居無何，汪直至，諸夷已解散。直恚無功，忌文升。文升知其意，曰："公既至此，招安即公功也，吾何敢專？"

直揣知事不易，乃與文升俱歸。

浙江按察使楊瑄卒。

瑄在浙力振憲度，察吏奸，聽斷無留獄。禁官署，毋蠶桑，爭民利。婦女毋入寺觀，隳風俗，築定海、捍[一六]海塘，爲百世利。甫半載病，病亟，寮佐往問，尚與論築海塘法、浚西湖之利，無片言及私。卒年五十四，不及大用，人皆惜之。

九月，以嘉興知府楊繼宗爲浙江按察使。

繼宗在嘉興，止携一蒼頭、書一篋，蕭然如旅舍。興學勸士，憫農賑灾，夙夜不懈。民有事詣府，和顏曲問，盡得其郡中諸奸豪及善良狀與民所疾苦，爲調劑興除。有孔御史者，挾威凌有司，輒杖殺人。繼宗榜通衢曰："孔御史撻人至死者言府。"孔見之，避去旁郡。嘉興當江南孔道，中官往來者多索金錢、布絹。繼宗取庫金市布、絹入饋，曰："金錢、布絹在也，幸與印券附案，他日磨勘。"中官咋舌，不敢受。藩臬皆敬憚之。滿九載，民遮道扶携，不忍舍去，爲立生祠祀之。及升按察使，益著丰裁，墨吏望風解綬去。鎮守内臣橫，供給日費萬錢，繼宗一符下杭，盡革去。未幾，以内艱去任，悉以廨舍中器物付有司，一毫不以自隨。篋中惟貯《大明律》、書數卷、衣數襲而已。

冬十月，加萬安太子太保。

己亥，十五年正月，以王恕爲兵部尚書兼副都御史，巡撫南畿。

恕持正用法，不假貸，屬吏多忌之。尹旻附中官意，改恕巡撫。

起薛遠爲南京兵部尚書，參贊機務。

給事中趙侃、御史王濬等交章劾遠："潛入京師，夤緣復用。南京根本重地，參贊軍國重務，遠豈堪此？况以奔競而起，臣竊恐效尤，而來者接踵矣。乞罷遠。"弗從。

二月，復遣宦者劉侗鎮守江西。

三月，升吳道宏爲僉都御史，仍撫治鄖襄。

四月，都察院右都御史韓雍卒。

　　雍洞達凱爽，篤于孝友，與人交，有信義，不爲崖谷。臨戎決策，迅若發機。江西、嶺南並留惠澤。及爲黃沁所搆，歸，鬱鬱不樂，家居僅四年，卒，卒時年五十三。謚襄毅。廣人立祠祀之。

京畿大水。

五月，直隸常州府地震，有聲，生白毛。

六月，逮兵部侍郎馬文升下獄，謫戍重慶。

　　文升撫夷遼東，陳鉞厝置乖方，文升多所更變，約束不得動，銜恨文升。會汪直至遼，鉞戎裝遠迎，望塵伏詣，除道飾廚，供帳鮮備，賄托僕從，狐媚曲至。文升獨與直抗禮，奴視其左右。左右多譽鉞，詆文升。鉞乘間讒文升於直，直亦終以東行無功，銜文升。既還，遂誣奏文升啓邊釁，謂女直諸虜皆由文升禁不與易農器，故屢寇塞上。上惑直言，就遣直及刑部尚書林聰即訊。直謬致恭敬，深自結納於聰。聰亦畏直，不敢爲異，上報盡如直言。遂下文升于錦衣獄。文升上言："寔禁鐵器，非農器也。"吳綬承直意，附會成獄，竟謫戍。

逮巡撫江南副都御史牟俸、侍講學士汪朝宗下獄，謫調。

　　初，俸巡撫山東，陳鉞爲布政，不相能。及汪直巡邊，鉞以諂諛見喜，乘間短俸。直還，遣校尉刺俸事，坐賄累萬。俸適以議事至京，遂捕逮下獄。朝宗，俸姻婭也。亦并逮，拷訊慘酷。行賕，吳綬諷令俸故吏代輸，僅半。俸竟戍鎮遠衛，而朝宗調廣東提舉。俸卒死戌所。俸爲江西按察使時，陷知府許聰于死，公論非之。至是獄竟，人皆知其爲汪直所誣，而無恤其冤者。中官又傳上旨詰責科道，謂俸貪婪，馬文升開邊患，科道官相容隱，緘默不言，可自陳狀。於是，給事中李俊、御史王濬等五十餘人合詞請罪，詔廷杖，人二十。時，文升、俸謫不以罪，俊等莫敢論列。及承詰責，冀以巽辭獲免，竟被杖云。

以戴縉爲右都御史。

加工部尚書萬祺太子少保。

　　先是，皇太子出閣，六卿皆加保傅。祺時理易州山廠不與，竟夤緣得之。祺起吏胥，理柴炭細事，而位加保傅，大臣不敢執正，言官亦無敢言者。

七月，遣汪直行邊。

九月，戶部尚書楊鼎罷。

南京兵部尚書程信卒。

　　信才雄氣果，顧沉思不輕發。少力耕，養父母。及貴，無所紛華，花鳥、古玩不接于目，割田五百畝爲義莊，贍姻族。卒贈太子太保，諡襄毅。

十月，陳鉞請討建州夷，命汪直監軍，撫寧侯朱永總兵，率師襲之。

　　陳鉞既陷馬文升，復以邊功要說汪直。于是，僞報虜酋伏當加欲糾三衛入塞，請出師討之。下兵部議，余子俊言："御戎宜先守備，建州邊衛，祖宗特羈縻而已，不深治也。今其罪狀未著，遽伐之，非祖宗初意。必不得已，請遣重臣節制，相機戰守。"汪直不聽，言于上，命朱永總兵，己爲監督，生殺升賞，悉得便宜從事。

十一月，滿魯都殺乩加思蘭，併其眾。

汪直襲建州夷，破之。

　　時，建州夷六十餘人入貢，遇直于廣寧。直誣以窺伺，掩殺之。兵至建州，虜不意大軍猝至，壯者逃匿，惟俘斬老弱，焚廬舍而還。軍興，士馬耗費，遼左儲蓄一空。

十二月，建州夷寇遼東。

　　建州女直以復仇爲辭，擁衆深入遼陽、清河諸堡，殺虜男婦，皆支解，或舂炙以洩其忿，焚掠不可勝計。邊將皆斂兵自保，不敢與戰。陳鉞方冒功，圖升賞，匿不以聞。於是，遼地騷然，屯堡屏迹，弗克耕耨矣。

南京吏部尚書崔恭卒

　　恭寬平坦易，愛惜人才，獎拔後進，惟恐不及。卒贈太子太保，諡莊敏。

論建州功，加汪直俸，進朱永保國公，擢陳鉞右都御史。

　　官旗升者二千八十餘人，賞者一千五百餘人。

以陳鉞爲户部尚書。

以王宗彝爲僉都御史，巡撫遼東。

　　建州之役，宗彝以郎中督餉，論功升太僕少卿。及是，汪直聞虜欲復讎，故用宗彝代越，彌縫後事也。

庚子，十六年正月，命汪直監督團營。

大學士劉吉奪情起復。

　　吉有父喪，詔起復視事。吉僞上疏求終制，而陰托外戚萬喜言于上，固留之。侍講陳音與書，勸其力辭，不答。

二月，滿魯都寇榆林。

以劉昭爲工部尚書。

三月，命宦者汪直、保國公朱永、尚書王越，率兵出塞襲虜，破之。封王越爲威寧伯。

　　直喜事開邊，聞榆林有警，遂薦王越、朱永，相與統兵而西。未至榆林，虜已出塞。越曰："受命討虜，無俘獲，何以班師？"與直等議，潛師出塞，至威寧海，與虜戰，斬首四百而還。直之出也，撫臣皆鎧甲戎裝，迎謁二三百里，蒲伏道左，一如僕隸。直還奏捷，歲加祿米；越賜誥券，封威寧伯，世襲。御史許進等奏請："越如王驥、楊善例，仍掌都察院事。"從之。提督團營如故。

兵科給事中孫博請革東、西二廠，不報。

　　博上言："東、西二廠緝事旗校，多毛舉細故中傷大臣。旗校本廝役之徒，大臣乃股肱之任，豈旗校可信，反有過於大臣？縱使所訪皆公，亦非美事，一或不實，所損實多。乞禁革。"奏入，上曰："博不諳事，姑恕之。"

六月，福建長樂平地山起。

秋七月，逮遼東巡按御史强珍下獄，謫戍。

　　珍劾遼東總兵侯謙、前巡撫陳鉞失機隱匿諸罪。事下兵部，余子俊覆議，請旨，詔罰俸。給事中吳原等言："陳鉞等啟釁冒功，失機匿罪，以祖宗法度爲不足畏，生靈血肉不足惜，不忠不仁，莫此爲甚。情重法輕，公論未愜，請重懲，爲人臣欺罔之戒。"御史許進亦以爲言，且謂："陳鉞如宋黃潛善、賈似道，罪不容誅。"上是諸臣言，以事已處分，不復問。陳鉞怨王越不阻諸御史彈己。汪直巡邊還，鉞迎五十里，訴珍奉越風旨見劾，直怒。尋，王越亦出迎，直拒不見，即遣人馳赴遼東，同王宗彝審勘虜情。宗彝阿直意，誣珍妄奏，遂械珍赴京。直拉珍入内，酷刑拷逼，使引越，珍不服。下錦衣獄，廷鞫，無敢爲珍辯者，竟謫戍遼東。

占城請討安南，不許。

安南累歲侵擾占城，占城遣使入奏，請討之。汪直遂獻取安南策。職方郎中陸容上言："安南臣服中國已久，今事大之禮不虧，叛逆之形未見，一旦以兵加之，恐邊釁一開，遺禍不細。"直意不止。復傳旨，索永樂中調兵食籍。時，劉大夏亦在職方，故匿不與。徐以利害告子俊，力言沮之，事乃寢。

朝鮮請改貢道，不許。

朝鮮貢使苦爲建州女直遮劫，請改貢道，出鴨綠江，中官有朝鮮人爲之地。事下部議，劉大夏曰："朝鮮貢，自鴉鶻關，由遼陽，經廣寧前屯，而後入山海，迂回三大鎮，此祖宗微意。若自鴨綠江抵前屯、山海路大徑，恐貽他日憂，不可從。"遂不許。

逮陝西巡撫副都御史秦紘下獄，尋釋之，命巡撫河南。

紘初爲南京御史，劾中官，忤旨，降北黃驛丞。薦知雄縣，又禁中官捕獵，被誣，禍幾不測，民數千走擊登聞鼓訟冤，得調。歷升副都御史，撫陝西。時秦府旗校肆橫，苦軍民，紘悉擒治，不少貸。王不能堪，訐紘凌辱親藩。上怒，逮紘詔獄，命內臣尚亨籍其家，止得黃絹一疋、故衣數事。亨還，言紘貧狀。上親閱其貨，嘉嘆良久，立釋紘，且賜鈔萬貫，旌其廉，命巡撫河南。會汪直出巡，他巡撫率屈禮，紘獨與抗，密疏："直多帶旗校，擾地方。"直還，上問各省撫臣賢否，直獨稱紘廉能。上出紘疏示直，直頓首伏罪，益稱紘賢不置。上益重紘。

八月，升國子祭酒丘濬爲禮部右侍郎，仍掌監事。

濬博學強記，時士爲文以奇怪相高，不可句。濬主考，凡怪詞險語悉棄不錄。掌太學逾十年，師道尊嚴，論者謂"無愧李時勉"云。

冬十月，余子俊憂去，改陳鉞爲兵部尚書。

遣戶部員外郎官廉勘覈東宮莊田。

時，景州獻縣阜城民田萬頃界接東宮莊，管莊內侍欲冒占，民訴于朝，乃遣廉偕御史、錦衣官往勘。內侍密遣人要廉曰："田如歸我，講讀官可得也。"廉曰："以萬人之命易一官，吾弗爲也。"至則徧集居民，指陳故迹，盡歸於民。同事者懼獲罪，廉曰："我戶部也，有害吾獨當之，諸公何憂？"既命下，皆從所擬。

辛丑，十七年正月。

威寧伯王越率師出寧夏御虜，却之。

擒斬百餘。

二月，免山西田租。

以周洪謨爲禮部尚書。

以翁世資爲戶部尚書。

湖廣守將王信撫定諸蠻，以爲都督同知，總督漕運。

信在湖廣，嘗上疏言："湖廣諸蠻，雖腹心之蠹，實無能爲。但我軍奸黠之徒，利其竊發，可以邀功，激之使變耳。今但選精銳，常加隄防，其患自息。荊襄流逋，本意逃避徭役，長子老孫，已成家業，濫加誅殺，非惟死及無辜，抑恐致傷和氣。南畝之農，無所蓄積，斂穫未竟，餱糧已空；機杼纔停，布縷何在？求免饑寒不可得也。乞選廉仁守令，大加存恤。濫升官員無慮千百，無一矢之勞，冒崇階之賞，乞查勘削奪。三司方面所以折衝禦侮，承宣激揚者也，當公以格物，廉以律已。至乃端本澄源，則在朝廷而已。"所部指揮劉斌、張全智勇過人，力薦於朝，且云："英俊之士，處心剛正，寧肯抑心低首、奔走媚求？若不曲加攬訪，則志士沉匿，任用何能廣乎？"永順、保靖二夷，世相爲仇，信諭以威福，尋解，不爲亂。靖州、武岡諸蠻久不靖，守臣議剿之。信巡邊面諭，犒以牛酒，且詰其順逆故，皆稽顙曰："累歲苦守將徵索，故作亂。今將軍待我如此，我輩尚敢反耶？"升都督同知，總理漕運。即日上道，語人曰："荷國厚恩，未能報稱，此行當以江水洗滌肺腸，少盡區區耳。"

南京及江北、山東、河南同日地震，有聲。

以徐博爲禮部右侍郎。

三月，賜進士王華等及第出身有差。

夏四月，敕司禮太監懷恩同三法司審錄囚徒。

六月，以何喬新爲副都御史，巡撫山西。

喬新奏："緣邊軍民，往往潛出境外伐木捕獸，猝遇虜寇拘執，冀得免死，遂用爲嚮導，侵犯邊境。設有桀黠不逞者，如匈奴之於衛律、趙元昊之於張元，其爲邊患可勝言哉？宜嚴立禁防，若守關將卒故縱出塞，俱謫戍炎方，庶奸人知警，邊防戒嚴。"奏上，從之。

西番進獅子。

西番撒馬兒罕進獅子二，至嘉峪關，奏遣大臣往迎。事下兵部，陳鉞欲從其請。職方郎中陸容不從，草奏言："獅子雖奇獸，然在宗廟，不可以爲犧牲；在乘輿，不可以備驂服。無用之物，當却之。如或憫其重譯而來，則當聽其自至。若以一獸之微，而遣大臣迎三千里之外，寧不貽笑於後世耶？"周洪謨亦力言不可遣官。事遂寢，止遣中官迎之。

秋八月，虜寇大同。命汪直監軍，王越爲征西前將軍，鎮守大同，禦之。

真定縣學教諭余正己上言曆法，下獄。

正已上言："曆象授時，乃敬天勤民之急務。後世曆法失差，由不得古人隨時損益之常法也。臣竊以經傳所載，日月行天之常度，本曆元以步算，又以陰陽虧盈之理求之，以驗今曆。謹詳定成化十四年戊戌十一月初一日己丑子正初刻合朔，冬至，日月與天同會於斗宿七度。至三十三年丁巳十月初一日戊辰酉正初刻合朔，冬至，日月與天復同會於斗宿七度。所謂氣朔分齊，是爲一章者也。今將一章十有九年七閏之數，冬至、月朔、閏月、節氣、年、日、月、時，逐月開坐，編成一册上進，請敕欽天監精加考訂，從宜造曆，頒布天下。"事下禮部，周洪謨會掌欽天監事，童軒與正已參考講論，竟日不能決。洪謨因奏："正已止據邵子《皇極經世書》及歷代《天文志》推算氣朔，又祖述前代術家評論歲差之意，言古今曆法俱各有差。曾不知與天合，雖差而可。今正已膠泥所聞，輕率妄議，請下法司治罪。"詔下正已錦衣衛獄。

冬十月，詔余子俊爲户部尚書。

嚴遼東馬市之禁。

先是，陳鉞撫遼，奏開馬市於開原、廣寧。朵顏諸夷，每月兩市。後通事劉海、姚安稍侵牟之，諸夷懷怨，寇廣寧，不復來市。鉞懼罪，乃奏言："初立馬市，非資外夷馬爲中國用，蓋以結朵顏之心，撤海西之黨。今宜申嚴禁例，每市監以文武大吏，有侵剋者，重罪之，庶毋激變之患。"詔可。

十二月，户部尚書翁世資致仕。

壬寅，十八年正月。

虜寇大同。命户部尚書余子俊總制軍務，帥師御之。

虜馬亦思因寇大同，報威寧之怨也。邊將與戰，失利。命子俊統京營兵御之。子俊分兵戍守要害，虜遂引去。師還，加太子太保。

山西巡撫副都御史何喬新敗虜于灰溝,召爲刑部左侍郎。

三月,江南飢。

時,南畿灾荒,而織造采使日增,進貢禽鳥花木,使者絡繹不絶。恕乃上疏曰:"臣聞古聖王投珠抵璧,却千里馬,焚雉頭裘,非不知珍奇之可貴也,恐因而妨政廢事,失天下心,爲社稷計耳。今當饑荒之餘,軍民困弊,陛下正宜裁冗費,却貢獻,禁奢侈,慎爵賞,輕徭役,惜民力,以收天下之心。夫何織造旁午,貢獻絡繹?奔侈之風兢起,倖進之門大開,遂使爵賞冗濫,名器混淆,徭役繁興,財力日屈,欲斯民之不貧且盜得乎?伏望敦崇節儉,一切不急之務、無名之賞悉從停止。禽鳥、花木、珍奇、玩好之類,詔四方勿復來獻。則人心安,而社稷有無疆之福矣。"

時,又遣國子生湯榮取常州段銓家古書,盧岐僧院取刻絲羅漢觀音。恕又上疏曰:"帝王之學,與韋布不同。韋布之人,多聞强記,將以待聘,故其學貴博。帝王者,身兼治教之責,爲億兆主,其學不在博,在乎知要。'《詩三百》一言以蔽之,曰:思無邪。'若能思無邪,雖不讀《詩》亦可也。陛下若於清燕之時,取《書》之《二典》、《三謨》與《説命》《無逸》諸篇讀之,復取漢、唐書有關於治亂成敗者,三二策涉獵之,儘可以開廣聖心,資助化理,何必徧求諸家之書而觀之乎?至於佛老之説,誕妄不經,惑世誣民,爲正道之害,尤非帝王所當留意也。"疏入,皆不報。

妖人王臣伏誅。

臣幼爲人奴,以妖術惑衆。嘗遊江陰,干諸大姓,不納。後入京，因内援得見幸，以爲錦衣千戶。上命中官王敬往江南搜寶玩、珍奇，臣與俱，大張威焰，所至凌轢官吏，網罟士民，江南玩器、書畫、金寶搜括殆遍。匿不與者，立毀其家。所納賄，以數十萬計。江陰諸大姓以舊憾受毒更慘，東南騷動。王恕疏其罪狀于朝，請亟誅之，以安人心。上乃遣官，械二人下錦衣獄，戮臣于市，傳首江南，敬發戍南京，中外稱快。

復罷西廠。

時汪直在大同。科道交章奏："西廠苛察紛擾，大傷國體。"內閣萬安亦謂宜罷。上乃罷西廠，中外忻然。

五月己巳朔，日有食之。

八月，命僉都御史王濬撫治鄖襄。

刑部尚書林聰卒。

聰恂恂和易，身若不勝衣。遇事否可，能持大義。晚年乃更爲謙厚，未免浮沉云。卒，諡莊敏。

九月，滿都魯可汗死。亦思馬因立把禿猛可爲可汗。

金星晝見。

冬十一月，汪直有罪，罷。奪王越伯爵，編管安陸。吳綬謫戍邊。陳鉞、戴縉並除名。

直用事久，竊弄威福，勢傾中外，阿附者立致顯榮，觸忤者即遭禍譴。有中官阿丑者，善詼諧，每於上前作戲，能諷諫。一日，丑作醉酗狀，旁一人佯曰："官人至。"酗如故。又曰："駕至。"亦如故。已曰："汪太監至矣。"驚迫屏息。傍人曰："駕至不懼，而懼汪太監，何也？"曰："吾知有汪太監，不知有天子。"丑復作直持雙斧趨蹌而行，或問故，答曰："吾將兵，惟伏此兩鉞耳？"問："鉞何名？"曰："王越、陳鉞也。"上微哂焉。自是疑直，寵漸衰。

御史徐鏞等劾直："欺國弄權，與王越、吳綬、戴縉等結爲死黨，大肆羅織，中外寒心。天下之人但知有西廠，而不知有朝廷；但知畏直，而不知畏陛下。又聽陳鉞誣執建州貢夷，請兵征剿，傾竭糧餉，侵盜府庫。未及班師，夷人大舉報怨，屠害軍民，鉞等反冒升賞。王越又與直密謀，出塞掩殺老幼，妄報大捷，使北狄積憤，招結醜類，大擾邊陲。邊民橫罹鋒刃，致勞九重宵旰之憂，而直等若罔聞知。其罪不容于死，乞明正典刑，籍其家，以爲奸臣結黨弄權、擅開邊釁之戒。"上納其言，下廷議，覆奏：逐直并其黨，竄斥皆盡。中外莫不快之。

十二月，進萬安太子太傅、華蓋殿大學士劉珝太子太保、謹身殿大學士劉吉太子太保、武英殿大學士。

癸卯，十九年春正月。

命刑部左侍郎何喬新巡邊。

時，亦思馬因擁衆寇大同，殺邊將，紫荆、居庸告急，敕喬新巡邊。喬新遣諜覘虜營，聲言搗其巢，虜懼，不戰遁。時，山西饑，人相食，即命喬新賑贍，得便宜行事。喬新請内帑淮鹽銀及鬻祠部僧道牒，得粟數十萬石，分部賑恤。又儌饑人疏渠，出粟償直，全活甚衆。

二月，復項忠官。

汪直既敗，上察忠枉，乃復其官，予致仕。

以職方郎中劉大夏爲福建參政。

大夏居職方，虜數寇大同，邊帥失律，中外震恐，調發戰守無虛日，皆倚重之。時，兵部右侍郎缺，中官有欲薦大夏者，遣人致意，大夏巽詞謝之。吏部議以太僕卿處大夏，大夏私語所知曰："京堂，固人所欲，但吾做秀才時，見郡縣長吏政不平，恨不得身代之。今幸登朝，不一親民，非素志也。且曹郎出，非郡守，即二司，官階崇重，何爲不可？但恐人負官耳。"乃升大夏福建參政。海防久弛，大夏至，造哨船，葺倉計儲，立收支法，寨設一館，往來督察。不半歲，海道肅然。

三月，南京禮部侍郎致仕章綸卒。

贈禮部尚書，諡恭毅。

夏四月，降陝西巡撫鄭時爲貴州參議。

鄭時上言保國利民五事，曰：盡誠敬，以回天意；明義理，以杜妖妄；減進貢，以蘇民困；息傳奉，以抑僥倖；重名器，以待有功。辭多切直，上怒，謫。時，陝西軍民送者塞塗，流涕不忍別，若失父母。

起馬文升爲左副都御史，巡撫遼東。

汪直、陳鉞既敗，文升枉得雪，詔復其官，致仕。遼東巡撫王宗彝亦以直黨降，乃起文升代之。

秋七月，調廣東左布政使彭韶于貴州。

韶在廣鎮守，內臣顧恒歲假貢獻，求索多方，民不勝擾。韶上言："自古明王不寶遠物。廣東民力竭矣。守臣以此事上爲恭，不知彫傷國本，爲害反大。"市舶內臣韋眷請以均徭，餘剩六十户隸舶司，爲造辦之需。韶又疏其矯稱進奉，私庇富豪，輒亂舊章，妄開新法。民間力役，更無曠丁；籍上均徭，豈有餘户？又劾珠池監丞黃福采捕禽鳥，騷動雷廉。又劾錦衣鎮撫梁海，本廣州人，往來傳道輒稱貢儀，水陸舟車，飲食帳帷，百方橫索，所過蕭條。海，中官芳弟。芳見疏，大怒，且中傷韶，言韶每事邀名方命。上直視芳，不應。芳懼，伏地。調韶貴州。

九月，授舉人陳獻章爲翰林院檢討，予告。

獻章，廣東新會人，正統十二年舉人，屢上禮部，不第。乃棄舉業，從吳與弼講伊洛之學。彭韶薦之，召至京，令就試吏部，辭疾不赴。越數日，赴試。至部，復以疾辭，卒不就試。時年五十六，懇辭，乞終養，疏曰："臣母以貧賤早寡，俯仰無聊，殷憂成疾，老而彌劇。使臣遠客異鄉，臣母之憂臣日甚，愈病愈憂，愈憂愈病，憂病相仍，理難長久。臣又以病軀憂老母，年未暮而氣則衰，心有為而力不逮。乞歸養。"特授翰林檢討，予告歸。至南安，知府張弼問出處，曰："康齋以布衣為石亨所薦，以故不受職。求觀秘書，冀得開悟主上。惜時相不悟，以為信然。言之上，令受職，然後觀書，殊戾康齋意，遂決去。獻章以聽選監生薦，又疏陳始終願仕，故不敢偽辭釣虛名。或受或不受，各有攸宜爾。"後竟不復起。

十月，以張鎣為刑部尚書。

虜入宣大。

十二月，罷傳奉官。

時，諸閹用事，無恥嗜進者，皆夤緣近倖獻珍玩，輒得卿寺、郎署爵秩，謂之傳奉官。京官止一千□百，而傳奉官乃至八百人，名器冒濫，賈豎、技藝之流皆濫朝參。於是，給事中王瑞等言："爵賞，乃天下之公器，自古帝王所以驅策群臣、制馭四海者也。祖宗朝設官分職，各有定員，惟有功德才能者授之，初無倖進之路。今恩典內降，厮養賤夫，市井童稚，皆得以夤緣而進，名器之濫，一至于此。伏乞革罷，以杜絕倖門。"御史張稷等亦言："比年以來，末流賤技多至公卿，屠狗販繒亦居清要。有不識一丁而濫授文官，不挾一矢而冒任武職者。望明正其罪，以警後人。"奏入，上納之。下吏部核勘，降黜數十人，遂罷傳奉官。

甲辰。二十年春正月，京師地震。

二月，以侶鍾為副都御史，巡撫保定。

改南京刑部右侍郎盛顒爲左副都御史，巡撫山東。

三月，賜進士李旻等及第出身有差。

處士胡居仁卒。

居仁，餘干人。少遊舉子業，稍厭之。既從吳與弼遊，盡棄舊學，慨然以古人自期。其學以忠信爲本，以力行爲要。因以"敬"名齋，動靜語默，造次未嘗少違，對妻孥如賓客。執親喪，哀毀逾節，三年不入寢室。家貧甚，鶉衣簞食，處之泰然。曰："以仁義潤身，以讀書潤屋，足矣。"排異端，振流俗，高風振于江南。淮王請講《周易》，以師禮待之。卒，年五十一。所著有《敬齋錄》、《居業集》。

四月，以楊繼宗爲右僉都御史，巡撫順天。

以陳俊爲南京吏部尚書。

復以王恕爲南京兵部尚書，參贊機務。

以彭韶爲副都御史，巡撫江南，總督糧儲。

召兩廣督撫右都御史朱英還，掌院事。

英在兩廣專務勞來，撫輯約束將士，不得輒進兵。諸峒岷[一七]有倡亂者，購首惡誅之，而釋其脅從，遣復業。一切征需供饋蠲省節縮，十去其五，戶口生息。上手敕褒嘉，召回，掌院事。

五月，進大同總兵周璽爲都督僉事，鎮守三關。

先是，虜酋亦思馬因入寇，璽分兵三千守懷仁。寇入塞，中軍失利，璽還兵內援，夜忽值虜，勢銳甚，璽勵將士曰："今日之事，有進無退。退則無遺類矣。"於是，衆爭奮死戰。璽臂中流矢，拔鏃，督戰益急。會救至，虜退。上嘉其勇，遂有是命。

逮大同總兵都督許寧、巡撫僉都御史郭鏜、鎮守太監蔡新下獄。

以虜入塞，不能御也。寧降指揮同知，鏜降知縣。

秋七月，河北、燕南大饑，分遣大臣賑恤之。

八月，逮刑部主事林俊、後府經歷張黻下獄，謫官。

時，妖僧繼曉以秘術因梁芳干上，出入禁中，被殊眷，尊爲法王，賜美姝十餘，金寶不可數計。又請建永昌寺，費鉅萬，毀民居，人心怨憤。於是，俊上疏言："今災異迭興，兩京地震，陵寢搖動，日月繼蝕，饑荒半天下，人民流徙，填委溝壑，拯救無策，可爲流涕。而妖僧繼曉，乃請內帑數萬建佛寺。臣按繼曉本一憸狎小人，曩以邪術蠱楚府，事敗罹罪，竄身京師，誤蒙聖眷，五尺之童皆爲切齒。敢復肆無忌憚，惑亂聖聽，以有用之財，供無益之費。陛下聰明神智，乃蹈梁武覆轍，虧損聖譽，蠹壞至治，工役不息，人怨日興。臣謂不斬繼曉，禍未可言。然縱之者，梁芳也。芳傾覆陰狠，引用邪佞，排斥忠良。輔之，驟得美官；觸之，動遭竄逐。欺罔如趙高，奢僭如石崇。數年之間，假進貢買辦爲名，盜祖宗百餘年府藏殆盡。今內外百官以及閭井，皆痛心饑民之死，欲食梁芳、繼曉之肉。然卒不敢進言於陛下者，所惜者官，所畏者死爾。使臣復不言，則陛下終不悟，天下後世謂陛下何如主？臣等何如人？臣誠不畏死，惟陛下裁察。"上覽疏大怒，下俊錦衣獄。後府經歷張黻上疏論救，併逮赴獄，事且不測。司禮太監懷恩叩首力爭，曰："祖宗朝未有殺諫臣者，殺俊將失天下心，奴不敢奉詔。"上大怒，曰："汝與俊合謀訕謗，不然，俊安知宮中事？"提硯擲恩，恩免冠伏地號泣，曰："奴不能復事左右矣。"趨出，至東華門，使人謂典詔獄者，曰："俊死，若等不得獨生。"乃歸臥邸中，稱中風，不能起。上怒解，命醫治疾，屢使勞問。俊得不死，謫雲南姚州判官。黻謫知州。初，俊之草疏也，自分必死，區處家事，其妻不敢諫，其友勸止之，不從。通政閱其疏曰："君能言人所不敢言，吾輩愧死。然雷霆之下，恐有不測，惟君再思之。"俊曰："吾思已三，寧云再也？"置疏於案而去。及廷杖，大呼曰："臣赤心爲國，死即死耳，安用杖？"時萬安附中官，諫官皆不敢言。俊獨慷慨上疏，直聲震海內。

九月丁酉朔，日有食之。

十月，虜入大同，命定西侯蔣琬、總督、尚書余子俊，帥師禦之。

琬等至大同，出野口門，虜已徙帳而北，出臨大邊，耀兵而還。上言："虜益遠，邊輸益困，請班師。"許之。何喬新與劉珝書曰："竊聞戰不可數，戰數則民疲。北虜憑陵中國久矣，邊將懷奸，不肯橫身以禦敵，每虜寇小入，輒張大以聞。朝廷遽出京軍以征之，成功則同受升賞，債事則有所推委。此邊將之奸謀也。數年來，京軍凡幾出而幾戰乎？京軍出，則虜退；京軍歸，則虜來。是虜得亟肆其疲之之術也。不知朝廷置邊閫果何爲乎？使京軍疲於奔命，而宿衛單弱，供饋煩苛，得無可慮乎？"珝不能用。

冬十一月，封罕慎爲忠順王，入哈密。

土魯番阿力死，子阿黑麻稱速壇未壯。守臣請乘間封罕慎嗣忠順王，入哈密。罕慎貪賤，國人怨之。西域諸夷貢使往來者，苦其要索。

馬文升升右都御史，總督漕運，巡撫江北。

韋瑛伏誅。

瑛自罷西廠，調外任，爲萬全衛百戶，欲邀功希起用，乃僞爲妖言，誣巫人劉忠興等謀不軌，走告監軍中官張善。善使人助瑛，捕獲忠興等，加以毒刑，皆誣服，聞於朝。復遣官即訊，得其情。上曰："瑛曩罪當死，僅薄謫，而稔惡不悛若此，亟斬之，仍梟首示衆。"其黨論罪有差，被誣者皆釋。

乙巳，二十一年春正月，星隕有聲。詔寬恤，求直言。

給事中李俊等言："今近倖干紀，大臣不職，天變之來率由于此。國初，近侍皆有定制，今或一監設太監一二十員，或一事參內官五六七輩，或分布藩郡，或總領邊疆，或援引憸邪，或投獻奇巧，如梁芳、韋興、陳喜輩，難以數計。大臣如殷謙、張鵬、艾福、杜銘、李本、劉俊、張鎣、田景暘、張宣、尹直、李溫輩，或老懦無爲，或清論不愜。皆所以虧聖德、損至治而招天變者。其間方士道流，如李孜省、鄧常恩、繼曉輩，尤中外所切齒。乞皆罷斥，庶天變可回。"

復林俊爲南京刑部員外郎，張黻爲南京左府經歷。

先是，俊、黻既貶。王恕上疏言："陛下過聽妖僧，大興土木，營建佛寺，將以求福利也。三代以前無佛法，而曆數綿長；三代以後信佛法，而運祚短促，則佛之無益於世，明矣。今都城內外，佛寺不知幾千百區，又復營搆，毀民居，耗國用。舉朝皆知此舉之非，而不敢言，獨林俊言之；亦皆知林俊所言之是，而不敢言，獨張黻言之。今皆置之於法，人將以言爲諱，設有奸邪誤國，陛下何由而知之？願復俊、黻官以慰天下。"不報。至是，以星變，梁芳等恐言者及之，乃乞中旨，復二人官。

謫工部主事張吉、中書舍人丁璣、進士敖毓元。

張吉等應詔陳言，皆疏斥李孜省、僧繼曉等罪惡，勸上親賢圖治，修德遠邪，慎選大臣、臺諫，斥佛老，惜名器，以弭天變。疏入，俱留中。尋以他事謫吉景東府通判，璣普安判官，毓元臨西縣丞。户部主事周軫，兵部郎中崔升、蘇章亦皆上疏，言：「星變乃閹豎干政，妖僧蠱惑，庇邪佞，逐忠良所致。乞除元惡以快人心，減內臣以清朝政。」皆不報。時言者頗及宮闈秘密。上怒，因書上言六十餘人姓名於屛，擬升則絀其級，不則遠惡地。於是，吏部不敢擬升焉。

放僧繼曉歸田里。

繼曉自知罪重，恐禍及，乞歸養母，并乞空名度牒五百道。許之。詔命母終仍出供職。御史汪奎等言：「繼曉結梁芳，營建佛寺，又給與度牒五百。一牒可售數金，當此凶荒，留賑饑民，不猶愈於與妖僧乎？乞治梁芳之罪，追還繼曉，斬首都市，以謝天下。」詔革繼曉爲民，追還所領度牒。

加南京兵部尚書王恕太子少保。

恕應詔上言：「洪武、永樂年間，官有定員，朝無倖位。是以賢能在職，食之者寡。近年以來，無功而升、無能而進者，日多一日。工藝之人、逋逃之流、邪術之輩，各尋蹊徑，得美職而服章服者充滿朝市，虛糜廩祿，虧損名器，非所以勵賢能、勸有功也。」又言：「林俊以言事謫官，尋蒙收召；繼曉以左道惑衆，亦被放逐。此足以彰陛下日月之明。然諸司中，如俊直言遷謫者尚多；邪奸之徒，豈無後繼曉而行術者？乞將言事被謫諸臣悉令復職，挾持邪術者，禁不得入京希求進用。如此，則正人進而宵小遠矣。」不報。

以張苗爲南京通政使。

時，星變，黜傳奉官。御馬太監張敏請馬坊傳奉者得勿黜，持疏謁懷恩，恩大聲曰：「星變專爲我輩亂國，今甫欲正法，汝又壞之耶？天必殛汝矣。」敏素驕貴，被恩折辱歸，憤恨死。其侄太常寺丞張苗，傾貲上獻，乞求爲侍郎。上以苗起承差，不可，乃授南京通政使。

二月，德王請業南旺湖。不許。

　　以湖開漕渠也。

三月，泰山屢震。

　　時，椒寢漸繁，李孜省左道交納，頗有易樹之意。劉珝密疏言："國本不可搖動。"會欽天監奏言："泰山震動，應在東宮。"事乃已。

閏四月，調順天巡撫楊繼宗外任。

　　繼宗執法不阿貴戚，內宦莊田繡錯，圻內有侵占民田者，繼宗悉奪還民。以是，宦戚皆怨，思中傷之。會治中陳翼謁繼宗，怨繼宗不加禮，遂誣訐繼宗，諸閹又從中搆之。乃調繼宗爲雲南按察使。

以彭韶爲副都御史，巡撫順天。

　　韶應詔陳言"漸不克終"者四事：內臣貢獻，貴妃加於中宮，陛下又褒賞其家，幾與先帝后家等，一也。內臣日增歲益，數以萬計，利源兵柄，多付其手，作奸犯科，一切不問，所請輒從，二也。四方貢獻，珍奇充溢，通番航海，勞擾百姓，三也。六卿大夫並加師保，諸寺監兼領高官，及其休去，月廩歲輿，徧施凡鄙，四也。疏入，不報。時，被命召爲大理卿。奏上，遂改撫順天。

五月，廣東大水。

　　左布政陳選馳奏災傷，未報，遂便宜發粟賑之。

七月，太子少保、右都御史朱英卒。

八月己卯朔，日有食之。

九月，大學士劉珝致仕。

　　珝素薄萬安。時時對客罵安："負國無恥。"安聞，積恨，與劉吉搆以飛語，假俳優中傷之。珝遂乞致仕。
逮陳鉞下獄，尋釋之。
　　鉞既罷，家居。寡嫂孤姪，苦其凌轢，赴京訴鉞在軍中，隱匿金寶、美女諸不法事。逮至，下獄。鉞揚言曰："金銀、子女信有之。然當時皆分饋當事，我有其餘耳。"諸大臣曾受其饋者聞之，皆極力營解，遂得釋。
十二月，進劉吉戶部尚書、謹身殿大學士。
以彭華爲吏部侍郎兼翰林學士，直文淵閣。
　　天順中，華爲編修，坐冒餉除名。李賢救解，得免。追李孜省得幸，華附之，又與萬安深相結。一時正人斥逐，華力居多，乃得入閣。
丙戌，二十二年春正月。
二月丁酉朔，日有食之。
兵部尚書余子俊致仕。
　　子俊在宣大欲推榆林法，修兩鎮邊垣，而工役浩煩，怨謗紛起。科道交章劾子俊："昧時宜，急功利，趨凋弊之民，興城堡之役，邊備空虛，群情嗟怨。"且言："邊防之險，不在地利，而在人心；朝廷之憂，不在四夷，而在百姓。今疲中國以事邊境，重手足而輕腹心，不能保邊，而適以擾邊；不能安民，而適以困民。"疏入，上命工部侍郎杜謙往勘。謙還，奏："子俊在邊未及二年，費官銀一百五十餘萬，糧二百三十萬，雖給士馬，築墩臺，造兵器，皆出公用，然亦勞民傷財，不爲無罪。"上乃革宮保，勒令致仕。
三月，虜入開元塞。
五月，以馬文升爲兵部尚書。
吏部尚書尹旻致仕。翰林侍讀尹龍除名。

旻善劉珝，而與萬安不協。安數欲去旻，輒爲珝所沮。珝既去，安欲引尹直入閣，旻不可。安遂托李孜省譖旻於上，復嗾所親科道張雄、陳孜等劾旻掌銓鬻爵，苞苴公行。其子龍竊弄父權，其門如市。詔逮龍廷訊，坐除名。旻勒令致仕。旻在吏部，多以美秩私鄉人，凡所推舉，先權要而後冷散，人多怨之，卒以此敗。

逮廣東左布政陳選，道卒。

先是，廣東市舶太監韋眷奏："乞均徭，餘户六十人辦方物。"選執不與。番人馬力麻販海上，詭蘇門答剌國貢使，韋眷貪其利，不問。選發其僞，逐之。撒馬兒罕遣使貢獅，得厚賜中人，護行至南海。又欲航海，市獅滿剌加國徼賞。選上言："西旅貢獒，召公進諫；越裳獻雉，周公致規。不惟防玩好之漸，實以杜窺伺之萌。乃者珍禽奇獸徵求外夷，奸貪憑籍因緣爲利，勞罷中國，貽譏外域，恐爲聖明之累。"事竟止。番禺民王凱附韋眷，出海通番，怙勢殺人。知縣高瑤執之，搜没番貨鉅萬，選上其狀於朝。眷積怨選每事裁抑，遂誣選黨比高瑤。上怒，遣刑部員外李行即訊。行畏眷，不敢異。眷復賄選所黜吏張褧，令誣選。褧曰："死即死爾，安敢以私憾陷正人？"大呼，爲選白冤。行等羅織，無所得，乃文致成獄，坐徙。奏上，詔奪選官，逮赴京。士民數萬人號泣遮留。至南昌，病卒。

張褧乃上書，爲選訟冤，曰：

臣聞周公元聖，而四國之謗乃至上疑於君；曾參大賢，而三至之言不免摇惑其母。是豈成王之不明？參母之不親哉？凡以口能鑠金，而毁能銷骨也。竊見廣東布政使陳選，素崇正學，夙抱孤忠，孑處羣邪之間，獨立衆憎之地。太監韋眷，通番敗露。知縣高瑤，按法持之。選移文嘉獎，以激貪懦，固監司之體也。眷恨選發其奸私，遂穢衊清節，熒惑聖明。勘官李行承眷頤指，鍛鍊成獄，竟無佐驗。臣本小吏，以詿誤觸法，爲選罷黜，寔臣自取，非選有加於臣也。眷乃妄意臣憾選，以厚賄啖臣，令扶同陷選。臣雖胥徒，亦知廉恥，安敢欺昧本心，顛倒是非？眷既知臣不可利誘，乃囑行等逮臣於理，彌日拷掠，身無完膚。臣甘死籲天，終無異口。行等乃依傍眷語，文致其詞，劾選矯制發粟，意在侵欺；曲庇屬官，將圖報謝。是毀共姜爲夏姬，詬夷齊爲盜跖也。本年嶺外地震水溢，漂民廬舍，屬郡交牒報灾，老弱張口待哺，而撫按藩臬若罔聞知，選獨抱隱憂，食不下咽，謂展轉行勘，則民命垂絶，其何能待？所以便宜議賑，志在救民，非有他也。選素剛正，不堪屈辱，乃爲勘官凌侮，憤懣成疾，旬日而殂。李行幸其就死，不爲醫療，又潛遣養子密以選死報眷。小人佞毒，交結權倖。司徒之屬，要在詰奸刑暴，安取此輩爲也？夫選砥節奉公，橫罹讒搆，君門萬里，孰諒其冤？臣以罪人擯斥田野，秉耒自給，百無所圖，敢冒死披陳甘心鼎鑊者，誠痛忠廉之士銜屈抑之冤，長讒佞之奸，爲聖明之累也。

奏入，不報。第以他事罷眷鎮守。

選自少沉靜端愨，立志以聖賢自期。潛修篤行，不求人知。終身儉約，無異寒素。之官廣東，止乘一驢出都門，嘗曰："居此官，必盡此職；行此事，必盡此心。"所至有德政，南畿、河南、廣東皆立祠祀之。

七月，致仕大學士商輅卒。

輅在政府，每遇大議，能持正。馬文升嘗曰："我朝賢輔，當推商公。楊文貞、李文達，莫或先也。"卒，諡文毅。

八月，以耿裕爲吏部尚書。

以夏寅爲山東右布政使。

　　寅嘗疏論國家之勢在離合，合則安，離則土崩。今兩京並建，其勢宜常合以制天下。徐州，地連山東，饑民無聊，宜亟賑恤。臨清，乃南北咽喉，或暫梗，爲害不小。宜選大臣鎮守二州，訓兵屯田，示天下形勢。廷議是之。爲出金四萬賑徐州，命都御史鎮臨清。

　　寅平生誠心直道，無黨援。自筮仕郎署三十年，爲副使十六年，未嘗以淹屈降志。嘗語座客曰："君子有三惜：此生不學，一可惜也；此日閑過，二可惜也；此身一敗，三可惜也。"時謂名言。

九月，令南京兵部尚書王恕致仕。

　　恕累疏直諫，忤上意，中官梁芳輩又讒毀不已，累上章乞休。會侍郎馬顯乞休，即顯疏批曰："留都民饑，尚書王恕老耄，無策拯濟，同顯致仕。"工部主事王純奏曰："王恕累上封章，直陳時事，陛下每優容之。及以年老求去，則蒙慰留。今一旦勒令致仕，群情驚駭。昔莊助論汲黯於漢武帝，帝以爲古社稷之臣，如黯近之。臣竊見一時大臣，遇事敢言無逾恕者。妄意以恕爲社稷之臣，則恕之去就，豈容不言？乞召還，以竟其用。"上以純出位妄言，命杖之，謫爲思南府推官。

調兵部尚書馬文升於南京，參贊機務。

　　時，貴州都勻黑苗弗靖，守臣倚內援，請發黔、蜀、湖廣兵會討。文升持不可，奏遣官勘之，果無他虞。忌者營內旨，調文升南京。

以尹直爲戶部左侍郎兼翰林院學士，直文淵閣。

十月，調吏部尚書耿裕於南京禮部。

　　裕秉銓清慎，請寄不行，忤權貴意，故調。

以李裕爲吏部尚書，徐溥爲左侍郎，倪岳爲右侍郎。
復建大永昌寺。

先是，建寺於西市，已有成緒，繼曉被譴，寺亦隨廢。至是，梁芳請更擇地建之，得故廣平侯袁瑄宅。時，瑄家已失侯，瑄妻因獻宅而托芳請襲侯。芳言於上，許之。大興工役，民心益怨。

進萬安少傅兼太子太師，劉吉少保兼太子太傅，彭華禮部尚書，尹直兵部尚書並太子少保。

懷恩嘆曰：「四人柄國，朝廷可謂無人矣。」

淮北、山東大饑。

命副都御史賈俊鎮守臨清。

十二月，召余子俊爲兵部尚書。

冬無雪。

丁未，二十三年春正月，萬妃卒。

妃，山東諸城人。父貴，爲掾吏，謫居霸州。妃選入掖庭，侍上於青宮。上即位，遂專寵。吳后之廢，實由於妃。及王后正位中宮，每優容之。妃機警嫵媚，善迎合上意，六宮希得進御。錢能、覃勤、汪直、梁芳、韋興輩皆厚事妃爲內主，假借貢獻，橫攘民財，擅作威福，弄兵鬻爵，海內怨憤。孝穆皇太后以妃故，遂居西內，數年而崩。至是，妃卒。上震悼，輟朝七日，葬天壽山西南。弘治初，言者籍籍不已，欲追廢妃，籍其家，賴孝宗仁厚，置不究云。

調應天府丞楊守隨爲廣西南寧府知府。

初，守隨爲御史，嘗論劾李孜省竊柄亂政。孜省銜之，及守隨來朝，乃讒於上，以中旨調外任。

三月，加李孜省工部尚書，仍掌通政司事。

彭華致仕。

賜進士費宏等及第出身有差。

夏四月，尊皇太后周氏聖慈仁壽皇太后。

五月，京師大旱。

六月，雷震南京午門。

上杭盜起，命副都御史王繼巡撫福建。

秋七月，進萬安少師。

八月庚辰，上不豫，命皇太子暫視朝於文華殿。

己丑，上崩於乾清宮。

九月壬寅，皇太子即皇帝位。

　　改明年元曰弘治。

上大行皇帝謚號。

　　曰繼天凝道誠明仁敬崇文肅武宏德至孝純皇帝，廟號憲宗。

大赦。

奪番僧領占竹誥敕，遣還四川。

　　給事中韓重、御史陳穀等劾稱："法王領占竹等，俱以西番腥膻之徒，污中華禮義之教，錦衣玉食，前擁後訶，熒惑聖明，擅作威福。獻頂骨數珠，進骷髏法碗，以穢污之法，冒升賞之榮。罪惡深重，宜正典刑，以絕異教。"詔奪封誥、印敕，遣還四川光相寺。

冬十月，尊皇太后周氏爲聖慈仁壽太皇太后，皇后王氏爲皇太后，立妃張氏爲皇后。

丙子，有星飛流亘天，求直言。

時，有大星飛流，起西北亘東南，光芒燭地，蜿蜒如龍蛇，人畜皆驚，乃下詔求言。庶吉士鄒智應詔上疏，極論陰陽之理，言："內閣爲天下政本，宜進君子，退小人。今閣臣萬安，持祿怙寵，殊無厭足；劉吉附下罔上，漫無可否；尹直挾詐懷奸，全無廉恥，世之所謂小人也。留之必不能輔君德，修朝政。賢人將觀望而不敢來，群邪且盤結而不肯去。上危社稷，下禍蒼生，宜放歸田里。致仕尚書王恕，托志忠勤，可任大事；尚書王竑，秉節剛勁，可寢大奸；都御史彭韶，學識醇正，可決大疑，世之所謂君子也。用之則君德必開明，朝政必清肅。賢士拔茅而來，邪人望風而去。利社稷，福蒼生，亟宜徵召，簡置左右。然君子之所以不進，小人之所以不退者，大抵宦官陰主之。昔漢元帝嘗任蕭望之、周堪矣，制於弘恭、石顯，則不得行其志。宋孝宗嘗任陳俊卿、劉珙矣，間於陳源、甘昪，則不得盡其才。李林甫、牛仙客與高力士相爲犄角，而玄宗之朝政不清。賈似道、丁大全與董宋臣相爲表裏，而理宗之國勢不振。君子小人進退之機，未嘗不在於此曹之盛衰也。願陛下鑒既往，謹將來，大彰英斷，總攬乾綱，所以待宦官者，一以高皇帝爲法，則君子可進，小人可退，而天下之治出於一矣。"疏入，不報。

除進士李文祥爲咸寧縣丞。

文祥慷慨負才氣，見浮沉世事者，輒大罵之。獨與鄒智及御史湯鼐等十餘人友善，高自標榜。萬安、孫弘璧與文祥同年。安欲令文祥附己，使弘璧延款於家，屬題畫鳩。文祥援筆立就，末云："春來風雨尋常事，莫把天恩作己恩。"安銜之。適詔開言路，文祥上疏言："帝王爲政，恃權與法。權不可使近習分，法不可使小人玩。祖宗建立卿貳，分理萬機，任專責重，事無掣肘。頃者權移宦侍，賞罰任其喜怒，禍福聽其轉移，摧挫言官，濫授冗秩。阿順者驟遷，違忤者遠竄。朝野寒心，道路側目。譬如心腹之癰，不早圖之，爲禍不小。望密訪渠魁，明彰國憲，則體統正而近習不得分矣。祖宗律令，各有科條，服色、器用、等威有辯。頃法司斷獄，惟徇己私，不恤國憲。豪橫者，雖重罪亦寬假；貧弱者，雖小嫌必鈎鉅。惠及奸宄，養成惡俗，豪家僭王侯之居，富室擬公卿之用。紀綱盡廢，體統蕩然，奇技淫巧，漸成上侵。宜申明典章，使執法之吏一遵成憲，貴倖必懲，豪強罔赦，則禮度明而小人不敢玩矣。"又言："王竑、王恕孤忠勁節，宜置之公輔；林俊、王純直言敢諫，宜列之諫垣。其大臣小臣中有尸素無恥者，皆宜罷遣。"又言："古聖主懸鼓設木，自求謗議。言之縱非其情，聽者亦足爲戒。宜廣求直言，霽威優禮。言切而理愜者，必引導以盡其情；識寡而辭拙者，亦含容以嘉其意。"語甚切直。疏入，召詣左順門，傳旨詰責疏中"中興"、"再造"等語，以爲不祥。文祥從容辯對而出。萬安遂擬旨，令吏部除文祥繁難歷練，因補縣丞。

以何喬新爲南京刑部尚書，楊守陳爲吏部右侍郎，彭韶爲刑部右侍郎，張悅工部右侍郎。

葬茂陵。

詔議祧廟。

自德祖至英宗，九廟已備，及憲宗山陵畢，神主將升祔，於制當祧廟，乃下禮部，集群臣議。禮部侍郎倪岳議，以爲論者欲祧德、懿、熙、仁四廟，而太祖百世不遷，是知尊太祖，而不知太祖之尊其祖也。昔周既追王太王、王季，又上祀先公以天子之禮。國家自德祖以上，無可復推，則德祖視周后稷，太祖、太宗視周文、武，皆百世不祧。懿祖而下，當以次祧遷。今憲宗升祔，當祧懿祖，宜於太廟寢殿後，別建藏祧主之所，如古夾室之制。每歲暮合享，則奉祧主仍居舊位，以應古祫祭之制。

吏部侍郎楊守陳上言："《禮》：天子七廟，祖有功而宗有德。故凡號太祖者，即始祖也。始祖必配天，若商、周之稷、契，皆有功德，不獨原本統也。宋僖祖及我德祖，可比商報乙、周亞圉，非契、稷比。議者言見宋儒嘗取王安石說，遂使七廟既有始祖，又有太祖。始祖既以配天，又不正南向之位，名與實乖，非禮。今憲廟升祔，請并祧德、懿、熙三祖。自仁祖以下爲七廟，異時祧盡，則以太祖擬商、周契、稷，而祧主藏於後寢，祫禮行於前廟。時享則尊太祖，祫祭則尊德祖。各不失尊，庶無悖禮。"禮官議，非是。上卒從部議。

召太監懷恩於鳳陽，掌司禮監事。

懷恩，在憲廟時能直諫，常嫉其儕輩所爲。汪直之逐，恩有力焉。時，梁芳、韋興以淫巧禱祠蠱上心，耗內藏，累代所積一空。一日，憲廟指示之，曰："帑府罄竭，皆爾二人爲之。吾不與汝計，後人必有與汝計者。"蓋指東宮也。二人懼甚，客爲芳畫曰："今上鐘愛興王，不如勸上易儲。是昭德無子而有子，興王無國而有國，公可保富貴於無窮，寧只脫禍也？"芳善言於昭德，乘間言之憲廟，且曰："事在懷恩。"憲廟召恩，微露其意。免冠叩首曰："奴死不敢奉命。寧陛下殺恩，無使天下人殺恩也。"憲廟不懌而罷，出懷恩鳳陽，易儲事亦寢。至是，上念恩忠，乃召還。

召王恕爲吏部尚書，尋加太子太保。

恕至京，鄒智語之曰："公宜先請見君，歷陳時政闕失，庶其有濟。拜官以後，不復得望清光矣。"恕善其言，而不能用。

十一月，尊諡母淑妃紀氏爲孝穆皇太后，祔葬茂陵，詔議享禮。

禮部侍郎倪岳議："姜嫄爲帝嚳次妃，后稷之母。《周禮·春官》：'大樂之職，歌仲呂，舞大濩，以享先妣。'蓋祀姜嫄也。在宋則元德、懿德有別廟之享，章獻、章懿有奉慈之建，每歲五享，四時薦新上食，並同太廟。今孝穆皇太后神主，宜於奉先殿傍別立廟，歲時祭享，悉如太廟奉先殿之儀。"上從之。

時有縣丞徐頊上疏："請究皇妣薨逝之由，以復不共之讐。當時診視太醫方賢、吳衡俱宜逮治。"下禮部議，覆請逮萬安戚眷曾出入宮闈者究訊，萬安、劉吉故比萬氏，懼甚。尹直曰："此事宜寬解，若興大獄，株連蔓引，非先帝意。"安等喜曰："公言是也。"乃擬旨，以為流議難憑，已之。

萬安罷，以吏部左侍郎兼翰林學士徐溥直文淵閣。

安柔媚傾憸，與萬貴妃兄弟、僧繼曉、李孜省深相結納，以姻寵眷，力援同黨，排斥異己，舉朝側目。上在東宮，稔聞其奸邪。憲廟崩，內竪於宮中得疏一小篋，皆房中術也。悉署曰："臣安進上。"遣懷恩持至閣，曰："是大臣所為乎？"安慚，不能出一語。已科道交章劾之，上復令懷恩持彈文示安。安長跪乞哀，猶無去意。恩就摘其牙牌，曰："請出矣。"安始惶遽，歸第。初，安久在內閣不去，人或微諷之，答曰："安惟一死報國。"及被黜在道，猶看三台星，冀復用也。其無恥如此。

改南京兵部尚書馬文升為左都御史，耿裕為南京兵部尚書，參贊機務。

十二月，尹直罷。進劉吉少傅兼太子太師、吏部尚書，徐溥禮部尚書、文淵閣大學士，劉健為禮部右侍郎兼翰林學士，直文淵閣。

以丘濬為禮部尚書，掌詹事府事。

虜寇甘涼、蘭鞏。

李孜省下獄，死。

以黃孔昭爲南京兵部右侍郎。

　　孔昭先爲文選郎，持衡清慎，留意人才，常曰："國家之用才，猶農家之積粟。粟積於豐年，乃可以濟饑；才儲於平時，乃可以濟事。自頃人矯激沽名，以閉門謝客爲高，天下人才何由知之？"故每公退，客至輒見，詢訪有得，必書於册，量其才，隨其地望，參之輿論薦用，各當其才。如是者十五年，始終一節，不少變。升右通政。至是，升南京兵部右侍郎。

以林俊爲雲南按察司副使。

　　滇俗崇釋信鬼，鶴慶玄化寺稱有活佛。歲時士女會集，動數千人，争以金塗佛面。俊按鶴慶，命焚之，得金數百兩，輸之官。毀諸淫祠三百六十區，撤其材，葺學宫。

召總督漕運都御史李敏爲户部尚書，何喬新爲刑部尚書。

兵部尚書致仕王竑卒。

　　竑剛正嚴毅，嫉惡如仇，孤忠大節，紳庶共仰，惜未能盡究其志云。

命保國公朱永提督團營。

校勘記

〔一〕"夏塡"，《明史》卷一百五十九《夏壎傳》作"夏壎"。

〔二〕"等"，底本字迹漫漶，參考（明）項篤壽《今獻備遺》卷二十三辨識。

〔三〕"來"，據《明史》卷一百七十九《羅倫傳》、（明）羅倫《一峰文集》卷一《奏疏》、（清）黄宗羲《明文海》卷四十九羅倫《扶植綱常疏》當作"起"。

〔四〕"大"，同前作"太"。

〔五〕"天工"，《明史》卷一百六十四《高瑶傳》作"天功"。

〔六〕"力"，疑當作"立"。

〔七〕"辦"，疑當作"辯"。

〔八〕"歸"，底本字迹漫漶，參考清《欽定續文獻通考》卷一百三十六、清《欽定續通典》卷一百十一辨識。

〔九〕"寸"，據《明憲宗實錄》卷一〇六疑當作"尺"。

〔一〇〕"里"，底本無，據《明憲宗實錄》卷一〇六補。

〔一一〕"速擅阿力"，底本原作"鎖擅阿力"，據後文改。

〔一二〕"辦"，疑當作"辨"。

〔一三〕"青"，疑當作"肯"。

〔一四〕"廷"，據（明）何良俊《四友齋叢説》卷七《史三》當作"臣"。

〔一五〕"鉥"，當作"球"。《明史》卷一百六十二《劉球傳》："球二子，長鉞，次釪。"

〔一六〕"捍"，底本字迹漫漶，參考（明）項篤壽《今獻備遺》卷二十三辨識。

〔一七〕"岷"，疑當作"氓"。

國史紀聞卷十一

孝宗敬皇帝

戊申，弘治元年春正月，命右都御史屠滽總督兩廣軍務兼巡撫。

以何喬新爲刑部尚書。

起前給事中賀欽爲陝西參議，辭，不就。

欽，廣寧人，自少沉篤好學，舉進士，爲户科給事中。見陳獻章講學，遂絕用世意，解官去，執弟子禮事獻章。及是，薦授參議，以母病上疏懇辭，且陳四事：一曰資真儒以講聖學。謂今日急務，莫先于講學，而經筵勸講之官，所謂師友之臣，當訪求真儒以充其任，不宜以俗儒濫厠。二曰薦賢才以輔治道。謂陳獻章天性高明，學術純正，宜以非常之禮起之，或任内閣，俾參大政；或任經筵，使養君德，不宜棄之林泉。三曰遵祖訓以處内官。謂内府監、司、局、庫諸官載之《祖訓》，不過職洒掃供奉、關防出入而已。近年如王振、舒良、牛玉、汪直、梁芳輩，或陷主虜庭，或動摇國本，或賄易后妃，或邀功啓釁，或引用左道，或導進淫巧，陷君誤國，蠹政殃民，昭昭在人耳目。宜鑒已往之弊，絕方來之禍。内不可使掌奏牘、預大政，外不可使守地方、握兵權。四曰興禮樂以化天下。謂陛下即位之初，罷黜浮屠妄誕之邪術，舉行朱子喪葬之禮，而頹敗之俗尚仍其舊，禮讓之化未行，淫穢之風日甚。乞申明正禮，革去教坊俗樂，則風俗自美，民心自善。疏入，報聞，允欽辭。

以鄭時爲都察院右副都御史，撫治鄖陽。停止生員、吏典上納例。

王恕奏言：“永樂、宣德間，天下亦有災傷，各邊亦有士馬。當時未行開納事例，軍民不聞困弊。邇來少有災傷，守土官止圖目前分寸之利，不爲國家長久之計，輒奏開生員、吏典納糧納銀等例。此例一開，雜進者多，以致正途淹遲，選法壅滯。又況雜途所進多頑鈍無恥之徒，今日既知以財進身，他日豈肯以廉律己？欲不貪財害民，天下治安，何由可得？宜悉停止。”從之。

閏正月，修《憲宗實錄》。

詔舉異才。

二月，帝耕籍田。

　　禮畢，宴群臣。優人出狎語，馬文升厲聲曰：“新天子當知稼穡艱難，豈宜以此瀆亂宸聰？”即斥去。二御史以糾儀下獄。文升言：“即位初，不宜輒罪言官。”得釋，時論韙之。

致仕太子少保、南京吏部尚書陳俊卒。

　　俊孝友廉介，沉毅簡直。在南戶部，能按典則制國用，節財數十萬。卒，諡康懿。

以許進爲僉都御史，巡撫大同。

　　進在憲廟時爲御史，有風裁。有道士，以黃白術干湖廣總兵李震，不售，誣總兵謀不軌。汪直欲以爲功，逮震百口至京，煅煉成獄。進獨發其奸，磔道士于市。後震懷金謝，進叱却之。轉山東按察副使，屢斷疑獄，發奸如神。有武弁子挾數金，同儒生飲肆中，夜弁子被殺，無主名。有司疑同飲生，酷訊誣服。進疑之，念必酒肆中人，托他事徧取商曆閱之，見酒家市布數十，價稍厚，乃武弁子死次日也。進曰：“得之矣。”一訊，遂服。嘗監試鄉闈，同事者欲私一貴介，進厲聲曰：“天下事廢盡公道，獨此事存耳。公欲壞之耶？”言者慚阻〔一〕。至是，巡撫大同，數條邊事，戎政修明，北虜懾服。

以秦紘爲左副都御史，總督漕運。

紘先爲户部侍郎，忤權貴，降廣西參政。王恕重其剛正，特薦起之。

三月，帝視太學，謁先師。

起用降謫主事張吉、王純，中書舍人丁璣，進士敖毓元、李文祥。

吉等並以言事遠謫。南京吏部主事儲瓘上言："五人者，既以直言徇國，必不變節辱身。今皆棄之蠻烟瘴霧之鄉，與死爲伍，情實可矜。若寘之風紀論思之地，言論風采，必有可觀。"上可其奏，皆得召還。

追贈故少保于謙太傅，謚肅愍，建祠祀之。

給事中孫需等言："謙有社稷功。"遂有是典。

初開經筵。

少詹事楊守陳上《講學勤政疏》，略曰："陛下御極以來，屏棄珍玩，放遠奇邪，登用正人，聽納忠諫，躬覽章奏，持此不倦，可幾堯舜。然正始猶易，保終實難。若内養弗深，外資弗博，銳志少懈，欲心漸滋，有初鮮終，可爲深慮。伏願遵祖宗舊制，開大、小經筵以講學，御早、午二朝以聽政。經筵，必擇端介博雅之儒進講。未明，輒賜清問，必待聖心洞悟而後已。午朝政事，令群臣口奏略節，面領裁斷。軍國重務，則召大臣從容面議，仍許諫官對仗糾駁。大抵一日之間，居文華殿之時多，處乾清宫之時少，使賢才常接于耳目，視聽不偏于左右，則欲寡而心清，惑袪而理徹，内外交修，始終如一，以致盛治，易于反掌。若但如近日講學、視朝故事，凡百題奏，皆付宦寺批答。臣恐積弊未鏟，後患難測，不但如前所慮而已。"上嘉納之。

王恕亦奏言："正統以來，每日止一朝。臣下進見議事，不過片時。主雖神聖，豈能盡察？不過寄聰明于左右，左右之人豈能盡識大臣之賢否？或得之毀譽之口，或出于好惡之私，未免以直爲枉，以枉爲直。願日御便殿，召諸大臣咨詢治道，謀議政事，非惟可以識大臣才品，亦可以啓沃聖心，而進於高明矣。"

夏四月，天壽山大風，雨雹。

萬安、尹直敗，劉吉阿結科道，昏夜款門，祈免彈劾。又建言掌科道官，當不次超遷。諸言官喜其柔媚，遂無劾吉者。左庶子張昇因天變上疏，言："天意示警，由輔佐非人所致。劉吉與萬安、尹直同惡相濟，安與直以次罷遣，惟吉偃然獨存，恐言官發其奸，遂欲超遷科道，柔佞取悦，無所不至。自是科道無復肯言，而群臣靡然附之。陛下方日御經筵，虛心聽納。吉以患失鄙夫爲講官領袖，臣與之旋進旋退，實切汗顏。先時，貴戚萬氏依憑宮闈，凶焰熏灼。吉與締姻，請托公府，賂入私門。李林甫之蜜口腹劍，賈似道之牢籠言路，吉實合而爲一。"因數吉十罪，請亟譴斥，以回天意。疏上，御史魏璋等阿吉意，交章劾昇。左遷昇南京工部員外郎。

六月癸巳朔，日有食之。

僧繼曉伏誅。

給事中林廷玉言："妖僧繼曉罪惡貫盈。雖已斥逐，然盜竊賞賚，家資鉅萬，日擁美姬自娛。元惡漏網，非所以昭法典、示鑒戒。"上納其言，遣使捕之。時繼曉居湖廣，猶猖縱。左布政使黃紱曰："繼曉以妖術，故不離上左右。今得罪避出，名掃墓，實逸賊。"乃檄武昌府館之後堂，無令得出入。俄使者至，檻送京，伏誅。

虜把禿猛可可汗死，阿歹立伯顏猛可爲可汗。

成化中，北虜瓦剌獨强，小王子次之。二種反復相殘，並陰結朵顏，伺我塞下。即貢馬，亦相繼往來。恐中國左右，以故雖深入，自相猜，不能久留内地。未幾，滿都魯衰弱，而把禿猛可王屢遣人貢馬。及是，把禿猛可死，弟伯顏猛可代，爲小王子。虜中以王幼，恐太師專權，遂不復設太師。伯顏猛可及其酋長與瓦剌酋亦遣人貢馬。許進貽書猛可，言通貢之利。猛可憚進威名，奉約謹，貢使至塞，皆下馬，脱弓矢，入館。進亦嚴兵待之，邊患少紓。

秋七月，禁奪情起復。

王恕奏言："三年之喪，所以報本。古聖人緣情制禮，萬世不易。高皇帝酌古定制，凡文職聞父母喪，悉令守制，所以教之孝也。守制止於二十七月，所以示之有終也。今乃有奪情起復者，貪禄位之榮，虧忠孝之節，污玷聖治，敗壞士風。乞著爲例，今後非身任金革，勿得奪情。違者，以匿喪論。"制曰："可。"

八月，詔議孔廟從祀。

禮科給事中張九功請罷荀況、馬融、王弼從祀，進祀薛瑄。

少詹事程敏政亦言："馬融爲南郡太守，以貪濁免官，髡徒[二]朔方。代梁冀草奏，殺忠臣李固。劉向喜神仙方術，嘗上言：黄金可成，鑄作不驗。所著《洪範五行傳》最爲舛駁，使箕子經世之微言，流爲術家之小技。賈逵不修小節，附會圖讖，以致貴顯。王弼倡爲清談，以亂晋室，所注《易傳》祖述老莊。何休《春秋解詁》黜周王魯。戴聖治行不法，身爲贓吏。王肅以女適司馬昭，輔成篡逆。杜預守襄陽，數饋遺洛中貴要。伐吳之役，因斫癭之譏盡殺江陵之人。爲吏不廉，爲將不義。此數人者，皆得罪名教，宜罷祀。鄭衆、盧植、鄭玄、服虔、范寧五人，雖無過舉，然所行未能窺聖門，所著未能發聖學，宜祀于鄉。孔子弟子，見於《家語》者七十六人。而司馬遷《史記》所載，多公伯寮、秦冉、顏何三人。文翁成都廟壁所畫，又多蘧瑗、林放、申棖三人。公伯寮愬子路以沮孔子，乃聖門蟊螣。而孔子稱瑗爲夫子，決非及門之士。林放雖嘗問禮，然《家語》《史記》俱不載諸弟子之列。申棖、申黨，宋刑[三]昺以爲一人。宜存棖去黨，祀瑗於衛，祀放於魯，而罷公伯寮、秦冉、顏何。洪武中，用行人司副楊砥議，黜揚雄，進董仲舒。荀況、揚雄實相伯仲，而況以性爲惡，以禮爲僞，以子思、孟子爲亂天下，其併黜況。尚有可議者二人，文中子王通、宋儒胡瑗是也。兩人師道之立，百世如新，宜加封爵，祀于學宮。子雖齊聖，不先父食。今顏、曾、子思配享堂上，而父坐廡下，非所以明倫也。若以爲論傳道之功，則自古及今，未有外人倫而言道者，恐諸賢冥冥之中不享非禮之祀。宜別立祠祀啓聖公，而以顏無繇、曾點、孔鯉、孟孫氏配，而以程父珦、朱子父松從祀。"下廷議。倪岳言："馬融、王弼之徒，立身不無可訾。然自秦以來，六經煨燼，賴諸子抱遺經專門講授，經以復存。今之經傳，尚多引用其説，何可盡廢？"於是，從祀咸仍其舊云。

八月，以楊繼宗爲僉都御史，巡撫雲南。

九月，以户科都給事中陳壽爲大理寺丞，尋調南京光禄少卿。

  壽在科，閱宣大，巡牧馬草坊，中官不法者，抗章劾之，請置諸法。又極論萬貴妃兄弟及梁芳、繼曉輩怙寵撓國是，被逮繫詔獄，尋得釋。上即位，上封事指斥貴近，無所忌避。及遷大理，爲忌者所指摘。王恕疏救之，稱其正色敢言。劉吉擬旨，竟調南京。

冬十月，禮部尚書周洪謨致仕。

洪謨在禮部，嘗言："《書》蔡氏傳'璿璣玉衡'。非是，以故占步不合，乞更定。"又言："西番烏思藏合諸族入貢徼賞，逾舊額，歲益至三四千人。河西諸番復詭烏思藏族，益不可詰。請視倭夷例，給與符二十道，每貢書使名及貢物，識以金印，至闕驗納，否則斥去。"成化末，月當食不食。衆議宜賀。謨言："陰盛，故不可賀。"竟不賀。至是，以疾致仕。

以兵部郎中陸容爲浙江參政。

容在職方時，邊報旁午，章奏日三四上，皆中肯綮[四]。事下九邊，邊人驚服。中官李良典御廄，爲指揮王欽、梁宏乞升都督僉事，上許之。容上疏，極論都督武官極品，不宜授無功。良招權市恩，當正典刑。疏兩上，事竟寢。上登極，上疏論八事曰：儲養台輔，教導勛戚，愛惜人才，久任巡撫，經理武衛，選練禁兵，均平鈔法，慎重會議。言多懇切。劉吉柄國，謂容侵官，銜之。容以望宜內遷，竟出爲參政。容至浙，尤有聲。既竟以考察去位，士論憤惜。容有經濟大志，于經史、百家及禮樂、兵刑之制無不通曉。著述甚富，有《式齋稿》、《菽園雜記》等書。

調南京給事中方向等外任。

上初召王恕，南京科道舉恕入相。上曰："朕用蹇義、王直故事委恕，若有謨議，亦無不從。"劉吉深銜之。恕在吏部，裁抑僥倖，褒獎名節，甄拔淹滯，中貴無敢以私干。吉每有所軒輊，恕亦侃侃，不輒撓。南京守備蔣琮與南京科道相訐奏。吉報前恨，擬旨，給事中方向等貶謫殆盡。琮自如恕言，宫府一體，不宜異同。不報。

召南京兵部尚書耿裕爲禮部尚書。

以黃紱爲副都御史，巡撫延綏。

綏至延綏，劾貪懦將卒，撫恤士卒。一日，出見川中飲馬婦，尺布蔽下體，嘆曰："我爲巡撫，令健兒貧至此，何面目臨其上？"歸，急發餉金三月。軍中感泣，願盡死。時有詔汰僧尼，綏悉以尼配無妻軍士。後去延綏，有携子女拜送路傍者。

十二月，土魯番殺忠順王罕愼，復據哈密。

　　阿黑麻言："罕愼非脫脫族，安得王哈密？"欲殺罕愼，畏，未敢發。乃好語求爲聯姻，罕愼信之。阿黑麻至哈密，誘罕愼結盟，遂殺罕愼。

己酉，二年二月，兵部尚書余子俊卒。

　　子俊嘗曰："大臣事君，當隨事盡力。凡有建樹，即近且小，亦必爲百年之計。"又曰："大臣謀國，遇有大利害，當以身任之。豈得養交市恩，爲遠怨自全之地？"卒，贈太保，諡肅敏。

中書舍人吉人下獄，削籍，謫兵部主事李文祥爲貴州興隆衛經歷。

　　文祥既召還，授兵部主事。居十餘日，會吉人以言事下獄。有希劉吉意媒孽文祥者，言文祥前疏，妄議輔政。遂并逮詔獄，降爲衛經歷。未幾，進表南還，至商河城，曲河決，溺死，時年三十，人皆惜之。

逮御史湯鼐及壽州知州劉概、庶吉士鄒智于獄。

　　先是，鼐以印馬詣内閣，會敕言："新政之初，公等柄國，鮮所匡益。"萬安謬謝曰："我輩竭力贊襄，奈上不從何？"鼐退，即以其語劾之，謂："安等歸過于君，無人臣禮。"疏留中，已安、直俱罷。吉深銜之，使門客徐鵬唆御史魏璋以殊擢，使伺鼐。鼐家壽州，知州劉概與書言："嘗夢一人牽牛陷澤中，鼐提牛角出之。人牽牛，象國姓，此國勢瀕危，賴公復安之兆也。"鼐出書示客。璋即劾之，謂其妖言誹謗，并連及鄒智，俱下詔獄。智囊三木，僅餘殘喘，神色自若，獄官苦訊，無所屈。書詞曰："智與蕭等來往相會，或論經筵，不宜大寒大暑輟講；或論午朝，不宜一事兩事塞責；或論紀綱廢弛；或論風俗浮沉；或論生民憔悴，無賑濟之策；或論邊境空虛，無儲蓄之具。"議者欲處以死。王恕疏救之。刑部侍郎彭韶辭疾，不判。徐溥亦力言："吾輩不可使朝廷有殺諫臣名。"乃獲免，左遷廣東石城吏目。毅然就道，衣結履穿，幾不能存。親識饋遺，堅却不受。蕭與概俱謫戍河西。大理評事夏鍭上言："臣伏見主事李文祥、庶吉士鄒智、中書舍人吉人、御史湯鼐，皆以言得罪。夫言官無流竄之禍，則不足以彰其譽，罪愈重則名愈高。是言者之得罪，雖罹目前之禍，亦成身後之名，俱非人主之福耳。人主若能容之，則名固歸于人主矣。此實大學士劉吉誤陛下。吉之奸，不減萬安、尹直，陛下豈可聽之？"疏奏，留中，遂謝病歸。

以左都御史馬文升爲兵部尚書。

召總督兩廣右都御史屠滽還，掌院事。

太常寺請復傳升官，不許。

太常寺掌寺事、禮部尚書劉岌奏："缺官供祀，乞復司樂徐啓端等。"王恕上言："先時奔競無恥之徒，夤緣內豎，傳升京職至以千數，名器大壞，物議不平。陛下嗣位之初，首罷傳升，人心痛快。今劉岌復爲徐啓端等陳乞，是爲傳升官立赤幟也。用一人，則數千人將接踵而至。朝廷清明之政，從此壞矣。宜明正其罪，以戒將來。"事遂寢。

三月，以吏部右侍郎楊守陳兼詹事府丞，掌府事。

命刑部侍郎彭韶巡視浙江。

時，浙江不靖，敕韶巡視。韶劾罷不職守臣，誅其巨魁，事遂定。戶部言鹽法阻壞，即敕韶理鹽法。韶上疏，備陳竈戶之苦，繪圖以獻。

以張悅爲吏部侍郎。

悅，華亭人。少凝静，篤學力行。居官，奉職守法，以不欺爲本。由刑部郎提學浙江，始糊名校士已，嘆曰："我且自疑，人誰信我？"請托，屹不爲動。上初即位，諸大臣率求去。悅時爲工部侍郎，獨不可，曰："更新之始，正當竭忠報國，豈忍言去？"尋改禮部。至是，改吏部。王恕重悅，深相倚信。

以秦紘爲右都御史，總督兩廣軍務兼巡撫。

四月，以鄧廷瓚爲副都御史，巡撫貴州。

廷瓚，巴陵人。初爲淳安令，有惠政。不求赫赫名，終九載無知者。巡撫張鵬始識之，薦知梧州。母憂去，起補程番。程番在萬山中，夷獠雜處，難治。廷瓚悉心規畫，敷政公平，夷皆服悅，田不逾界，市不二價，四境晏然。累官山東布政。至是，貴州黑苗叛，乃以廷瓚爲巡撫。

五月，河決汴城，入淮。復決黄陵岡，入海。

以右副都御史戴珊撫治鄖陽。

改刑部侍郎彭韶爲吏部左侍郎。

六月，京師大水，詔録囚徒，求直言。

八月，土魯番入貢。

阿黑麻遣使入貢，詭言罕慎病死，國亂。求爲哈密王，且請通使。馬文升議："遣使和好，雖北虜未有。且阿黑麻自有分地，難復主哈密。至入貢，則有常例，在所不拒。請下璽書切責。"阿黑麻怒，謀欲勒兵近塞要求。其酋牙蘭曰："哈密去吾土千餘里，敵國輻輳，遠出已難，況又近塞乎？今既殺其國王，則夷漢之心皆怒。若合謀并進，非我利也。不如乘勢還城、印以款之，再圖後舉。"阿黑麻以爲然。

以周經爲禮部右侍郎。

以孔鏞爲田州知州。

鏞平生以忠信自勵，所至有聲績。至田州纔三日，峒獠倉卒犯城，郡兵盡調發，衆議閉門守。鏞曰："空城豈能支？祇應諭以朝廷恩威，庶自解耳。"衆難之，鏞曰："此吾城也，吾當獨行。"衆諫阻，不聽。請從以土兵，又不聽。單騎，令二人控而前。賊遮馬問故，鏞曰："我新太守也。當至爾峒，有所言。"既至，賊露刃出迎。鏞下馬，立其廬中，顧賊曰："我乃爾父母，當以禮見。"賊羅拜。鏞曰："若曹本良民，迫於饑寒，圖救死耳。前官不察此，動以兵相加。我今奉朝命來，作汝郡守，視汝猶子，不忍戕害。汝若能從我，當宥汝罪。以穀帛資汝，爾後無復劫掠。若不從，可殺我。官軍來問罪，汝無遺類矣。"衆錯愕，曰："誠如公言。公誠能相恤，請公終任，不敢犯。"鏞曰："我餒矣。"索食。食已，復曰："暮矣，當即宿此。"賊皆驚。鏞酣寢，達旦，曰："吾歸矣，爾等能從往取粟帛乎？"鏞出峒，賊數十騎從。及城，止送者門外，取穀帛從城上投與之。賊謝而去，迄鏞終任，不復出。

十月，吏部右侍郎楊守陳卒。

守陳性恬澹，官五品十六年，泊然自處，未嘗求進。當事有欲援之者，使所親喻意，守陳謝却之，曰："吾嫠婦也，守節三十年。今老矣，豈白首而改耶？"嘗被命教內豎，多貴幸用事，與守陳同事者，率因之進取，守陳獨無所藉。嘗言："國可滅，史不可滅。靖難後不紀建文君事，遂使當年朝政及死事諸臣皆湮沒不傳。及今搜采，猶可補國史之缺。景帝已復位號，而《英宗實錄》猶書'郕戾王附'，是宜改正。"草奏欲上，以病不果。卒，贈禮部尚書，謚文懿。

命州縣選民兵。

　　天順初，令招募民壯，官給鞍馬、器械，免糧五石，戶二丁人，以資供給。至是，令州縣選精壯民兵，年二十以上、五十以下者。州縣七八百里者，每里二名；五百里者，每里三名；三百里者，每里四名；一百里以上者，每里五名。四時操練，遇警調遣，官給行糧，餘如天順年例。

十二月甲申朔，日有食之。

庚戌，三年正月。

致仕大學士劉珝卒。

　　珝美丰容，善談論，秉心不疑，直亮無矯飾。卒爲萬安所排，不得行其志。卒，贈太保，謚文和。

二月，封后父張巒爲壽寧伯，尋進爲侯。

三月，賜進士錢福等及第出身有差。

四月，河決原武，遣戶部左侍郎白昂治之。

　　河決原武，支流爲三，一決封丘金龍口，漫于祥符、長垣，下曹、濮，衝張秋長堤；一出中牟，下尉氏；一汜溢于蘭陽、儀封、考城、歸德，以至于宿。瀰漫四出，不由故道，禾盡沒，民溺死者衆。議者請遷河南藩省，以避其害。左布政徐恪力言其不可，乃止。命昂往治之，昂舉南京兵部郎中婁性協治。乃築陽武長堤，以防張秋，引中牟之決以入淮，濬宿州古汴河以達泗，自小河西抵歸德飲馬池，中經符離橋一帶，皆濬深廣，又疏月河十餘，以殺其勢，塞決口三十六。由是河入汴，汴入淮，淮入泗〔五〕，以達于海，水患稍息。昂又以河南入淮，非正道，恐不能容，乃復自魚臺歷德州至吳橋修古河隄。又自東平北至興濟鑿小河十二道，引入大清河及古黃河以入海。河口各作石堰，相水盈縮，以時啓閉焉。

六月，伯顏猛可入貢。

秋七月，以謝鐸爲南京國子祭酒。

　　鐸上"修明教化"六事，曰：擇師儒，慎科貢，正祀典，廣載籍，復會饌，均撥歷。其"正祀典"曰："孔廟從祀之賢，萬世瞻仰所繫。楊時息邪放淫，承孟氏之傳，啓晦翁之派，雖晚節一出，不克盡行其言，而力闢新經，足衛聖道。乃不得預從祀之列，臣竊惑焉。吳澄生長於淳祐，貢舉於咸淳，受宋之恩已如此其久。爲國子司業，爲翰林學士，歷元之官乃如彼其榮。迹其所爲，曾不及洛邑之頑民，何敢望首陽之高士？乞升時斥澄，庶於公論允愜、世教有補。"不報。

八月，以侶鍾爲副都御史巡撫江南，總督糧儲。

九月，撒馬兒罕貢獅，却之。

　　內臣韋眷誘撒馬兒罕道南海貢獅。倪岳上言："海南通占城、真蠟、暹羅諸國，非西域貢道。宜斥還，勿納。"上從之。

閏九月，命副都御史王繼巡撫陝西。

十一月，有星孛于天津。詔求直言。

　　彭韶上言"正近侍、慎官爵、厚根本、減徭役"四事。"正近侍"曰："內官出入左右，言語輕重，能爲禍福，人所畏憚。今軍餉、匠作，盡付其手，虛名實支，誰能詰之？凡有章奏，先允後下，該部承行，不復審處。及至犯法，多從寬宥。第宅逾制，服食奇侈，聲勢移人，望風震懾，於斯極矣，亟宜懲戒。"又言："午朝奏事煩瑣。大政，願陛下執要。午朝惟議經邦急務。餘事關六曹者，令所司開列，御左順門，同輔臣面議可否。既不廢午朝之典，又可率作群臣。"

　　倪岳上言"減齋醮，省供應，罷營繕"等八事，大略言當今財匱民貧，宜務節儉，以爲天下先。又宗室分封日增，額外設官愈濫，民安得不困？宜以時裁約。上悉嘉納。

十二月，以林瀚爲國子祭酒。

以張敷華爲副都御史，巡撫山西。

敷華，安福人。方毅坦直，負時名。初參議浙江，有礦盜，衆議用兵，敷華力主撫。執渠魁數人，餘黨解散。遷湖廣布政，會大飢，給粟散粥，高値來商，民以不困。至是，巡撫山西，未幾憂去。服闋，仍補任。請增解池鹽課，給藩祿。又請太原北可車行者，致米大同給軍，邊餉以充。

以樊瑩爲平陽知府。

瑩先任松江，有善政。母憂，去官。上初即位，詔天下舉異才。南京工部侍郎黃孔昭以瑩應詔，稱其明愼廉潔，堪任臺憲。王恕聞之，喜曰：「薦人當如是矣。」將驟用之，未果。乃起知平陽。

辛亥，四年正月。

禁胡服、胡語。

刑部尚書何喬新上言：「京師首善之地，尚仍勝國遺習，胡服、胡語未能盡革。乞下令禁止。」從之。

三月，何喬新致仕，以彭韶爲刑部尚書。

喬新在刑部，執法嚴毅，權貴請托，一切不得行。時，御史鄒魯橫，欲躐得大理丞。喬新薦用其屬郎中魏紳，魯恨之。會喬新外家與鄉人訟，魯遂誣喬新得金錢，與行賂，輒下上其手。劉吉素銜喬新，從中主之。喬新引咎辭位，遂下諸根連人詔獄窮治，無實迹。喬新竟不安其職，請老去。

兩廣總兵官、安遠侯柳景，總督、右都御史秦紘並下獄，景奪爵，紘致仕。

景在鎮貪暴不法。紘劾其狀，逮景下刑部獄。刑部鞫景，奸贓巨萬，抵景法，褫其爵。景摭他事誣紘，紘亦被逮，坐免。景贓方入八百兩，援壽寧侯爲請，忽内降蠲旨。彭韶上言："景贓十未及一，特恩蠲宥，贓既可免，他日爵位亦可營復。爵位既復，遂可營求征鎮。奸回藉口，良善解體，非國家之利也。"不聽。

以戴珊爲刑部右侍郎。

夏四月，南京國子祭酒謝鐸致仕，以章懋爲南京國子祭酒。

起右副都御史鄧廷瓚提督貴州軍務。

六月，南京工部侍郎黄孔昭卒。

　　孔昭讀書窮經，志潔行修，沉靜自守，嬉謔不見于容。張悦稱其"重如山，不依勢以動；介如石，不逐物以移"，殆近之矣。嘉靖中，贈禮部尚書，謚文毅。

七月，以右副都御史韓文巡撫寧夏。

北虜遣使貢馬。

秋八月，《憲宗實録》成。進劉吉少師、華蓋殿大學士，徐溥太子太傅、户部尚書、武英殿大學士，劉健禮部尚書、文淵閣大學士。

九月，皇長子生。

劉吉罷。

　　時，上欲封后弟伯爵，命吉撰誥券。吉欲略，乃言："必盡封二太后家子弟乃可。"上怒，使中官至其家，勒令致仕去。初，吉屢被彈章，仍進秩，人稱"劉綿花"，謂其愈彈愈起也。或告吉，以爲出自一老舉子。吉因奏："舉人三次不中者，不許會試。"至是，吉出城，兒童、走卒群指之曰："綿花去矣。"舉人會試禁限亦除。

以周經爲吏部侍郎。

冬十月，以禮部尚書丘濬兼文淵閣大學士，直內閣。

濬上《時政疏》，曰：“成化間，彗星三見，徧掃三垣，地無慮五六伯震。邇者彗見天津，地震、天鳴無虛日。且異鳥三鳴於禁中。考諸經史，天變莫大於彗孛，在三垣、三台尤重；地變莫大於震動，在京師、邊防爲急。矧禽鳥動物，得氣之先。《春秋》二百四十二年，書彗孛者三，地震者五，飛禽者二。今乃屢見於二十五、六年之間，變不虛生，必有其應，天人相與，甚可畏也。臣願體上天仁愛，念祖宗基業，端身以正本，清心以應務。謹好尚，勿流於異端；節財費，勿至於耗國；公任用，勿失於偏聽；禁私謁，以肅內政；明義理，以絕神奸；慎儉德，以懷永圖；勤政務，以弘至治。庶可以回天災，消物異，帝王之治可幾也。”《疏》凡十餘萬言。

十一月，興王徙封安陸。

改南京户部尚書黃紱爲南京都察院左都御史，起秦紘爲南京户部尚書。

秦紘既罷，給事中張九功等屢疏，言：“紘去，非其罪。請召紘。”不報。王恕上言：“柳景已蒙恩宥，而獨不及紘。殃民者見原，祛害者得斥，賞罰無章，何以服人心、勵將來？且紘廉直忠正，有大臣之節，宜從公論召還。”上乃改紱都察院，而以紘代紱。

錦衣衛都指揮使朱驥卒。

驥少貧，以父任爲百户，落魄不爲人所知。常給事于謙門下，謙奇其貌，以女妻之。謙死，坐累戍邊。成化初，得還，累遷都指揮使，掌衛事。驥性寬厚，涉書史，通大義，爲政不苛。

時，重妖言禁妖人。真惠僞書惑衆，爲邏者所發，株連數百人，皆當坐死。驥曰："首事者獨惠耳，愚民何辜？"得減戍。有衛卒偵其鄰人傳示妖書者，發其事，覬賞。驥斥之曰："此妄耳。"取書焚之。凡制獄下錦衣衛者，所司輒以巨杖厲威，驥獨否。憲宗嘗命撻忤旨者，或譖其用小杖。上怒，遣中使詰責。驥具以實對，卒不易。治錦衣二十餘年，時論賢之。

封皇太后兄王源爲瑞安伯，弟清崇善伯，澋安仁伯。

壬子，五年春二月，封陝巴爲忠順王，入哈密。

馬文升言："哈密有回回、畏兀兒、哈剌灰三種，共居一城，不相下。北山又有小列禿、野乜克力數種強虜，時擾哈密。必得元遺孽嗣封，理國事，庶可懾服諸番，興復哈密。不然，西邊未得休息。"乃立定安王族孫陝巴爲忠順王，令頭目奄克孛剌、阿木郎輔之，入哈密。陝巴非忠順裔，土魯番不服。

三月，立皇長子爲皇太子，大赦。

錄開國功臣後。

詔曰："太廟元祀功臣，皆佐太祖平定天下，有大勳于國家。今其子孫不霑寸祿，夷于氓隸，朕甚憫焉。其予爵位，俾奉先祀。"於是，開平王常遇春曾孫復、寧河王鄧愈玄孫炳、岐陽王李文忠支孫濬〔六〕、東甌王湯和玄孫紹宗，俱授南京錦衣衛指揮使。誠意伯九世孫瑜，處州衛指揮使。先是，景泰中，錄基七世孫，與顏、孟二氏後並爲翰林院五經博士。至是，給事中吳仕偉言："誠意伯功臣，其後不當爲博士。"乃改是職。

夏四月，命巡撫貴州副都御史鄧廷瓚提督軍務，鎮遠侯顧溥爲總兵官，討貴州蠻，平之。

黑苗久叛，勢益猖獗，守臣告急。上命廷瓚與溥討之。廷瓚始招撫之，不從，決策征剿。兵至其地，號令嚴明，將士用命，斬首六千，俘二千，寇平。廷瓚奏言："都勻、清平舊設二衛所，屬九長官司。其人世祿驕縱，稔惡釀患，致夷人侵地劫貨、狂逞無忌四十餘年。軍疲于戍守，民困于轉輸。今幸黨惡削除，非大更張，不能保境安民。"條上十一事，下兵部議，始設都勻府一，獨山、麻哈州二，清平縣一，更設流官與土官兼治，苗患始息。

六月，廢荊王見潚爲庶人，徙置武昌。

見潚在國驕縱不法，上遣駙馬蔡震、都御史戴珊召至京，并其長子祐柄降庶人，遷置武昌。

秋七月，河決張秋。

八月，張巒卒，追贈昌國公，命其子鶴齡襲封壽寧侯。

始開鹽商納銀例。

國初，鹽課俱于各邊開中，鹽一引輸粟二斗五升。富商大賈自立堡伍，出財招游民，墾邊地，藝菽粟。歲時屢豐，粟賤，至每石僅易銀二錢。至是，戶部尚書葉淇，淮安人，鹽商皆其親舊，與淇言："商人輸粟二斗五升，支鹽一引，其實止銀五分耳。而赴邊上納，有遠涉之苦。若更法，納銀運司，即高其值，商亦樂輸，所入必倍。"淇然之，言于大學士徐溥。溥與淇善，力主其說，遂變法。商人中鹽，輸銀運司，解戶部，分發各邊，鹽一引課銀四錢二分，獲利數倍于昔。而赴邊輸粟之法遂廢，邊地日以荒蕪，粟價騰踴，餉漸不足矣。

癸丑，六年春正月，詔考察被黜官未及三載者悉復任。

時，吏部考察，當黜者幾二千人。丘濬以爲非唐虞九載三考之法，亦非祖宗舊制，乃請"凡歷官未三載者，且復任。任雖經一考，非貪酷顯著者，且勿斥。"一時不肖者皆喜。自是，貪殘吏日肆矣。

二月，以韓文爲副都御史，巡撫湖廣。

三月，以劉大夏爲副都御史，治張秋決河。

以衢州孔彥繩爲世襲[七]翰林五經博士。

賜進士羅欽順等三百人及第出身有差。

旱，求直言。

六月，吏部尚書王恕致仕。

　　恕在吏部，持正不肯徇人，丘濬忌之。太醫院判劉文泰素出入濬家，援例求進，事下吏部，恕格不行。文泰因憾恕，訐奏恕"變亂選法"。恕上疏自劾，上留恕，下文泰于獄，降御醫。恕力求去，遂致仕。時謂文泰之奏，濬陰囑之。於是，言官交章劾濬媚嫉妒賢，乞賜罷黜。上不聽。

改禮部尚書耿裕爲吏部尚書，加太子太保。以禮部侍郎倪岳爲禮部尚書。

秋七月，兵部尚書馬文升請改北嶽于渾源州。

　　文升上言："自舜封十二山，恒爲北嶽，在今大同府渾源州。三代而下，歷秦、漢、隋、唐，俱于此山致祭。至五代，失河北宋有天下，未能混一，遂祭北嶽于曲陽。俗傳有飛來石之説，蓋宋建都於汴，而真定在汴北，是亦不得已權宜之道也。我朝因循，未曾釐正。今渾源州北嶽廟址猶存，故老猶能傳識。請北嶽於此致祭，庶數百年缺典正於今日。"下禮部議，尚書倪岳言："北嶽祀于曲陽，歷漢至今二千餘年，不可輒改。"上從之，事遂寢。

南京右都御史黃綖致仕，以張悦爲南京左都御史。

刑部尚書彭韶致仕。

詔在刑部，執法不阿，左右及戚畹皆不悦。徐溥亦忌之，遂辭疾，乞致仕去。

京師大雨雹。

八月，以白昂爲刑部尚書，周經爲吏部左侍郎，吳寬爲吏部右侍郎。

冬十月，土魯番侵哈密，執陝巴以歸。命兵部侍郎張海、都督侯謙，經略哈密。

時，諸番索陝巴犒賜不得，阿黑麻又恨阿木郎剋減賜物，掠其牛馬，遂入哈密，殺阿木郎，虜陝巴及金印去。丘濬謂馬文升曰：“哈密事重，須公一行。”文升曰：“方隅有事，臣子豈敢辭勞？但西域賈胡慣窺利，不善騎射。古未有西域能爲中國大患者，徐當靜〔八〕之。”諸大臣亦言文升不可去朝廷。請敕張海及侯謙行視經略。海至河西，遣使諭阿黑麻，令歸陝巴、金印。阿黑麻不報。海乃修加〔九〕峪關，捕哈密點夷通阿黑麻者二十餘人，戍廣西，而請絕西域貢。

甲寅，七年正月。

興王之國安陸州。

二月，河復決張秋，遣平江伯陳銳、宦者李興同劉大夏治之。

大夏既受命，循河上下千餘里，相形勢，察利害，乃集山東、河南二省守臣上議曰：“河性湍悍，張秋乃下流襟喉，未可輒治。宜於上流分導〔一〇〕南行，復築長堤御橫波，且防大名、山東之患。候其循軌，而後決可塞也。”疏上，報可。工方興，張秋東隄復決九十餘丈，奪運河，水盡東流，由東阿舊鹽河入于海。糧運愆期，訛言騰沸，謂河不可治，宜復元海運。或謂陸輓雖勞，無虞。乃復命興等往。于是，河南巡撫徐恪上疏曰：“河决張秋，長奔入海。上屢聖衷，敕大夏治之。功雖略施，力猶未竟。不意伏流潰溢，遂爾中止。或者以黃陵岡之塞口不合，張秋之護隄復壞，遂謂河不可治，運道不可復，至有爲海運之說者，似以一噎而廢食。夫黃陵岡口非終不可塞也，以修築隄防之功多，疏浚分殺之功少，河身淺隘，水無所容，故其湍悍之勢不可遽回耳。今宜多發丁夫，用力疏浚。一浚孫家渡口舊河，下至南頓，使之由泗入淮，以殺上流之勢；一浚黃陵岡賈魯舊河，下至梁進口，使之由徐入淮，以殺下流之勢。水勢既殺，則決口可塞，運道可完。但既疏之後，不能保其不復淤；既塞之後，不能保其不復決。論事者必從而訾其後，此任事之臣畏首畏尾，而不敢竟其策也。倘百年運道一旦阻絕，舍逸就勞，出易入難，民力必有大不堪者。計其所費，比之今日之修河，又不知其幾萬倍也。成大事者，不惜小費；就遠圖者，不計近功。伏望斷自宸衷，早賜裁決。幸甚。"

下山東按察副使楊茂元于獄，謫長沙府同知。

茂元上疏言："官多則民擾。治河既委劉大夏，又遣李興、陳銳，事權分而財力匱。乞召還興、銳，專委大夏。"且謂："水，陰氣也。其應爲宮閫、爲夷狄，宜戒后戚，防邊患。"疏上，興等銜之，誣奏茂元爲妖言，逮下錦衣獄。廷臣交章論救，乃謫長沙同知。茂元，守陳子也。

論貴州平蠻功，顧溥加歲祿，鄧廷瓚升右都御史。

三月己卯朔，日有食之。

張海、侯謙還，下獄。

上以海、謙無功，不俟命輒還，逮下錦衣獄，謫海山西參政，謙閑住。

以右副都御史熊繡巡撫延綏。

夏四月，閉加〔一〕峪關，絕西域貢。

通事王興言："罕東及野乜乞里計夷怨土魯番次骨，可撫而用之。西域諸國方倚互市爲利，若閉關謝西域，毋與通，彼必歸怨阿〔一二〕黑麻。如是則土魯番之勢孤，自保不暇，安能有哈密？"馬文升然其計，乃上言："阿黑麻恃其桀悍，輕中國，不大創不戢。請安置其使寫以滿速兒等于閩廣，閉關，絕西域貢使，歸怨土魯番，以離其黨，而後可圖也。"上從之。

五月，宣府、山西、河南晝星隕。

秋七月，以許進爲僉都御史巡撫甘肅。

時，哈密事急，求可任經略者。馬文升乃薦進，遂用之。

八月，加徐溥少傅、吏部尚書、謹身殿大學士，丘濬少保、戶部尚書，劉健太子太保，並兼武英殿大學士。

虜寇陝西。

乙卯，八年春二月，大學士丘濬卒。

濬穎悟絕人，無書不讀。自少至老，手不釋卷，尤熟國家典故。政事可否，反覆與大臣、言官爭是非，即未必一一中適，然不肯婥婀取悅。好議論，上下千古，時出意見，矯衆論，能以辨博濟其說，人莫能難。如論秦檜，稱其於宋有再造功，范仲淹生事，岳飛未必能恢復，皆怪詭可駭。其絕元正統，斥許衡不當仕元，皆正論也。卒，贈太傅，謚文莊。所著有《大學衍義補》諸書行于世。

以禮部侍郎李東陽兼侍講學士，少詹事謝遷兼侍讀學士，並直文淵閣。

張秋堤成，召劉大夏爲戶部右侍郎。

大夏發丁夫數萬，於黃陵岡南，浚賈魯舊河，分殺水勢。又於孫家渡口，別開新河一道，導水南行，由中牟至穎[一三]州，東入于淮。又浚四府營淤河，由陳留至歸德，分爲二派：一由宿遷縣小河口，一由毛[一四]州渦河，會於淮。築長堤，起河南胙城，經滑、長垣、東明、曹、單諸縣，盡徐州，長三百六十里，五旬而事竣，河始安流。乃召大夏，入爲戶部右侍郎。

占城請討安南。不許。

時，占城爲安南侵擾，請賜詰問。下廷議，徐溥、李東陽上言："《春秋》：'王者不治夷狄。'安南雖奉正朔，修職貢，然負險恃固，積歲已久。使臣若往，小必掩過飾非，大或執迷抗命。若置而不問，損威已多；即問罪興師，貽患尤大。宜勿聽。"乃止。

土魯番酋阿黑麻自稱可汗，復入哈密。

阿黑麻復入哈密，自稱可汗，大掠罕東諸夷。諜言："以萬騎攻肅州。"報至，文升曰："彼虛聲挾我也。土魯番至哈密數程，中經黑風川。哈密至苦峪又數程，皆無水草。貢使往返，皆載水而行。我但謹烽火，明斥堠，整兵以俟。彼至肅州，我以逸待勞，縱兵出擊，必使匹馬不返。"已而，阿黑麻西去，令頭目芽蘭以二百餘人據哈密。芽蘭機警，有勇力，能併開六弓。一宿十徙，雖親近亦不得知。哈密人畏服之。

太子太保、吏部尚書耿裕卒。

裕在吏部，薦進賢才，務協輿論，愛憎毀譽，莫能淆奪，守正律身，干謁斷絕。即内降斜封，封章抗議，杜塞倖門。與父九疇世守清修，不營產業，約儉蕭然，無異寒素。卒，贈太保，諡文恪。

三月乙酉朔，日有食之。

改右副都御史韓文巡撫河南。

夏四月，改張敷華巡撫陝西。

時，有妖僧據山中爲逆，朝議且用兵。馬文升曰："張都御史能了此，不煩兵也。"不數日，敷華果授計山中父老，縛妖僧至。

以閔珪爲南京刑部尚書。

五月，東南諸省大疫。

六月，上杭盜復起。

秋七月，西北諸省大旱。

八月朔，日有食之。

命副都御史金澤總制江西、湖廣、福建軍務，撫安群盜。

九月，以張悅爲南京吏部尚書。

以屠滽爲吏部尚書。

時推馬文升居首，而內旨予滽，人多異之。

孝陵災。

冬十月，南京地震。

十一月，陝西、貴州地震。

甘肅巡撫許進、總兵劉寧、副總兵彭清帥師襲哈密，克之。土魯番遁。

初，進至甘肅，知指揮楊翥有機略，識夷情，乃假事遣之哈密。盡得土魯番要領，還，曰："此賊黠甚，必用陳湯故事，乃可得志。罕東入哈密有捷徑，從此進兵，不十日可至。若掩其不備，必成擒矣。"進曰："善。"乃上用兵方略于朝。馬文升從中主之，報可。進又諜知小列禿與土魯番世仇，因與結好，使斷土魯番後，而厚撫罕東，諸夷皆願效死。已而，小列禿果與土魯番相讐殺，土魯番大敗。進曰："此機不可失也。"乃與劉寧、彭清定議，調集番漢兵數千，冒雪出關，行二千餘里，直搗哈密。芽蘭乘駿馬遁去。兵抵城下，酋首撒他兒拒守，我師攻克之，斬首六十餘級，餘散走。獲已故忠順王陝巴妻女及都督罕慎、牛馬三千有奇。時有哈密人八百登臺自保，將帥貪功，欲盡馘之。進曰："我輩奉命出師，當務安輯，妄殺一人，尚恐遠人不服，況八百乎？且得其城而屠其人，其誰與守？"不從。初議由間道襲之，後爲雪阻，乃出大路，乏水草，行不能疾，是以芽蘭諷知先遁，斬獲無幾，然亦威加西域矣。

論哈密功，升許進爲左副都御史，劉寧爲左都督，彭清爲都督僉事。

馬文升言："進等兵雖抵哈密，然未獲芽蘭，首功亦少，徒取空城，無益邊事。獨軍士遠征勞苦，宜升賞。"上念邊臣出塞有功，故皆進秩。

十二月，河南、江西大震電。詔求直言。

時，中官李廣以燒煉齋醮得幸于上。戶部主事胡爟乃上言："地震之類，灾之小者也。西北旱熯，父子相食，東南饑疫，骨肉流離，此大變也。陛下深居九重，左右蒙蔽，未之知耳。今李廣、楊鵬引用劉良輔輩，以左道惑亂聖心，齋醮糜費，差遣在外，如虎橫行，吞噬無厭。士大夫昏夜乞哀于宦官貴戚，交相賄托，不以爲恥。言官有所舉劾，瞻前顧後，苟且塞責，陰盛陽微，灾異曷由弭乎？乞用臣言，則邪妄斥而陰慝消矣。"疏入，不報。

大學士李東陽等請停齋醮燒煉，不報。

東陽等上言："我祖宗，自洪武至天順間，面召儒臣，諮議政事。今朝參外，不得一覩天顏。經筵日講，成就君德，裨益治道。今每歲進講，不過數日。夫人君之心，必有所繫，不繫於此，必繫於彼。正士既疏，則邪説乘間而入。近有以齋醮燒煉進者，此乃異端惑世之術，聖王所必禁也。宋徽宗崇信道流，卒使乘輿播遷，社稷傾覆。至若燒煉，其禍尤慘，金石之藥，性多酷烈，一入腸腑，爲禍百端。唐憲宗藥發致疾，雖杖殺方士柳泌，竟亦何益？今上清龍虎宮、神樂祖師殿及番經廠皆焚毁無遺，神如有靈，何不自保？天厭其穢，亦已明甚。矧熒惑失度，太陽無光，天鳴地震，草妖木異，四方奏報，殆無虛日。伏望嚴早朝之節，復奏事之規，勤講學之功，優接下之禮，遠邪佞之人，斥誣妄之説，太平之業可保矣。"不報。

時又命內閣撰《三清樂章》，徐溥與東陽等復上疏曰："天子祀天地，夫天至尊無對，故禮以少爲貴，祭不過南郊，時不過孟春。漢祀五帝，儒者非之。况三清乃邪妄之説，謂一天之上有三大帝，乃以李聃居其一，是以人鬼列於天神，非禮也。至於郊祀樂章，有皇祖舊製。臣等誦習儒書，邪説俚曲，尤所不習。且學士之職，原以謀議政事，講論經史，弼正闕失，非欲其阿諛順旨以取容悦也。"疏入，上納之。

以張悅爲南京兵部尚書，參贊機務。

以樊瑩爲南京工部侍郎。

丙辰，九年春正月，追封宋儒楊時爲將樂伯，從祀孔子廟庭。

從大理寺卿程敏政之請也。

三月，賜進士朱希周等三百人及第出身有差。

土魯番酋阿黑麻復據哈密。

阿黑麻復襲破哈密，留撒他兒守之。撒他兒見哈密殘破難守，乃移駐剌木城。阿黑麻還，又爲小列禿所敗。

夏四月，以周經爲户部尚書，侣鍾爲吏部侍郎。

經在吏侍時，諸大臣以灾異上言，屬經草疏，請早視朝，勤聽政，節侈費，省遊幸，止貢獻，斥樂戲。而"斥樂戲"一事，語尤切直，頗傳踪迹此疏出誰。耿裕曰："疏名首吏部，裕實具草。"經曰："疏草本出經，即有罪，罪經，尚書無與也。"至是，升户部尚書。守正不阿，凡諸王請河湖稅錢，皆執不與。中官出南京織造者，請長蘆鹽八千引，粥〔一五〕于兩淮，仍準給淮鹽價銀二萬兩；織造浙江者，請諸竹木稅，皆執不與。上説經言，并停織造。大同缺戰馬，文升請出太倉銀市馬，經曰："糧、馬各有司存，《祖訓》'六部不得相壓'，兵部輒侵户部官，非《祖訓》。"上是經言，更命太僕銀市馬。給事中魯昂言："國用不足，請盡括諸省稅役金錢輸太倉。"經曰："國用不足，宜儉於國，不宜浚於民。織造、賞賚、齋醮、土木費益廣不節，乃欲括天下財盡歸京師。給事中言非是。"中官傳旨，取太倉銀三萬兩爲燈費，經又執不肯發。内靈臺奏，增洒掃卒，當給月廩。經再疏，竟不與。

改倪岳爲南京吏部尚書，以徐瓊爲禮部尚書。

下六科給事中龐泮等、十三道御史劉紳等于獄，尋釋之。

時，武岡知州劉遜以事忤岷王，王詰奏于朝，上怒，差官校往逮。龐泮、劉紳等上疏論救。上大怒，并逮泮等繫獄。御史張淳差還，耻不得與，即上疏申救。太僕少卿儲巏上言："陛下即位以來，明目達聰，虛心納諫。狂直者，每賜優容；詆忤者，未嘗斥逐。聖德昭彰，已十年矣。今因事而舉六科、十三道盡下之獄，竊爲陛下惜也。夫科道官乃朝廷耳目，凡國家之利害、生民之休戚、時政之得失、百官之邪正，皆得言之。是以祖宗建是官，必選直亮敢言之士，一言之善，即賜施行，雖不當者，亦不加罪，所以養其敢言之氣，使之扶持正論，消沮邪謀。若摧折之、囚繫之，中人之資，守道徇義者少，趨利避害者多。彼知緘默觀望、持祿保位而已，他日脫有大利害、大闕失，誰復爲陛下言者？由是論之，摧辱言官，蓋非人主之利也。伏望鑒其愚忠，沛發明詔，不日赦之。天下幸甚。"內閣徐溥等亦極力救之，泮等得釋。

六月，改樊瑩爲副都御史，巡撫湖廣。

秋七月，以戴珊爲南京刑部尚書，張敷華爲刑部右侍郎。

命左副都御史許進巡撫陝西。

冬十月，尹直上《賀萬壽聖節表》及《太子承華箴》，却之。

十二月，以順德知縣吳廷舉爲成都府同知。

廷舉任順德，潔己愛民，減賦息訟。都御史屠滽檄至，督府與之，言甚溫。廷舉請命。屠欲爲順德權璫修家廟，答曰："守土官非奉舊例新恩，一夫不敢役，一錢不敢用也。"遂辭出，屠令他邑成之。市舶中官給銀買葛，即用之買二葛，曰："奉此爲式，如不中，請還金。且葛，雷産也。"中官怒，取金去。

御史汪宗器惡廷舉，曰："彼專抗上官，市己能者。"會廷舉毀淫祠，以其材作土堤、書院、賢館及修學宮。御史按而會其直，木、竹碎屑俱列斤兩。鄉大夫二子犯盜，並論死。廷舉生其少子，標其户曰："盜後。"少子改行，乃泣懇曰："公念先人廉直，故存後。今盜其門，大爲先人辱，請就死。"乃爲撤之。御史即捕盜，令自首贓[一六]，盜曰："盜死分也，不敢誣廉令。"加以嚴刑，不易口。廷舉囚服梏手，日詣訟所，鄉大夫群泣，訴廷舉無私盜狀。御史大慚，命釋之。屠潚入爲吏部，遂遷廷舉成都同知，廷舉爲令十年矣。

丁巳，十年春正月，命修《大明會典》。

上以累朝典制散見無統，乃敕徐溥等修之。以官職、制度爲綱，事物、名數、儀文、等級爲目，類以頒降群書，附以歷年事例，使官各領其屬，而事皆歸於職，以備一代之制。

虜火篩入寇，敗官軍於神木。

火篩者，脫羅干之子，小王子部落也。狡黠，善用兵，威劫諸部，日強盛跋扈，小王子不能制，遂爲邊患。

二月，虜火篩入寇，大敗官軍于大同。

三月，帝御文華殿，召輔臣議政事。

經筵罷，上命中官常泰至內閣，召徐溥、劉健、李東陽、謝遷。溥等倉卒，不知所爲。至文華殿，上曰："前。"取諸司題奏付溥等，曰："與先生輩議。"溥等擬議批詞，以次陳奏。上覽畢，或更定二三字，或删去一二語，應手疾書，略無停滯。溥等見上英明，恐不能稱旨，頓首請曰："疏中事煩者，臣請至閣中詳議。"上稍不懌，賜茶而退。自天順後三十餘年間，嘗召內閣，不過一二語，此舉遂爲曠典云。

起都御史王越，總制三邊軍務，經略哈密。

先是，越奪爵，謫居安陸。弘治改元，越上疏訴冤，詔放還，尋復官，致仕。至是，虜數入塞，哈密未定，兵部推西邊總制數人，皆不當上旨，最後推越，遂用之。時，皆以越因內援云。

夏四月，湖廣左布政兼廣東按察副使陶魯卒。

魯，廣西鬱林人。以父成死事，廕新會丞。適猺賊流劫雷、廉諸郡，勢熾甚，將及新會。魯率民築城浚隍，置堡寨，相聯絡，誓死以守。賊至，不能克，遁去。歷知縣、同知，擢按察僉事，專治盜賊。九載滿，進副使，又進左布政使，撫治兩廣，人稱爲三廣公。魯前後平盜甚多，平山後盜，置從化縣；平陽江盜，置恩平縣；平新寧、平水盜，置新寧縣；平廣西潯梧、荔浦府、江田州諸盜。擒斬共數萬計，皆親冒矢石，身被數十創。魯行兵有機略，進兵期會，檄禆將，封緘甚固，署其上曰："某日發。"及發，乃知，即數路并合。賊不及備，坐而待斃，故所向有功。常宴客，樽俎未撤，擒賊已至，人詫其神。爲兩廣保障，垂四十年。及卒，朝廷嘉其功，廕其子世襲錦衣千户。

五月，京師風霾，各省天鳴、地震。詔求直言。

秋七月，以兵部左侍郎李介兼僉都御史，提督宣大軍務。

　　時，宣大諜報虜謀入寇，上命武臣練京兵，待報而發。諭旨謂宜用文臣往，遂遣介。介病新愈，即上道。至，則虜已退。介徧歷營堡，策勵將士，稽鎮兵匿役者萬餘。又募丁壯萬五千人，訓練待用。將領有弗任者，易置之。所上議前後不絕，事未盡行，而疾甚，未幾，卒于宣府。

八月，上御平臺，召輔臣議政事。

召陝西巡撫都御史許進爲户部右侍郎。

土魯番酋阿黑麻請歸陝巴於哈密。

　　阿黑麻送陝巴還哈密，使其兄馬黑上書言："西域諸國不得貢，皆怨阿黑麻。今悔過，乞許與諸國入貢。"及請還寫亦滿速兒等。文升言："此虜挾詐，俟陝巴、金印至甘州，寫亦滿速兒等乃得還。"

以孔鏞爲副都御史巡撫貴州。

有清平衛部苗阿溪者，桀驁多智數，養子阿剌膂力絕人，由是雄視諸苗，數煽亂。鏞至，以計擒之，諸苗遂靖。

九月，壽寧侯張鶴齡請河間民田，不許。

張氏有河間賜田數百頃，請并旁近民田千餘頃，且乞畝加稅二分。周經言："河間地多沮洳，比因久旱，貧民就耕退灘。一遇淫潦，便成溝壑，即欲加稅，貽害無窮。且王府賜田畝稅二分，而此獨加之，人將謂朝廷待外戚與宗親異矣。又聞茂陵妃家亦有私田，與民田比，一切奪之，彼何以爲生？"疏三四上，事竟寢。後雄縣有以退灘地獻爲東宮莊者，上念經言，擲其奏，抵罪。一時，戚畹貴幸有所陳請，經一裁以法，皆斂不得肆。

十月，北虜犯甘肅。

十一月，下禮部郎中王雲鳳于獄，謫知陝州。

李廣權傾中外，雲鳳應詔陳言，請斬廣以弭災變。廣恨之，會上郊壇還。廣誣雲鳳駕後騎從，遂逮，謫。

加王越少保兼太子太傅。

越出賀蘭山後，襲虜，斬百餘級，故有是命。

火篩寇宣大，命侍郎許進督軍，侍郎劉大夏轉餉御之。

火篩屢寇大同、宣府，乃命許進督軍備之，大夏轉餉。大夏受命，瀕行，周經謂曰："北邊芻粟，半屬京貴子弟，公素不與此輩合，此行剛且取禍。"大夏曰："處天下事，以理不以勢；定天下事，在近不在遠。俟至彼圖之。"既至，召問父老，得其要領。一日，榜通衢云："某倉缺糧幾何，每石給官價若干。境內外官民客商家願輸者，米十石以上、草百束以上皆聽。即中貴子弟，不禁也。"不兩月，蓄積有餘。蓋往時糴買法，糧百千石、草千萬束者，方聽，以致中貴子弟爭相爲市，轉買邊民糧草續運，牟利十五。此法立，有糧草家皆得告輸，中貴子弟即欲收買，無所得，遂爲邊儲長利云。

戊午，十一年二月，進内閣大學士徐溥少師兼太子太師，劉健少傅兼太子太傅，李東陽、謝遷並加太子少保，兵部尚書馬文升加少保兼太子太傅，吏部尚書屠滽、刑部尚書白昂俱太子太保，戶部尚書周經、禮部尚書徐瓊、工部尚書徐貫、左都御史閔珪並太子少保。

春三月，皇太子出閣講學。

　　馬文升上言："太子，國之儲貳、天下根本，宜擇老成純謹之士，以資啓沃，不宜雜以浮薄之流，恐虧損聖德。"上嘉納之。

以吳寬爲吏部右侍郎。

戶部侍郎劉大夏致仕。

下監生江瑢于獄，尋釋之。

　　監生江瑢奏言："劉健、李東陽杜絕言路，掩蔽聰明，妬賢嫉能，排抑勝己，急宜斥退。"健、東陽疏言："近日言官指陳時弊，并劾奔競交結、乞恩傳奉等官，言多可采。而乃漫無可否，概下施行，自祖宗朝至今，未有此事。皆臣等因循將順，苟避嫌疑，不能力贊乾剛，俯從輿論，別白忠邪，明正賞罰，以致人心惶惑，物議沸騰，草野之下，其言乃至於此。乞罷。"上不許，下瑢詔獄。健等又上疏力救，瑢得釋。

夏六月，有熊入京城。

　　西直門有熊入，守衛者不之覺。馬文升言："野獸入城，非宜。乞嚴武事，以備盜賊。"兵部郎何孟春謂同列曰："熊之爲兆，既當備盜，亦須慎火。"未幾，城内多火災，禮部毀焉。或問孟春："何以知之？"春曰："余不曉占書，曾記宋紹興中，有熊自至永嘉城下。守高世則謂其倅趙允縚曰：'熊於字"能火"，郡中宜慎火燭。'果延燒官民舍十七八。余憶此事而云耳，不意其驗也。"

秋七月，少師兼太子太師、吏部尚書、華蓋殿大學士徐溥致仕。

溥在相位數年，因事納忠，隨才器使，屢遇大獄，委曲調劑，保全善類，其功爲多。至是，以目眚乞休，章數上，許之。

八月，復封陝巴爲哈密忠順王。

初，王越出河西，取陝巴至甘州，令哈密三種都督回回寫亦虎仙、畏兀兒奄克孛剌、哈剌灰拜迭力迷失佐陝巴。奄克孛剌，罕慎弟也，恨土魯番，亦與陝巴不協。越以罕慎女也先主剌妻陝巴，以結好於奄克孛剌。至是，復封陝巴爲忠順王，放寫亦滿速兒等西歸。時，哈密三種人久苦土魯番，不願還。馬文升請許半留肅州，往來自便。

冬十月，乾清、坤寧宮灾。詔求直言。

大學士李東陽等上疏曰："近年以來灾異頻仍，內府火災尤甚。或以爲天道茫昧，變不足畏，此乃慢天之説；或以爲天下太平，患不足慮，此乃誤國之言；或以齋醮、祈禱爲弭灾，此乃邪妄之術；或以縱囚釋罪爲修德，此乃姑息之計。熒惑聖聽，莫此爲甚。蓋賄賂公行，賞罰失當，紀綱廢弛，賢否混淆，工役繁興，軍民困憊，下情不達，上澤不宣，愁嘆之聲上干和氣，灾異之積，正此之由也。"上嘉納之。

宦者李廣有罪，自殺。

廣爲上建毓秀亭于萬歲山，甫成。上少女殤，會清寧宮炎，宮中皆咎廣。太皇太后怒曰："何物李廣，致此灾禍，使累朝所積一旦灰燼耶？"廣懼，飲鴆死。上意廣有秘書，遣左右即其家索之，無所得。得一納賄籍，中載"饋黃米若而人，饋白米若而人"，計數百萬石。上不解，顧左右曰："廣食幾何？受如許米？"對曰："黃、白，即金、銀隱語也。"上乃悟貪，遂籍廣家。言官請出籍按問。納賂者懼甚，皆夜赴壽寧侯求解。編修羅玘言："不可暴其名，羞朝廷。宜令諸大臣自陳，坐他事罷斥。"事雖寢，而姓名已傳於外，上卒以漸逐之。

十一月，南京戶部尚書秦紘致仕。

己未，十二年春正月，忠順王陝巴還哈密。

　　陝巴至肅州，畏番虜，不肯出關。守臣遣將率兵護行。又令斤赤[一七]蒙古諸番防護，至哈密。

二月，虜寇宣府，都御史馬中錫敗之。

三月，賜進士倫文叙等三百人及第出身有差。

起張元禎爲翰林院學士。

　　元禎養病，家居九年，召起之。

夏四月，逮掌詹事府、禮部右侍郎程敏政、給事中華昶、林廷玉下獄。

　　先是，敏政與李東陽主考會試。敏政預擬策目，其門人江陰徐經伺得之，以語其友唐寅，事頗泄。及發策，果如經言，衆大譁。華昶因劾敏政"受賄鬻題"。詔下昶獄，命東陽覆閱試卷。既揭榜，同考官給事中林廷玉復疏"敏政閱卷可疑"六事，亦與敏政並下獄。廷鞫，經言："素出入敏政門，從其家僮購得之。"遂黜經及唐寅等十餘人，令敏政致仕，調昶南京太僕典簿，廷玉海州判。敏政尋憂憤，卒。

五月，以張敷華爲右都御史總督漕運，巡撫江北。

六月，闕里先師廟災。

以傅瀚爲禮部侍郎兼翰林院學士，掌詹事府事。

以雍泰爲副都御史，巡撫宣府。

　　泰，咸寧人，成化五年進士，授吳縣令。吳濱湖，湖漲輒没田數千頃。泰爲作堤捍水，民利之，號雍公堤。任滿，召爲監察御史。吳人當舊令行，多致饋，泰一錢不受。爲御史，巡鹽兩淮，竈丁貧而鰥者幾二千人，比代，皆以鍰金爲完室。歷浙江布政使，浙勢豪鬻販私鹽，鄉人效尤，幾至千輩，盜竊横行。泰先捕勢家人抵罪，於是群盜悉平。至是，擢副都御史，巡撫宣府。有參將李稽者，李東陽侄也，恃援不法。部下狀其惡，泰具草將劾之，稽跪堂下，願受責，圖自新。泰曰："此亦軍法也。"縛下，杖之，三軍股慄。東陽卒以此銜泰，言官遂劾泰擅辱將官，罷歸。

以吳寬爲東宮講讀官。

　　寬進講，閑雅詳明，意存規諷，至治亂邪正安危之際，尤反覆開導。時，宮中侍豎不欲太子近儒臣，數假事間講讀。寬率宮僚上疏曰："東宮講學，自寒暑風雨、朔望令節之外，一歲不過數月，一月不過數日，一日不過數刻，況又間有推移，時或罷歇。古人八歲出就外傅，欲離近習、親正人也。庶人且然，況有天下者乎？借曰習讀於内，終不若就傅於外，親近儒臣，講習治道，所得爲多也。"上嘉納之。

升國子祭酒林瀚爲吏部右侍郎，謝鐸爲禮部右侍郎，掌國子祭酒事。

　　鐸上言四事：一正祀典。請立叔梁紇祠，配以顏路、曾晳、孔鯉，以正人倫。而黜吳澄從祀，以明其事元之非。二重科貢。謂各省考官，皆御史所辟召，職分既卑，權衡無預，以外簾專去取之權，關節交通，僥倖雜進。必差京朝官二員，以爲主考，庶私弊可杜而真才可得。三革冗員。請天下附郭縣，皆視京府歸併府學。四塞捷徑。謂納馬納粟，大開旁徑；鬻爵賣官，前史所鄙，豈盛世所宜有？況彝倫之堂，竟爲錢虜交易之地。今日所輸，行將取償于異日。願嚴塞其途。疏下禮部，傅瀚力詆鐸言罷吳澄爲謬，所奏四事遂皆寢。

秋七月，增築北邊。

時，朶顔虜勢日猖，武備積弛。順天巡撫洪鐘建議增築邊墻，自山海關界嶺口起，西北直抵居庸，延亘千餘里，繕城堡二百七十，悉城沿邊諸縣。自是，緩急有備。

九月，致仕大學士徐溥卒。

贈太傅，諡文靖。

冬十月，虜寇榆林、寧夏、大同。

采珠于廉州。

珠池費銀一萬七千兩有奇，獲珠不償所費。

十一月，上高王宸濠嗣封寧王。

宸濠，寧康王覲錫庶子。其母馮針兒，故娼也。弘治八年，封上高王。至是，覲錫卒，無嫡，宸濠嗣王。宸濠，輕佻無威儀，好弄喜兵，嗜利徇色，潰亂無禮，凌虐宗室，諸宗人皆患苦之。

十二月，南京兵部尚書張悅致仕。

庚申，十三年春正月，虜火篩寇威遠，遊擊王杲禦之，敗績。

以林俊爲南京都察院右僉都御史，提督操江。

夏四月，命平虜將軍平江伯陳銳提督軍務，户部侍郎兼僉都御史許進率師御虜。

帝御平臺，召大學士劉健等議政事。

五月甲寅朔，日有食之。

彗星見。

吏部尚書屠滽、戶部尚書周經、禮部尚書徐瓊、刑部尚書白昂、工部尚書徐貫並致仕。

時，大臣皆以星變自劾，乞休。惟馬文升不允。滽、昂加太子太傅，經、瓊加太子太保，并賜璽書，馳驛歸。惟經之去，人皆惜之。

召南京兵部尚書倪岳爲吏部尚書，改右都御史侶鍾爲戶部尚書，升掌詹事禮部右侍郎傅瀚爲禮部尚書，改左都御史閔珪爲刑部尚書，升工部左侍郎曾鑑爲工部尚書。

總督兩廣軍務兼巡撫左都御史鄧廷瓚卒。

廷瓚鎮兩廣，以安靜爲治，不事瑣瑣。屬吏有賢者，輒薦舉之；或不職，特去一二太甚者。奏除諸冗吏，曰："祿俸出于民，不易，徒費無益。"於群蠻結以恩信，兵不輕出，出則成功。鬱林川、雲爐、大桂諸種作亂，次第討平。歲饑盜起，廷瓚捕斬首惡及其黨二百餘人，餘悉解散歸農。廷瓚雅量廓如，莫窺其際，至所設施，動中機宜，人亦莫能及。卒，贈太子少保，諡襄敏。

起劉大夏爲右都御史，總督兩廣軍務兼巡撫。

分遣文武大臣守關。

邊報日急，京師戒嚴。乃命都督李澄守潮河川，張晟居庸關，襄城伯居郿紫荊關，王宗彝黃花鎮、天壽山及居庸、白羊關，史琳倒馬關。

六月，改南京刑部尚書戴珊爲左都御史，加兵部尚書馬文升少傅，刑部尚書閔珪太子太保。

河決曹、單。

秋七月，虜寇榆林。

陳銳罷還，許進致仕。

銳恇怯，遇虜不敢戰，嬰城自保。于是給事中柴斤劾銳與進老師玩寇。遂罷銳，進亦勒令致仕。吏部尚書倪岳上《備邊事宜》言：

自虜酋毛里孩、阿羅出、孛羅忽、乩加思蘭據河套，數年之間，大為邊患。蓋緣河套水草甘肥，易於駐牧；内地道路曠遠，難於守禦。是以榆林、寧夏、延鄜、慶原諸路，皆其寇掠之處。擁衆長驅，遠者逾千里，近亦不下數百里。沿邊諸將，或嬰城自守，或擁兵自衛。輕佻者挫衄，怯懦者退縮，既不能折其前鋒，又不能邀其歸路，使虜進獲重利，退無後憂，出沒不常。西邊騷動，上厪廟慮出師，而四年三舉，迄無寸功。或高卧而歸，或安行以返，乃析圭儋爵，優游朝行，輦帛輿金，充牣私室。且軍旅一動，輒報捷音，賜予濫施，官爵輕授。然究其實，殺傷我士卒，悉匿不聞；掇拾彼器械，虛張勝狀，甚至濫殺被虜平民，妄稱夷人首級；未嘗敗虜，輒以奔竄為言；原無斬獲，乃以鉤搭為解。乃夫功籍所載、賞格所加者，非私家子弟，即權門厮養；而骨委戰塵、血膏草野者，非什伍之卒，即征行之民，誰復知之？良可悼也。況京營之兵，素號輭怯，平居不習披堅執銳之勞，有事安望斬馘執俘之用？臨陣退縮，反齎邊兵之功；望敵奔潰，久為虜人所侮。此宜留鎮京師，以壯根本。顧乃輕發出禦，以褻天威。且延綏去京師遠，宣大去京師近，彼既有門庭之逾〔一八〕，此當為陛楯之嚴。頃兵部建議，宣大兵援延綏，相去既遠，往返不時，人心厭於轉移，馬力罷於奔軼。況聲東擊西，虜人之常；批亢擣虛，兵家之算。精銳盡調於西，老弱乃留於北，萬一此或有警，彼未可知，首尾受敵，遠近俱患，豈計之得乎？臣又聞軍旅之用，糧食爲先。今延綏兵馬屯聚，芻粟之費，日賴資給，乃以山西、河南之民任飛芻輓粟之役，仰關而西，跋涉千里，夫運而妻供，父輓而子荷，道路愁怨，井落空虛。幸而至也，束芻百錢，斗米倍値；不幸遇賊，身已虜矣，他尚何計？轉輸不足，則有輕齎；輕齎不足，又有預徵。嗚呼！水旱不可先知，豐歉未能逆卜，如之何其可預徵也？至立權宜之法，則令民輸芻粟以補官。然媚權貴、私親故者，或出空牒而授，而倉庾無升合之入；又令民輸芻粟而給鹽，然恃豪右、專請托者，率占虛名而鬻販，商賈費倍蓰之利。官給日濫，鹽法日沮，而邊儲之不充如故。又朝廷出帑藏以給邊者，歲十餘萬，山西、河南之民輸輕齎於邊者，歲亦不下數十萬，銀日積而多則益賤，粟日散而少則益貴。而不知者，遂於養兵之中，寓養狙之智。或以茶鹽，或以銀布，名爲准折糧價，實則侵剋軍儲。典守者，又陰懷竊取，巧爲影射，背公營私，罔上病下。朝廷有糜費之虞，士卒無飽食之日，兵何由而振也？由是觀之，賊勢張而無弭之之道，兵力敝而無養之之實。徒委西顧之憂於陛下，誰爲分憂、盡力者乎？今建策者紛紜不一，有謂復受降之故險，守東勝之舊城，則東西之聲援易通，彼此之犄角易制。是非不善也。第二城廢棄既久，地形險易未知，況欲復城河北以爲守，必須屯兵塞外，以爲援助。然以孤軍涉荒漠之地，輜重爲累，饋餉甚艱。虜或佯逃潛伏，抄掠於前，躡襲於後，曠日持久，軍食乏絕，進不得城，退不得歸，一敗塗地矣。其有奮敵愾之心、馳伊吾之志者，率謂統十萬衆，裹半月糧，奮揚威武，掃蕩腥羶，使河套一空，邊陲永靖。是亦一策也。然帝王之兵，以全取勝。今欲鼓勇前行，窮搜遠擊，乘危履險，僥倖萬一。運糧遠隨，則重不及事；提兵深入，則孤不可援。況其間地方千里，綿亘無際，既無城郭之居，亦無委積之守。彼往來遷徙，以罷我於馳驅；掩襲衝突，以撓我之困憊。虜未成擒，我必大創，亦敗道也。至有欲圖大舉以建奇功者，謂東剪建州之衆，北除朶顏之徒，乘勝而西，遂平河套。若是，將使戎狄生心，藩籬頓壞，遺孽難盡，邊釁益多，誠爲無策。甚者至謂，昔以東勝不可守，既已棄東勝，今之延綏不易守，不若棄延綏，兵民可以息肩，關陝得以安枕。夫一民寸土，皆受於祖宗，不可忽也。向棄東勝，故今日之害中〔一九〕於延綏，而關陝騷動；今棄延綏，則他日之害鍾於關陝，而京師震驚。此實寡謀，故爾大謬。以臣論之，不若即古人已用而有成，及今日可行而未盡者，舉而措之，其爲力也少，其致功也多。曰重將權，以一統制而責成功；曰增城堡，廣斥堠以保衆而疑賊；曰募民壯，去客兵以弭患而省費；曰明賞罰，嚴間諜，以立兵紀而覘賊情；曰實屯田，復漕運，以足兵食而紓民力。

其"實屯田，復漕運"略曰：

今天下軍衛，雖有屯田，率事虛文，無補於用。關陝漕河久廢，芻粟之費，陸運尤難。故民力雖竭，而邊儲弗豐，有由然也。臣愚以關西之地，廣衍饒沃，第因人罹兵凶而移流，地多廢棄而荒穢，餉兵之民苦於重役，坐食之卒恥於爲農，故人力不勤，地力不盡。今宜變而通之，使自食其力，盡驅在邊兵民，耕沿邊空地，牛具、粟種官爲貸之，歲田之入，什一取之，則游手之人無所容，久廢之地無不墾矣。至於漕運，尤爲易行。今關陝所需，皆山西、河南所給，而三方之地，俱近黃河，其間雖有三門、析津、龍門之險，然昔漢唐糧餉，由此而通，即今鹽船木筏往來無滯，且以今戶部所計，山西米豆必令運貯潼關衛及陝州諸倉，其諸州衛地皆瀕河，可通舟楫，踵往古迹而行，免當今陸運之害，公私之利，奚啻萬萬也？況今河道，潼關之北數十里，接運漕河〔二〇〕，可通陝西及鳳翔、鞏昌。渭河西流數十里，接連洛河，可通延安及北上源可通邊堡。渭河西流三百餘里，接連涇河，可通慶陽。又龍門之上舊有小河，徑通延綏。倘加修浚，必可行舟。此宜簡命水部之臣，示以必行之意，相度地形，按求古迹，某處無險可以水運，某處可避險，可以陸運，某處立倉以備倒運，某處可以造船以備裝運。淤塞悉加導滌，漕河務在疏通，無憚一時之勞，而失永久之利。如是，則不但三方之困可紓，雖四方之物無不可致矣。

以王鏊爲吏部右侍郎。

以王軾爲南京戶部尚書。

九月，以秦民悅爲南京兵部尚書，參贊機務；林瀚爲南京吏部尚書。

以右僉都御史陳壽巡撫延綏。

冬十一月，虜寇偏頭關。

命工部左侍郎史琳兼僉都御史，經略邊關。

時，虜寇猖獗，朝廷方命將出師，廷議舉琳提督軍務。已而，報稍緩，乃命先赴宣大，會計馬兵、芻糧。虜退，還京。

十二月，火篩入河套。

辛酉，十四年春正月，地震。火篩寇榆林。

馬文升上言：「地道主静，動則失常。考之古典，地震乃臣不承君、夷狄不承中國之兆。歷代固有地震，未有震於元旦者，此非常之異，古今不多見者也。陝西四鄰番虜，而延慶二府又密邇河套，地震未已，而胡虜入寇，夷狄侵淩中國之兆亦已明矣。火篩梟雄桀黠，往往以計敗我軍，其志非小。今海内民困財竭，兵弱將懦，此正安内攘外之時、修德弭災之日。伏望陛下祗畏變異，痛加修省，行仁政以安養小民，重臺諫以廣開言路，節有限之金錢，罷無益之齋醮，止傳奉之官，禁奏討之地。宗社幸甚。"上嘉納之。

二月，以保國公朱暉爲征虜將軍，右僉都御史史琳提督軍務，帥師禦虜，至河套而還。

虜寇延綏，巡撫都御史陳壽禦，却之。

時，虜數入邊鎮，城晝閉，道塞不通。壽分兵爲十路，各屯要害，使相應援。壽躬擐甲胄〔二一〕爲將士先，與虜戰，擊却之。已而，火篩糾諸部大至，先以百餘騎嘗〔二二〕我師。諸將請赴之，壽曰："虜衆，未可當也。"自出帳，擁數十騎，據胡床麾指，如無事者。虜望見，疑有伏，遂引去。時，有諷壽注子弟名戰籍中冒功者，壽曰："吾子弟皆不諳騎射，將誰欺乎？"竟不許。

六月，減光禄寺内臣供辦。

光禄寺之設，供奉内府御膳及外夷宴享而已。成化以來，增食内臣二百餘員，常貢不足，責鋪戶代辦，而官不給值，市井囂然。劉大夏以爲言，即下令裁減，歲省銀錢八十餘萬。

六月，起章懋爲南京國子監祭酒。

懋致仕，家居二十餘年，杜門靜修，足迹不入城府，四方士子執業問難。公卿臺諫累疏薦起之，以父喪力辭，聽終制赴官。

七月，火篩寇大同。

廣東提學僉事宋端儀卒。

端儀，莆田人。雅志理學，嘗編《考亭淵源録》，稿未就而卒。

秋八月，火篩寇固原。罷總兵官恭順侯吳瑾，以武安侯鄭英代之。

火篩入花馬池，至固原，大掠人畜，殺吏民。吳瑾不能御，罷還。以鄭英代瑾。自後虜寇關隴，輒由花馬池矣。

九月丙子朔，日有食之。

冬十月，太子太保、吏部尚書倪岳卒。

岳在吏部，釐正品類，獎恬抑躁，不恤恩怨，干謁消沮。或勸岳公別白賢不肖太過，且召怨撓沮，不得行志。岳曰："冢宰職固如是。"馬文升嘗言："宇內財力大耗，獨蘇松折糧銀稍輕，請少增以足國用。"岳曰："東南民力且竭，又復重之，萬一生變，誰執其咎？"事得寢。岳父謙，南京禮部尚書，嘗奉命祀北岳。敬母姚夢緋袍神人入室而生，因以名岳。偉幹豐頤，目光烱然，望之若神。才學識量，時莫能及。卒，贈少保，諡文毅。

以樊瑩爲南京刑部右侍郎。

起户部尚書秦紘兼左都御史，巡撫陝西。

十一月，以王繼爲南京兵部尚書，參贊機務。

以右都御史張敷華掌南京院事。

張敷華振揚風紀，約束諸御史，無敢緣法爲市。崇大體，慎廉隅，介持特嶄然。時與林俊、章懋稱"南都四君子"〔二三〕云。

壬戌，十五年春正月，禮部尚書傅瀚卒。以張昇爲禮部尚書。

以盧龍衛指揮胡震分守通州。

震夤緣內旨得用。御史劉玉言："陛下即位之初，首革傳奉以清仕途。邇來倖門復啓，孫伯堅等以傳奉列文階，金琦等以傳奉任武職。傳奉不已，繼之內批，始則王寧乞備倭登州，今胡震又以分守通州矣。且王寧貪緣之初，兵部科道猶盡言爭之，曾幾何時，胡震踵其故智，而向之爭者遂不復爭。可見聖志稍移，將讜言不復聞而百職廢矣。"不報。

二月，以山西提學僉事王鴻儒爲副使，仍督學校。

鴻儒在晉久，以陶養爲本，文藝爲末，正己率人，科條簡約，生徒請益，因材開發，終日不倦，士子翕然嚮慕之。上嘗與劉大夏論人才，曰："藩臬中若王鴻儒者，他日大用才也。"

三月，賜進士康海等三百人及第出身有差。

四月，以羅欽順爲南京國子監司業。

夏五月庚午朔，日有食之。

秋七月，改開城縣爲固原州，設總制府，以秦紘總制陝西三邊軍務。

成化以前，套虜未熾，平涼固原之間，猶爲內地，所備靖虜一面耳。自火篩入掠之後，遂爲虜衝。於是，改開城爲固原州，而以固、靖、甘、蘭四衛隸之，設總制府、參遊等官，屹然一巨鎮矣。

以右副都御史孫需巡撫河南。

時，河溢且嚙汴城，而饑民流移載道，需令築堤，予傭值，趨者萬計。堤成，饑復濟，公私便之。

八月，致仕兵部尚書項忠卒。

忠明果倜儻，練達吏事，曉暢軍務，直言正色，不屑詭隨。家居二十六年，卒。贈太子太保，諡襄毅。

九月庚午朔，日有食之。

虜入大同塞。

以樊瑩爲南京刑部右侍郎。

戶部尚書侶鍾罷。

鍾子受賄鬻法，御史陳茂烈劾之，遂罷。

冬十月，以楊一清爲副都御史，督理陝西茶馬。

一清，雲南人，徙家丹徒。年八歲，以奇童薦入翰林，爲秀才。既成進士，文名益著，多結交海內豪俊。歷陝西、山西提學，所識拔李夢陽、呂柟輩皆一時名士。累遷南太常卿。時，陝西馬政廢壞，劉大夏薦一清才可使，遂升副都御史，督茶馬兼鹽法。清至，條上茶鹽、屯牧事宜，請重行太僕、苑馬官，嚴私禁，盡籠茶利于官，以致諸番，番馬大集。益開善水單地，起城堡、廬舍，河隍、涼固間，雲錦成群，馬政大舉。

致仕南京兵部尚書張悅卒。

悅平居謹畏和平，無疾言厲色，至臨事，卓有定見，不以恩怨利害動其心。嘗謂人曰："古之聖賢，其過人遠甚。凡所猷爲皆公無私，故事業光明俊偉。今之人去聖賢遠矣，每事竭其公忠猶恐不及，況復濟之以私乎？"或言："有讀書不善作官者。"笑曰："此正不善讀書耳。"初王恕去，衆望屬悅。或言內未有爲之地者，悅直視不答，其人慚而退。性素清約，終始一節，爲縉紳表率者四十餘年。卒，諡莊簡。

命御史王哲巡撫江西。

哲所至恤民隱，作士風，表先賢祠墓。鎮守怙勢凌侮縉紳，至匿盜不以聞，莫敢誰何。哲首劾其不法數事。上切責鎮守，璽褒哲。時天旱，乃行縣，親錄繫囚，出當原者數百人。翌日，雨。民有女奴逃，其讐指爲故殺，獄成。哲復訊，察有冤色，密訪女奴所在，得之，民得不坐，時稱神明。

十一月，雲南晝晦。命南京刑部侍郎樊瑩考察雲貴官吏。

雲南晝晦五日。上遣瑩考察雲貴諸吏，見罷遣千餘人。户部主事席書上言："致灾之由，係朝廷不係雲貴，在大臣不在小臣。"條上時事千餘言，不報。

發保定京操軍回衛團練。

先是，上召劉大夏問："天下衛所，軍士何如？"對曰："貧與民同，安能養其鋭氣？"上曰："諸軍居有月餉，出有行糧，何故貧？"對曰："江南困于糧運，江北困于京操，此外猶有不能盡言者。"時，上欲于近圻團操士馬，以衛京師，以問大夏，對曰："京西、保定獨設都司，統五衛，祖宗意恐亦如此。"上遂將保定班軍萬人發團操。有造飛語帖宫門誣大夏者，上曰："宫門豈外人可到？必内臣忿不得私役軍士耳。"時，修清寧宫，旨下兵部，役軍萬餘人。劉大夏請減十五，監工者訴于上。上令中官語内閣擬旨，詰責大夏。劉健曰："惜軍，兵部職也。近劉尚書每以老辭，温旨勉留。尚請未已，若詰責，彼且歸矣，更于何處得此人？"中官以其言入告，上欣然如大夏議。

以樊瑩爲南京刑部尚書。

十二月，致仕刑部尚書何喬新卒。

喬新剛介寡與，居官清慎，勇于任事，不避嫌怨。性好讀書，自少至老，手不釋卷。聞人有異書，輒假録之，藏書至三萬卷。著述甚富。卒後，林俊疏其文行政節，宜贈謚，得謚文肅。喬新，文淵子也。

甘肅副總兵魯麟棄官歸。

麟本夷種，自先世歸附，居莊浪之西，其部落在大同者甚衆。麟結嬖近，求爲總兵，不得，遂棄官歸大同，有不臣意。上召劉大夏，問："何以處麟？"對曰："亦聽其歸耳。"上曰："恐彼恃部落爲亂，奈何？"對曰："聞麟貪酷，失士心，去其兵權，無能爲矣。"麟竟怏怏病死。

癸亥，十六年春正月，《大明會典》成。

　　凡一百八十卷。

二月，進劉健少師兼太子太師、吏部尚書、謹身殿大學士，謝遷太子太保、禮部尚書、武英殿大學士。

吳寬進禮部尚書兼詹事府事。

進太常寺卿崔志端禮部尚書，仍掌寺事。

　　志端，起樂舞生，聲洪度雅，擢太常贊禮郎，馮內援累遷太常卿。至是，進尚書，追贈父祖皆如其官，廕侄，承祖爲鴻臚序班。科道累章彈之，不動。

三月，命都察院右僉都御史林俊巡撫江西。

以陳壽爲南京都察院副都御史。

夏五月，京師大旱。

命提督陝西馬政副都御史楊一清兼理茶馬鹽法。

貴州苗叛，以南京戶部尚書王軾兼右副都御史，督兵討平之。

　　苗米魯，普安土知州妻也。知州死，魯主州事，殺其庶子，欲自襲夫職。鎮巡官不許，且欲正其罪。魯遂反，囚鎮守內臣，殺文武藩臬、官兵，勢甚熾。事聞，命軾統湖廣、四川、廣西、雲南及貴州諸路漢土官軍共十餘萬，討平之，斬首五千餘級。加軾太子太保。

六月，以韓文爲南京兵部尚書，參贊機務。

　　先是，南京諸卿與守備中官議事，多遜避，不發一言，或探其意,嚮爲可否。文謂:"天下事有理與法,吾惟以無私處之,可拱默爲避禍計耶?"遇事輒昌言不避。時,水旱相仍,民饑死者衆。文移文户部,欲預支三月糧以平糴價,所司以未得命爲辭。文曰:"救荒如拯焚,民命在旦夕,能忍死以待耶?即得罪,吾以身任之。"竟發米十六萬石,民賴以安。

冬十月,前南京兵部郎中婁性上所編《皇明政要》四十篇。

詔建寺于朝陽門外,尋罷。

劉健等上言:"前代人主信佛,莫如梁武帝,卒饑死臺城。信老,莫如宋徽宗,至囚斃虜地。本以求福,反以致禍,觀諸往事,可爲明鑒。我祖宗相傳以治天下,堯舜周孔之道而已。浮屠異端,蠹財惑衆,何關於治?欲造佛塔,非所以垂後世。"又令撰真人杜永祺誥命及封號,健等復言:"誥命,朝廷所以獎賢勵能,雖卿士大夫,必待秩滿考最乃頒給。況祖宗廟號不過十六字,親王及文武大臣有功德者,諡號止一二字。此輩何賢何能,諡號至十八字?流布朝野,傳聞後世,其謂之何?"疏入,俱罷之。

改張元禎爲太常寺卿兼翰林院學士。

十一月,陳壽爲南京副都御史。

甲子,十七年春二月,哈密人逐陝巴,而以真帖木兒守哈密。

陝巴嗜酒,掊剋國人,其下患苦之。頭目者力克哈等因迎阿黑麻次子真帖木兒守哈密。陝巴棄城走沙州。真帖木兒,罕慎外孫也,年十三,不肯行。哈密人曰:"陝巴走,哈密城空,恐爲野乜克力所據。"真帖木兒始至剌木城,因入哈密。

監察御史陳茂烈乞終養,許之。

茂烈，先世瑞安人，戍籍興化。髫年喪父，繼戎役，勵志邁俗，晝入公署，夜歸讀書。祖母憐其孱弱，亟止之，乃韜燈默誦不輟。年十八，慨然嘆曰："善學聖人者，莫如顏、曾。顏之克己，曾之日省，豈非學之法歟？"作《省克錄》自考。又曰："儒者有向上工[二四]，詩文直土苴耳。"爲吉安府推官，持大體，開至誠，信乎上下。考績歸，至淮，乏寒具，凍幾死，所知以敝裘覆之。及拜御史，袍服樸素，乘牝馬，若不知爲風憲臣者，而風裁凜然。劾罷侶鍾，又劾崔志端，不動，遂以母老年乞終養。疏略曰："臣生十三年，父不幸早喪。母張撫育劬勞，孤苦成立。母今年七十有七矣，慈闈衰邁，夕照如飛。君恩猶可再酬，母年不可多得。況臣無嗣，又無兄弟，一母一子，各天一涯。臣既思母，則報國之心亂；母復思臣，則保身之心微。伏望陛下憐臣母子孤苦，放臣終養。"上憫其情，特許之。既歸，力供甘旨。短床敝席，身自治畦，一蒼頭給薪水，出自執小油蓋。妻子服食粗糲，皆人甚不堪者，茂烈處之泰然。

三月，太皇太后周氏崩。

初，成化中，孝莊錢太后崩，彭時等議合葬裕陵。時已言周太后萬歲後，祔葬、祔廟如孝莊。至是，太后崩，上尊諡曰孝肅貞順康懿光烈輔天承聖睿皇后，與孝莊同制。已而，劉健等覺其誤，乃上疏言："成化初，事有難處，臣子委曲將順，當再議。"詔禮官議，不決。一日，上御便殿，召健等，出示裕陵圖言：孝莊太后玄堂與英廟皇堂隔數丈，不相通。因曰："此大非禮，當釐正。"健曰："此事臣等初不知，今欲釐正。仰見皇上聖孝，高出前古。"上曰："卿等焉得知此？皆內臣所爲。內臣識道理者幾人？昨見成化間彭時、姚夔董奏章，先朝大臣忠厚爲國如此。"因論祔廟之禮，健等奏曰："昔年奏議，已定孝莊太后居左。今大行皇太后居右，合祔裕陵，配享太廟。臣等何敢輕議？

其實，漢以前惟一帝一后，唐始有二后，宋亦有三后並祔者。"上曰："二后已非，若三后尤爲非禮。事必師古，末世鄙褻之事，不足爲法。宗廟事關係綱常，豈可毫髮僭差？太皇太后鞠養朕躬，恩德深厚，朕何敢忘？但一人之私情耳。錢太后乃皇祖册立正后。祖宗以來，惟一帝一后，今若並祔，壞自朕躬，後來雜亂無紀極矣。且孝穆太后，朕生母，止尊爲皇太后，別祀于奉慈殿。朕意欲奉太皇太后於仁壽前殿，他日奉孝穆太后于後殿，歲時祭享，一如太廟，何如？"東陽曰："陛下言及孝穆太后，尤見大公至正之心，可以服天下矣。"上曰："此事甚難，行之則理有未安，不行則違先意。朕思之，夜不能寐。先帝固重，而祖宗之制尤重。卿等其善圖之。"因悲不自勝，健曰："容臣等詳議以聞。"出與廷臣會議，吳寬曰："《魯頌》姜嫄閟宮，《春秋》考仲子之宮，皆爲別廟，漢唐亦然，至宋乃有並祔者，其禮已謬。然皆諸帝繼室，生前作配，非後世子孫追尊，所生之比。惟李宸妃没，仁宗傷痛，乃追尊祔祭。雖出至情，實爲非禮，豈可爲法？"衆是寬言，定議上。上曰："大義與深恩並行不悖，朕心始安矣。"改稱孝肅太皇太后，祀奉慈殿。于是，中外翕然，稱合禮云。

以李傑爲宣大總兵。

傑因戚畹干上，求爲宣大總兵。上命内臣李榮語劉大夏用之，榮曰："大夏得傳帖且執奏，肯聽奴口語耶？"上默然。一日，朝罷，獨召大夏，授一帖，啓視之，乃李傑姓名也。退至部，語同列曰："此非將材，豈堪爲大帥？"翌日，竟別推，上内批用傑。傑至鎮，無幾被劾，還。上謂大夏曰："悔不用卿言，李傑果敗事。"上嘗謂大夏曰："政事可否，每欲召卿議，又以非卿部事而止，後有當行罷者，以揭帖啓朕。"大夏謝不敢，曰："先朝李孜省可戒。"上曰："卿與朕論國事，豈孜省比？"對曰：

"臣下以揭帖密進，朝廷以揭帖顯行，何異前斜封墨敕？陛下宜遠法帝王，近法祖宗，事之可否，外付府部，内咨内閣可也。"又問："天下何時可太平？朕何時得如古帝王？"對曰："求治，不宜太急。凡用人行政，召内執政大臣面議，得當而後行之，太平可致矣。"上稱："善。"

以右僉都御史劉洪巡撫四川。

松茂番夷作亂，上以洪諳戎務，改巡四川，賜璽書，俾專征討。洪申嚴號令，躬率將士捕剿，且宣布德意，示以禍福。於是，諸夷斬首惡納款，疆場遂清。

夏閏四月，闕里先師廟成。

遣大學士李東陽祭告。及還，以所見天災民瘼上奏，詔議行之。

六月，加秦紘太子太保。

召秦紘爲户部尚書，尋致仕。

時，革總制，召紘還部，紘力求致仕，許之。

秋七月，虜寇大同。

先是，歸正人報虜有異謀，兵部請遣廷臣守邊關。於是，遣右副都御史閻仲宇守宣大，通政司參議熊偉守居庸。已而，虜入大同，殺守望卒。上怒，召内閣劉健等，曰："墩軍皆我赤子。朕爲天下主，何可聽虜屠戮，不一問罪？當出京軍，擇將帥知兵者一大創之。"劉健曰："陛下垂念赤子，誠宗社之福。但兵危事，未易輕動。"李東陽曰："邊事固急，京師尤重。近聞北虜與朵顏交通，潮河川、古北口去京師一日耳，而我顧軍遠出大同，非策。少待其定，徐議所向耳。"上曰："兵未即出，但須搜簡以待。"皆頓首曰："善。"中官苗達貪邊功，猶請出師。上復召劉大夏問之，大夏力言："不可。"上曰："文皇時，頻年出塞逐虜，未嘗失利，今何不可？"對曰："文皇時，將士皆經百戰，足制虜。然丘福稍違節制，數萬甲兵盡陷沙漠。今承平日久，兵將庸疲，恐師出無益，徒煩擾邊民耳。"上憮然曰："朕幾誤計。"師遂不出。

左都御史戴珊乞致仕，不許。

珊掌院務，持風紀，細大必嚴。時，上親鞫大獄，諸司震悚。珊從容應對，每有開析，天威頓霽。上知珊清慎，時召見咨詢，輒移晷刻。至是，引疾求退，優詔勉留，命醫賜食，復面加慰諭，珊不覺泣下，上亦爲動容。一日，珊私懇劉大夏曰："珊老病子幼，萬一客死異鄉，不瞑目。公受知主上，獨不爲我一言乎？"大夏議事畢，因以爲言，上曰："語珊，朕以天下事推誠付托，猶家人父子，太平未兆，何忍棄朕而歸？"大夏出，傳上語，珊泣曰："吾不得生還矣。"

掌詹事府事、禮部尚書吳寬卒。

寬溫粹含弘，好古力學，於權勢營利澹如也。在詞林久，衆望其柄用。謝遷屢言於劉健，健輒曰："我且去，用之未晚。"終不聽。人意寬無少望，寬怡然曰："吾初願不及此。"人益賢之。卒贈太子少保，諡文定。

掌國子監事禮部侍郎謝鐸致仕。

改都御史楊一清巡撫陝西。

八月，令京官六年一考察。

令禮部禁服色。

虜寇環慶、平鳳。

九月，上御暖閣，召輔臣議政。

上召輔臣入，袖出大同總兵官吳江奏，授劉健，曰："江奏，欲臨陣以軍法從事。若許之，恐邊將啓妄殺之漸。"健曰："軍法自應如此，兩軍相持，退者不斬，則人不效死，何以取勝？"上曰："雖然，亦不可輕許。"李東陽曰："既奏請而不許，恐號令從此不行矣。"上曰："善。"

冬十月，虜入花馬池塞，命陝西巡撫楊一清經略邊務。

召南京兵部尚書韓文爲戶部尚書。

劉山伏誅。

召樊瑩爲刑部尚書。

命太常寺卿兼學士張元禎掌詹事府。

元禎嘗上疏，請經筵，講《太極圖》、《西銘性理》諸書，東宮講小學、《孝經》。上忻然嘉納，急索《太極圖》觀，曰："天生斯人，以開朕也。"且將大用。竟不果。

乙丑，十八年春正月，召劉大夏、戴珊入對，各賜白金。

二人對畢，上各賜白金二鋜，曰："朕聞朝覲日，文官避嫌，有閉戶不與人接者。卿二人雖開門延客，誰復以賂通乎？以故賜卿二人。"又曰："勿朝謝。公卿知之，且懷愧懼。"上每有大政，輒召大夏及珊，密語良久，左右不得聞。一日，大夏對久，不能起，上命李榮掖而出之。榮請曰："吾輩在供事披庭多闕失，幸先生隱惡揚善。"大夏曰："主上聖明，何敢輕肆毀譽？且我於公，蹤迹疏遠，公於上前顧數稱我，何也？"榮曰："當朝大臣，獨公一人，榮何敢蔽賢乎？"

廣西思恩土官岑濬作亂，兩廣都御史潘蕃討平之。

初，田州知府岑溥子：長猇，次猛。以失愛弒溥[二五]，爲其土目黃驥、李蠻所誅。而驥、蠻尋有隙，驥以猛奔梧州。督府奏請襲官，納之田州，慮李蠻拒命，乃檄思恩知府岑濬以兵衛猛。

比至，李蠻拒不納，驥復以猛奔思恩。鄧廷瓚檄濬歸猛，濬不從，乃以兵徵之。濬始釋猛，督府納之田州。猛因與濬搆隙。濬攻陷田州，殺李蠻，猛走免。濬僞以族子洪守田州。都御史潘蕃疏濬罪，詔發湖兵一萬討之。濬敗死，夷其族。蕃因上言："宜改流官，變其俗。"從之。岑猛徙爲福建平海千戶。

二月，南京刑部尚書樊瑩致仕，改張敷華爲刑部尚書。

三月，賜進士顧鼎臣等三百人及第出身有差。

戶部主事李夢陽上書，下獄，尋釋之。

時有旨，令百官條奏時政得失。於是，夢陽應詔上疏，曰：

臣聞人君不患其世無直言之臣，而患己之不能用其言；人臣不患其言不得上聞，而常患人君者聞之而不樂也。蓋直言之臣，秉性朴實，不識忌諱，睹事積憤，誠激於中，義形於詞，故其言剴切而無回互，藥石而鮮包藏，是以爲君者不樂聞也，即聞之，不樂行也。夫明君英主則不然也，謂其言剴切，非爲身也；藥石，非規名也。於是，道之使言，言可行也。於是，措之於行。是故天下無壅蔽之奸，上無過舉之政，故治化浹洽而百姓受福矣。臣竊伏思，陛下則真明君英主也。何以知之？陛下法祖宗者至矣，敬天地者蔑以加矣，飭躬勤，勵延問，若不給矣，乃猶曰：政理未新，讜言未聞，惓惓焉若失之，欲焉恒不自安也。乃於是下詔布誠廣路，諭之以悉心，誘之以樂聞，惟恐知之者不肯言，言之者不肯盡，豈不出於尋常者萬萬乎？臣故曰陛下真明君英主也。然治化不浹洽，百姓不受福，何也？意者病與害爲之，而陛下弗察也，又其漸不可長焉。夫天下之勢，譬之身也。欲身之安，莫如去其病；欲其利，莫如祛其害；欲令終而全安，莫如使漸不可長。今天下之爲病者二，而不之去也；爲害者三，而不知祛也；爲漸者六，而不使不可長也。乃顧汲汲曰：是奚不安也？奚不利也？奚不令終而全安也？是何異於不藥而求病愈？於戲，其可畏也哉！夫易失者，勢；難得者，時。今睹可畏之勢，而遇得言之時，使仍緘默退縮，以爲自全苟禄之計，是懷不忠而欺陛下耳。臣謹據所見，昧死開坐，惟陛下矜察哀憐，俯賜觀覽焉。

　　二病：一曰元氣之病。夫元氣之病者，何也？所謂有其幾，無其形，譬患内耗，伏未及發，自謂之安，此乃病在元氣。臣竊觀當今士氣頗似之，故曰元氣之病。夫孔子曰："邦有道，危言危行。"今人不喜人言，見人張拱深揖，口呐呐不吐詞，則目爲老成；又不喜人直，遇事圓巧而委曲，則以爲善處。是以轉相則傚，翕然披靡。爲士者口無公是非，後進承訛踵弊，不復知有言行之實矣。如此，尚得謂之不病乎？且大臣者，庶官之表而民之望也。今大臣則先不喜人言，又惡人直。夫諫官，得之以風聞言事者也。今大臣被彈劾，則率廷辯以求勝，語人曰："我非要作官，但要屈直明白耳。"及直矣，又恬然作官，此何理也？往大臣有親之喪，服除，非詔不起。今大臣服除，自起矣。如此，尚得謂之有禮義廉恥耶？夫無禮義則佞人進，乏廉耻則國無防。佞人進，則因循互相欺詃；國無防，則紀綱不張。臣竊謂此等不治，必積漸不可救藥，故曰四夷未侵，百姓未離，刑政未墜，疆土未蹙，而國危主憂，此所謂元氣之病也。二曰腹心之病。夫腹心之病者，何也？攻之則難攻，不攻則亡身者也。臣竊計今事勢，内官者腹心之病也。夫内官者，陰性而狼貪，其地逼近又朋比難剪，臣故以爲腹心之病。夫倉廠場庫，錢穀之要也，今皆内官主之。陛下以此輩爲忠實可用耶？抑例不可廢也？夫例誠不可廢，每處置一二輩，足矣。今少者五六輩，多者二三十輩，何耶？且夫一虎十羊，勢無全羊，況十虎而一羊哉？今有司摘發其奸，幸陛下洞見其情實，外議僉曰："是必不赦，不且竄斥。"今數月矣，猶閣而不行。夫人情，莫不遮於潛而玩於彰。彼未摘發其奸，尚有嚴心，今其奸業摘發之矣，不置之法，又不竄逐。彼何所憚而不爲乎？昔人有言："宦官有罪不可赦，有缺不可補。"言難除也。今皇城之內，通內籍者幾萬人焉，亦多矣。陛下又敕禮部，選年十五以下淨身男子五百名，將安用邪？夫人情，孰不欲富貴？今田野小民，無故猶閹割親兒，以希進用，矧今有詔則有名？嗚呼，此其禍可勝道哉？夫滅絕人類，則必戕天地之和；戕天地之和，則災害必至；災害至，則五穀不熟，人民離散，天道乖於上，人心怨於下。而陰性狼貪之徒無忌妄行於中，而國不危者，鮮矣。臣故曰內官者，腹心之病也。今陛下誠於此時拔廉直，獎忠鯁，斥無恥。大臣進盧扁之佐，則必轉病而爲安，厭禍以爲福。且陛下何難於此而不爲也？今議者必曰彼曾不指實某忠、某直、某爲無恥，泛言難行。然不知上者風也，下者草也。拔一君子，則君子進，即有小人相率而化於善矣。且人不幸而有疾，擇醫而治之者，爲愛身也。今有司摘發其奸，是亦國之醫耳。若一切閣而不行，是醫能治之，而上弗肯使也。且陛下何難於此而不爲也？今誠欲腹心安，莫如劃內官之權。欲劃內官之權，莫如有罪不赦，有缺不補。《傳》曰："治未病，不治已病。"今固已病也，而猶不治，是可惑也已。

　　三害：一曰兵害。夫兵害者，何也？臣以爲冗食而無補，空名而鮮實也。夫強本，所以弱枝也。今在京之兵，以衛計之，七十有餘，分爲三營：一曰神機，二曰三千，三曰五軍。蓋帶甲控弦者數十萬焉，意固欲強本也。然至正統己巳纔數十年耳，拔之乃僅得十二萬焉，亦寡矣。於是，有十二團營之名。團營至今，又纔數十年耳，日者遣將北伐，拔之不滿三萬焉。然其腰韈、弓刀不全也。騎士則先牽露骨馬，又旋求鞍彎等。夫兵數不減於前，食之者增也，一旦而狼狽若此，何也？官不恤其軍，豪勢多占，使遠者逃，近者潛，職司不以報，糧籍不開除。又壯丁各營其家，老弱出而應點，宜其食之者增而用之者寡矣。臣故曰兵害者，冗食而無補，空名而鮮實也。夫騰驤四衛者，今非所謂內兵耶？外官既不與稽其數，征役又不選用其丁，故其人率富豪而氣驕。夫內官者，陰狡而狼貪者也。以富豪氣驕之人而率之，以陰狡狼貪之徒茲其害，可忍言哉？且夫錦衣衛，爪牙之司也，今內官之家人子弟官之；團營，兵之精也，內官參之；內兵又其專掌之。陛下乃何獨而不爲之寒心耶？古人有言曰："官惟賢，賞惟功。"今團營把總、號頭等，孰非內官之私人乎？彼其家人子弟，抑孰非詭托冒官也？乃遂令布列要地爲爪牙乎？諺有之曰："萌芽不伐，將折斧柯。燼火不撲，燎原奈何？"言貴豫也。陛下誠於此時查往年李玉事例，仍置總兵官，使參掌內兵，又禁團營把總、號頭等，自今不得置其私人。乃於是命諸左右曰：其詭托冒官自首者聽，但罷免不問。如此，則威立而恩亦流。所謂銷患於未形，計之上也。二曰民害。夫民害者，臣以爲歛重而民貧，又貪墨在位，恩不下流也。臣聞惟智者而後起家，夫人未有無所藉而生者也。今百姓賢智不一二，愚蠢者十常七八。然又苦有司者不知恤也，歛之不問貧富，役之不問勝否，曰是爾職焉矣。是故富者剝削，貧者稱貸。稱貸之不足，則必鬻子；鬻子而不足，則必逋竄。一旦棄父母、捐親戚，背鄉離井，愁怨之聲上干天和，則必有水旱、風雹之灾。逋者不還，居者縲絏而牽連，則必有無辜暴露之屍。臣故曰民害者，重歛使之也。夫內府供用，有常數也，宜有常簿焉。今油蠟、皮張諸料等，較之弘治初年，費且十倍於前，此何也？蓋下者效上者也，取贏者未有不羨者也。今既十倍於前，則工、戶二部科派必又倍矣。下之州縣，必又倍矣。百姓輸納又有稱頭等，必又倍矣。又經內官必有賄賂，是益又倍矣。於是，民日貧而歛日積，當道不苦言以聞，有司乘其機而肥其家。如此，而猶望其治，是真却步以求前耳。陛下前固嘗降詔旨存問矣，然簿數不減昔也，科派不省，稱頭如故，賄賂公行無憚，此所謂空名而實禍也。臣故曰貪墨在位，恩不下流者，此也。三曰莊場畿民之害。臣伏觀洪武某年詔曰：直隸拋荒田地，聽民開墾，永不起科。夫民墾之矣，不可謂非其田矣。而今皇親之家，聽無賴子投獻主，使謂非其田也。請之朝廷，朝廷亦謂非其田也，率即賜之。皇親家既奉天子命爲己有，乃輒遂奪其田土，夷其墳墓，毀其房屋，斬伐其樹木。於是，百年土著之民，蕩產失業，拋棄父母妻子，千里之內舉騷然不寧矣。夫皇親，與國同休戚者也，而祿非不豐，貴非不極也。乃祇以區區之田，損害赤子，動搖根本，如此，是不欲與國同休也耶？嗚呼，亦甚矣！昔魯厩焚，孔子見之，但曰："傷人乎？"蓋貴人賤馬也。今薊州牧馬草場，與百姓争阡而競畝，尺分而剖之。臣竊悲也，是何？賤人而貴馬也。夫草場數千頃地，今三遣官矣。百姓年年坐勾攝，轉相牽連，妨廢本業，耽閣其生理。男不秉耜，女不上機，賣男鬻女，弱者轉而死泥塗者，過半矣。嗚呼，是何賤人而貴馬也？臣雖未嘗睹其始末，竊計今事勢，萬無百姓侵官之理，設有之，所辦亦官租耳，非若皇親之家占之爲己有也。今據勘牒四至與民爭者，止十之一二耳。臣謂宜置而不問，且百十年土著之民，一旦逐之使去，陛下忍爲此耶？夫王畿，天下之本也。今以數十百頃之地，失黔首之心，傷陰陽之和，臣固知陛下不忍矣。陛下幸哀憐，聽臣愚計，敕戶部查景泰六年勘官馮謹[二六]奏內事理，以前項田土仍給民徵租，但以空閒草地牧馬便。

六漸者：一曰匱之漸。夫匱之漸者，何也？臣以爲兵連然耳，然又苦浪費。今各邊用兵，以將則庸，以卒則罷，糜財而無功，曠日而損威。而錢穀吏俛首供給，莫敢誰何，稍有不繼，則軍吏托以自解。是故，倉廩不足，不曰兵糜之也，曰是錢穀者之誤之也。錢穀者不曰己誤之也，曰是無米而求粥也。於是，始有和買之議矣。和買而不足，於是有㲉運之例。㲉運而又不足，於是乞內帑之銀。臣始至戶部，大倉庫銀尚百七十餘萬，今銷耗且過半矣。然而，乞者未已也。由是積漸而不止，雖欲不匱，烏可得矣夫？今疆土不蹙於前也，又鮮大寇，非有若匈奴、突厥者也。竭天下之力以供邊，而曰猶不足，此其故何也？糜財而無功，曠日而損威者爲之也。夫錢者，泉也，言流也。散於上，則聚於下；公家削，則私室盈。今京城內外，千觀萬寺，亦熾矣。顧又不止，彼左右侍臣，孰非造寺者也？動輒匪以鉅萬計？諺曰：十入一出。今彼鉅萬出，則其入不止於鉅萬，明矣。夫上惟風，下民惟草。今方春氣和，耒耜在野。陛下乃不發倉廩助不給，賑不足，顧徧察寺觀，敕給費修葺之，是導民以奉佛也，彼以鉅萬入者，又何憚而不造寺也。夫智者察微，今貨入而歸私室矣，又出而造寺觀矣。設卒有水旱之驚，兵甲事興，內取則已匱，外歛則民窮，臣不知陛下計所出矣。故曰又苦浪費者，此也。二曰盜之漸。夫盜之漸者，何也？臣以爲其幾在民窮。夫盜者，非不知法當死也。彼以爲往固無食矣，今盜而得食，即死不猶逾於餒乎？往固無衣矣，今盜而得衣，即死不猶逾於凍乎？往有租調官司之轄矣，今盜而得自由，不猶逾於追繫鞭笞之苦乎？夫天下無智愚、强弱舉俛首捧心以事我者，以有法維之，且畏死也。今既死而逾於凍餒、追繫鞭笞之，則彼何所不至耶？故以臣之愚，竊計今事勢，非但憂盜，將必有大患。大患者何？所謂有亂之機，無亂之形也。夫今天下無不臣之邦，四夷無不庭之國，百官奉職，筐篚歲至。太倉有紅腐之粟，武庫之兵朽而不用，又無方二三千里水旱之災也。然而，嘯聚殺人、劫縣燒村、剽掠婦女者，日相聞也。假如不幸而有方二三千里水旱之災，武庫乏兵，太倉竭粟，百官不奉職，夷狄外侵，海內有警，則事勢又何如矣？故曰有亂之機，無亂之形。嗚呼，此亦可寒心矣！臣謂宜趁此急選良有司恤饑賑寒，以安民心。又密令整飭城池、軍馬，以伺緩急之變。夫安不忘危，霸者之略；有備無患，聖王之政。況今承平日久，民不知兵，萬一有慮外之警，有如平原、睢陽之倫乎？臣故曰計今事非但憂盜，將有大患者，此也。三曰壞名器之漸。夫壞名器之漸者，臣以爲黜陟失制也。夫明王懸爵賞以待天下之賢，將以奉天而理民也。故曰五服有章，自天命之，示非我也。又曰爵人於朝，與衆共之，明至公也。是以古之英君寧捐百萬之費，而靳一郎之拜，其意亦謂此耳。而今乞官者官，乞廕者廕，黜其父者陟其子，黜其祖者陟其孫，臣不知陛下計所出矣。夫廕者，所以報功，又示勸也。今黜者既陟其子孫，則有功者何勸焉？是以高其爵不足以勵，糜其賞不足以風，貪緣鑽刺之風既行，而廉耻名節之士遂寡。且陛下何利於斯而爲之也？夫大學士萬安前侍先皇帝，醜穢彰露。陛下踐祚之始，嘗令内官逼脱其牙牌，逐之去矣。今而廕其子爲丞，臣不知報耶，勸耶？且陛下何利於斯而爲之耶？夫薰蕕同器，不知有薰；廉汙並賞，孰肯爲廉？陛下若謂天下之大，何吝此一官？則所謂敝袴之藏、繁纓之惜，皆非邪！惟名與器，不可以假人。臣故曰壞名器之漸者，黜陟失制也。四曰弛法令之漸。夫弛法令之漸者，臣以爲舛與玩爲之也。夫舛莫大於縱罪，玩莫大於長奸。昔者，舜爲天子，其父瞽瞍殺人，孟子以爲士師執之，爲舜者但宜竊負而逃。蓋法者，公之天下、受之祖宗者也。掌於士師，士師不得而專也；出於天子，天子不得而專也。是故，士師可以執天子之父，而爲舜者不可私其親。曩者，犯人王禮擅搶夷僧貨物，損辱國體，傳笑外邦獄案已具，法所不赦也。陛下何從而赦之耶？以爲無罪，則固已追償其貨直矣；以爲有罪，未聞罪而赦之者也。有罪而赦之，是縱罪也。縱罪則奸長，奸長則政舛，政舛則民玩，民玩則令慢，令慢則法弛，此古之所大忌，而今之所甚忽也。夫忌莫大於刑，忽莫大於私，何則？刑天討也，公天道也。王者不私其天，故罰一人而千萬人懼。諺曰：勿謂尺五後且不補。臣故以王禮之赦，爲弛法令之漸。五曰方術眩惑之漸。夫方術眩惑之漸者，臣以爲去之不力，則誘之必入也。夫自古帝王享國長久者，畏天而憂民也，非以奉佛也。康健少疾者，清心而寡欲也，非以事仙也。且陛下獨不見梁武、唐憲乎？梁武帝奉佛最謹，然罹禍最慘。唐憲宗事仙又最謹，然年又最短。此其明效大驗，彰彰可考者。而今創寺、創觀、請額者，陛下弗止也。比又詔葺其圮廢。臣不知陛下乃何所取於彼而爲之也？夫真人者，太虛無爲之名也。今酒肉粗俗道士，陛下敬重之如神，尊爲真人。又法王、佛子等，並肩輿出入，珍食衣錦。陛下踐祚，詔曰：僧道不得作醮事，煽惑人心。堂堂天言，四海誦焉。夫陛下神心睿姿，不減於前也，乃今復爾者，臣固知有誘之者也。夫去之不力，則誘之必入，譬若鋤草不盡，反滋其勢。陛下奈何去之不力，而反使之滋也？夫誘者必曰其道妙，又其法靈。今天變屢見於上，百姓嗷嗷於下，邊報未捷，倉庫匱乏，信如真人、國師道足以庇，法足以祐，陛下何不遂一試之？且彼能設一醮，噢一法，使天變息而嗷嗷者安乎？此固必無之事，而陛下不察，反聽其誘。此臣之所以日夜悲心者也。六曰貴戚驕恣之漸。夫貴戚驕恣之漸者，臣以爲其防決也。夫水防惟土，國防惟禮，水決則潰，禮決則陵。昔者高皇帝制皇親，則令曰：皇親之家，不得與政。臣嘗伏讀嘆息，以爲聖王不易之論。及退而考夫頒祿列爵，則又使大貴而極富；已又考其器度、田奴，則又不使逾也。臣於是又嘆曰：是所謂禮之防也。夫皇親，與國至戚也，不宜有間。今顧制禮以防之者，臣以爲此固保全而使之安也。今陛下至親，莫如壽寧侯；所宜保全而使安者，亦莫如壽寧侯。乃顧不嚴禮以爲之防，臣恐其潰且有日矣。夫下僭〔二七〕則上陵。今壽寧侯招納無賴，網利而賊民，白奪人田土，拆人房屋，強擄人子女，開張房店，要截商貨，而又占種人鹽課，橫行江河，張打黃旗，勢如翼虎，此謂之不僭，可乎？僭則陵，陵則逼，大逼則法行。且今側目而視，切齒而談，孰非飲恨於壽寧者也。夫川潰則傷必眾，萬一法行，陛下雖欲保全而使之安，得乎？臣竊以爲宜侯〔二八〕今慎其禮防，則所以厚張氏者至矣，亦杜漸剪萌之道也。

疏入，壽寧侯遂論夢陽斬罪十大，指謂訕母后，以疏中張氏指名，而后母金夫人日泣訴上前。上不得已，下夢陽詔獄。召內閣問曰："李夢陽言事若何？"劉健輒對曰："此狂妄小臣耳。"

上默然良久。謝遷曰："夢陽雖狂，然其心無非爲國。"上曰："然。"會科道官交章入救，而掌詔獄牟斌參曰："原情應詔論法亦違，其壽寧所論夢陽十罪，悉置不入。"金夫人猶在上前泣訴，求重刑。上怒推案出，竟從輕罰，止奪俸三月。他日，上幸南宮，二張入侍宴，上獨召壽寧語，左右不得聞。第遙見壽寧免冠，頭觸地請罪，蓋上以夢陽言切責之也。後劉大夏獨對。上問大夏："近日外議云何？"曰："近釋李夢陽，中外歡呼，聖德如天地。"上曰："夢陽指斥戚畹。朕不得已，下詔獄。比奏上，朕試問：'左右云何？'皆曰：'付錦衣衛杖而釋之。'朕知此輩得旨，即斃之杖下，以快中官之怒，使朕負殺直臣名，不忠如此，朕故徑釋之。"大夏頓首，謝曰："此堯舜之仁也。"時，刑部尚書閔珪讞大獄，忤旨。大夏曰："大臣執法，不過效忠朝廷，珪所爲無足異。"上問："古亦有此乎？"大夏曰："臣幼讀《孟子》，見舜爲天子，皋陶爲士師，瞽瞍殺人，罪陶亦執之而已，似無可深責。"上頷之，卒從珪議。

夏四月，上御暖閣，召輔臣議政事。

上召劉健、李東陽、謝遷至暖閣，出數疏，一一商確。內有言錢法窒碍者，健曰："此須自朝廷始，如賞錫折俸之類，皆用官錢，乃可行耳。"謝遷曰："私錢不禁，則官錢不行。昔年曾禁私錢，不二三日，濫行如故。"上曰："何故若此？"對曰："有司奉行不至耳。"健因曰："今國帑不充，邊儲空乏，正公私困竭之時，造錢一事，最爲緊要。其餘若屯鹽茶，皆理財之務，不可不講也。"東陽曰："鹽法尤重，今已壞盡。各邊開中，徒有其名。商人無利，皆不肯輸矣。"上問其故，健等因極論戚畹、諸王奏討之弊，且曰："國初，茶馬法初行，歐陽駙馬販私茶數百。太祖曰：'我纔行一法，乃壞之。'遂寘極典。此等故事，人皆不敢言。"上曰："非不敢言，乃不肯言耳。"明日，降旨云:"祖宗設鹽法,以濟邊儲,係國家要務。近來廢弛殆盡,商賈不行,開中雖多,全無實用。户部其查議以聞。"於是,中外稱慶。時上勵精思治,益明習機務,眷念民瘼,欲盡革諸煩苛弊蠹。每召閣臣面對,促膝密談,若家人父子者,若不得聞。諸閹大懼,竊從屏隙窺,第聞上數大稱善。至上語及宫中事,毅然欲創抑盡奪近侍權,復高皇帝舊。健等見上體清癯,太子未壯,恐一旦禍起,不可測,未敢輕動。未幾,上暴病,外議籍籍,以爲禍本有所起云。

五月,上不豫。庚寅,顧命輔臣。辛卯,上崩于乾清宫。

上不豫,令中官戴儀召內閣劉健、謝遷、李東陽至寢殿。上便服,坐榻中,令健等前至榻下,上曰:"朕承祖宗大統,在位十八年,今甫纔三十六耳。乃得此疾,殆不能興。"健等曰:"陛下違和,安得遽爲此言?"上曰:"朕自知之,天命不可强也。"掌御藥太監張瑜勸上進藥,不答。上曰:"朕爲祖宗守法,不敢怠荒天下事,每勞卿等。"因執健手曰:"東宫生十五年矣,尚未選婚。社稷事重,可急舉行。"又曰:"東宫聰明,但年幼,好逸樂。卿善輔之。"健等頓首曰:"臣等敢不竭股肱之力。"上呼左右曰:"授遺旨。"上口授,令戴儀即榻前書之,復慰諭健等,令退。越一夕,上崩。

壬寅,皇太子即位,大赦。

詔以明年爲正德元年。

六月,上大行皇帝謚號。

建天明道誠純中正聖文神武至仁大德敬皇帝,廟號孝宗。

虜寇大同、宣府,命保國公朱暉爲總兵官,右都御史史琳提督軍務,出師分道禦却之。

秋七月，加劉健左柱國，李東陽、謝遷並少傅兼太子太傅。

起許進爲兵部左侍郎，提督團營。下宦者張瑜，太醫劉泰、高廷于獄。

> 給事中邊貢言："瑜等侍疾不謹，致先帝奄忽上賓。"請寘之法。於是，並逮下獄，命太監李榮即訊。榮承內意，欲輕坐。大理寺楊守隨泣曰："先帝梓宮在殯，臣子哀痛方殷。君父之事，誤與故同，例以《春秋》許世子之律，豈宜輕宥？"榮默然。

八月，尊皇太后王氏爲慈聖康壽太皇太后，皇后張氏爲皇太后。

遣宦者王瓉、崔果南京、浙江織造。

> 瓉等討長蘆鹽一萬二千引，變易物料。李夢陽言於尚書韓文曰："今新政之初，此端不可開。"文執奏，止與六千引。上問內閣："戶部何不全與？"劉健對曰："內臣裝載官鹽，夾帶數多，沿途騷害，且壅滯商課。先帝末年，銳意整理鹽法，此正今日急務。"上不悅，曰："天下事，豈盡壞於內官？即如十人中亦有三四人可用者。卿等自知之。"言至再，健等退，復具揭帖力請如戶部議。上不得已，從之。

九月庚子，恒星晝見。

起周經爲南京戶部尚書。

致仕戶部尚書秦紘卒。

> 紘，單縣人。剛毅廉介，歷官四十餘年，提兵南北，位列上卿。所居僅蔽風雨，妻孥菜羹麥飯，不改其舊。及卒，家無餘貲，未幾子孫貧乏，不能自存。贈少保，諡襄毅。

冬十月，虜入花馬池，陷清水營。

建皇莊。

　　成化來，始有皇莊，然不過數處而已。至是，創建皇莊七處，後至連州，跨邑三百餘處，畿内之民，於是愈困。

易鎮[二九]守内臣。

　　上初即位，東宮舊侍馬永成、谷大用、劉瑾、張永、魏彬、羅祥、丘聚、張興等用事，與上同卧起，宴遊，時號八黨。劉瑾，通文墨，熟世故，而性剛狠，謀竊國柄，屢於上前言：“弘治間，朝權俱爲司禮監内閣所持，朝廷虛名而已。如鎮守内官，皆司禮監官舉用，納賄不訾，若籍司禮太監家，可得金寶數萬。天下鎮守別用一番人，使各以重賂上謝，不猶逾於賄司禮監乎？”上以爲然。於是，盡易鎮守内臣。新用者，各入重賄，及出，肆意誅求，無所忌憚矣。

十二月，修《孝宗皇帝實錄》。

翰林編修何塘請修史職。

　　塘上疏言：臣以菲薄待罪史官，伏睹内外百司各有職守，而史官獨若無所事者。朝參之餘，退安私室，於國家政務無分毫補益。猶且月受俸錢，日支廩給，既失官守之職，難逃尸素之譏。臣考古者王朝列國皆有史官，掌記時事。我祖宗設修撰、編修、檢討，謂之史臣，俾司紀錄，法古意也。太祖時，劉基條答天象之問，上悉以付史館。太宗時，王直以右春坊、右庶子兼記注，凡聖政聖訓之當書者皆錄之，以備纂述。由是推之，史官之職，在國初猶未失也。不知因循廢墜，始於何時，沿襲至今，未克修舉。方[三〇]山陵既畢，政治維新。伏望遵祖宗所已行，修史職於久廢，敕令修撰、編修、檢討番直史館。凡陛下之起居，臣工之論列，政事之因革弛張，大臣之升降拜罷，皆令即時紀錄。止用據事直書，不須立論褒貶，藏之篋櫝，以待纂述。史職既修，國典斯備，上則聖君、賢臣、嘉謨、嘉猷，不至有所遺落；下則憸夫、小人，懼遺萬世之譏，亦有所懲戒，不敢縱恣爲惡。公則明朝廷無虛譽之官，私則使人臣免素餐之愧。或謂館閣所以儲才，不必責以職守。臣竊謂養才之道，當使之周知天下之務，方可以備他日之用。今諸人於國家政事初不聞知，雖欲練習，其道無由。若令史館供職，庶因紀錄之間，得以練習政體，他日任用，不至疏脫，是於修職之中，實寓養才之意。上、下所司知之。

左都御史戴珊卒。

珊，浮梁人。耿耿不苟合，而洞達無城府。奉職守法，不爲物撓。歷仕四十餘年，家無餘貲。卒，贈太子太保，諡恭簡。

以張敷華爲左都御史。

虜入固原。

虜數萬騎入寧夏，直擣固原，關中大震。時，楊一清在平涼，總兵曹雄駐兵瓦亭驛，隔絕不相聞。一清率帳下五千人，晝夜兼行，趨會曹雄，議方略，嚴守備，張疑兵以脅虜。虜聞一清至，移侵隆德。我軍連發火炮，響應山谷，如數萬人。酋長疑大兵至，遂北走。

校勘記

〔一〕"阻"，疑當作"沮"。

〔二〕"徙"，（明）程敏政《篁墩文集》卷十《奏考正祀典》作"徙"。

〔三〕"刑"，疑當作"邢"。

〔四〕"榮"，疑當作"縈"。

〔五〕"汴入淮，淮入泗"，《明史》卷八十三《河渠志二》、（清）谷應泰《明史紀事本末》卷三十四作"汴入睢，睢入泗，泗入淮"。

〔六〕"濬"，《明史》卷一百二十六《李文忠傳》作"璹"。

〔七〕"襲"，底本闕，據《明史》卷二百八十四《孔彥繩傳》補。

〔八〕"靜"，（清）谷應泰《明史紀事本末》卷四十作"靖"。

〔九〕"加"，同前作"嘉"。

〔一〇〕"導"，同前卷三十四作"道"。

〔一一〕"加"，同前卷四十、《明史》卷三百二十九《哈密衛》作"嘉"。

〔一二〕"阿"，底本作"可"，據前後文改。

〔一三〕"穎"，疑當作"潁"。

〔一四〕"毛"，據《明史》《河渠志》當作"亳"。

〔一五〕"粥"，（明）李東陽《懷麓堂集》卷八十一《明故光祿大夫太子太保禮部尚書致仕贈特進右柱國太保諡文端周公神道碑銘》、（明）項篤壽《今獻備遺》卷三十四《周經》作"鬻"。

〔一六〕"令自首賂"，（明）崔銑《洹詞》卷十二《吳尚書傳》作"令自首賂知縣，乃毀門表，不即理前事"。

〔一七〕"斥赤"，當作"赤斥"。

〔一八〕"逾"，《明史》卷一百八十三《倪岳傳》、（明）倪岳《青溪漫稿》卷十三《論西北備邊事宜狀》作"喻"。

〔一九〕"中"，同前作"萃"。

〔二〇〕"接運漕河"，同前作"接連渭河"。

〔二一〕"胃"，當作"冑"。

〔二二〕"常"，疑當作"當"。

〔二三〕"南都四君子"，《明史》卷一百八十六《張敷華傳》："與吏部尚書林瀚、僉都御史林俊、祭酒章懋，稱'南都四君子'。"

〔二四〕"儒者有向上工"，（清）黃宗羲《明儒學案》卷九《御史陳時周先生茂烈》作"儒者有向上工夫"。

〔二五〕"以失愛弒溥"，（清）谷應泰《明史紀事本末》卷五十三作"猇以失愛弒溥"。

〔二六〕"馮謹"，同前當作"馮諲"。

〔二七〕"僭"，同前作"替"。

〔二八〕"侯",同前作"及"。
〔二九〕"易鎮",底本字迹漫漶,據後文辨識。
〔三〇〕"方",(明)何瑭《柏齋集》卷一《史職議》作"方今"。

國史紀聞卷十二

武宗毅皇帝

丙寅，正德元年春正月，以副都御史楊一清總制三邊軍務。

一清疏言：

陝西各邊，延綏城堡據險，寧夏、甘肅河山阻隔，虜雖侵犯，為患猶淺。惟花馬池至靈州一帶，地里寬漫，城堡稀疏，兵力單弱。一或失守，虜眾躪入，犯我環慶，寇我固原，深入我平鳳、臨鞏。其間漢土雜處，倘兵連禍結，內變或因之而作，根本動搖，誠非細故。此所謂膏肓之疾、腹心之害也。成化初年，北虜在套，彼時未有邊牆，恣肆出入。已而，寧夏巡撫徐廷璋修邊牆二百餘里，開浚溝塹。延綏地方邊牆壞塹，又得巡撫余子俊修浚完固。北虜知不能犯，不復入套者二十餘年。世平人玩，邊備稍疏，牆日薄，溝日淺。弘治十四年，大虜由花馬池入，戕破內郡，虜人得志，始蔑我邊牆，為不足畏矣。連年擁眾而入，我軍動輒失利，攻陷清水營，殘破花馬池，上厪宸慮，敕臣經理。臣宦陝有年，虜情邊事頗嘗究心，但頻年荒旱，倉廩空虛，饋餉不繼。虜賊動號數萬，倐聚忽散。未至而廣徵士馬，則徒費芻糧；既至而調兵應援，則緩不及事。縱使大兵既集，務速則彼或不來，持久則我師先老，恐終無伐其深入之謀，沮其方張之勢。嘗聞防邊之計，莫危於戰，莫安於守。臣自環慶直抵靈州，邊城臺堡，躬親閱視，廣集眾思，兼收群策，參酌損益，始有定論。大要有四：修浚牆塹以固邊防、增設衛所以壯邊兵、經理寧夏以安內附、整飭韋州以遏外侵。當務之急，莫先于此。但關中財匱民勞，修邊之役，人多異議。然利害有重輕，關係有大小，大事可成，則小費不足計；遠效可圖，則近怨不足恤。此臣區區之忠也。今之河套，即周朔方，唐張仁愿築三受降城，置烽堠千八百所，自是突厥不敢逾山牧馬，朔南無寇，歲省費億計，減鎮兵數萬，受降遠在河外。古之舉大事者，未嘗不一勞而後永佚，類如此。受降，據三面之險，當千里之蔽。正統以來，侵失其險，舍受降而衛東勝，已失一面之險。又輟東勝以就延綏，則以一面之地，遮千餘里之衝。遂使河套沃壤爲虜甌脫，巢穴其中，深山大沙，勢顧在彼，而寧夏外險反南備河。此陝西虜患所以相尋而莫之能解也。茲欲復守東勝，因河爲固，東接大同，西接寧夏，使河套方千里之地歸我耕牧，開屯田數百里，用省內運。不然，則陝西用兵殆無虛日，八郡之人疲于奔命，民窮盜起，禍將何極？及今整飭延綏、寧夏一帶邊防，賊來有以待之，雖非上計，猶愈于無策。醜虜聞知，或數十年未敢輕犯，我得休養生息，東勝之地未必終不可復也。

下兵部議，敕一清經理。一清又請靈州大鹽池增課一萬五千引，小池增三萬引，新舊共五萬一千三百三十七引，歲課銀二萬七千六十餘兩，給固原、慶陽買馬。詔從之。

以蔡清爲江西提學副使。

清，晉江人，禮部主事。請告家居，修行名著。升江西提學，既履任，崇師儒，重德行。以道義教學，激勸不怠，士風大變。江西相沿賀寧王壽，皆具朝服。清至，以爲不宜全用覲君之服，獨去中蔽膝，寧王怒。又三司官舊用朔望日朝寧王，而於次日謁孔子。清力語三司，先謁孔子，次朝王，王益怒。林俊巡撫江西，曾論王不法，寧王憾之。其左右因言："清與俊厚。"於是，寧王怒不可解，力求清短，造蜚語，傳謗京師。寧王一日宴三司，故設機械，誚清不工詩文。清言："朝廷方面官，豈容藩王輕侮？"據理直對，無所屈，遂引疾歸。

右都御史史琳卒。

天鳴，地震。

二月，修《孝宗敬皇帝實錄》。

以儲瓘爲左僉都御史，總制南京糧儲。

三月，隕星如月。

夏四月，吏部尚書馬文升致仕，以焦芳爲吏部尚書。

中官王瑞以大婚禮奏用書篆儒士七人，有旨令瑞考選。文升言："方杜倖門，不可。"瑞誣文升拒命，上怒。諸大臣力爲辯，得白。時，兩廣缺總督，文升推兵部侍郎熊繡。繡不樂，因憾文升，謀諸李東陽，將去文升，以劉大夏代之。乃諷其鄉人御史何天衢，屢疏論文升。文升遂力求致仕，先後二十一疏，乃允。吏部侍郎焦芳，與司禮太監李榮同鄉，又善劉瑾，借二人援，遂代文升。

改南京吏部尚書林瀚爲南京兵部尚書，參贊機務。

瀚因灾異陳十二事，首曰"隆大孝以先天下"，言："先帝奄忽上賓，陛下親承付托。惟任大臣，而不改先帝所倚用；立大政，而不易先帝所貽謀；斥遠近習，力體先帝親賢遠佞之方；不假貴戚，力行先帝割私任公之法；戒飭邊備，常若先帝不忘夷虜；節省財費，常若先帝不忘生靈。事無鉅細、無內外，惟做先帝所已行者而力行之，則大孝之寔通于天下矣。"其餘集群議以決大政，改州治以奉陵寢，崇儉德以裕財用，省虛費以蘇軍民，增貢舉以進人才，修武備以禦寇盜，省匠役以蘇民困，節工役以省財用，清吏役以革宿弊，清馬政以防欺蔽，大優容以廣言路，皆剴切無忌諱。

五月，以王瓊爲副都御史總督鹽法，以彭澤爲真定知府。

六月辛酉，雷震郊壇門、太廟、奉天殿。

內閣劉健等上疏曰："陛下邇來視朝太遲，免朝太數，奏事漸晚，游戲漸廣。夫奢侈玩戲，非所以崇儉德；彈射釣獵，非所以養仁心。鷹犬狐兔，田野之畜，不可育于宮廷；弓矢甲胄，戰鬥之象，不可施于禁籞。正人不親，直言不聞，而此數者交雜于前，臣寔憂之。今六月中旬，風雨飄蕩，雷霆震驚正殿、太廟，天壇禁門摧折燒毀，天心示警，患禍將至，惕然省悟，側身修行，庶可回天意、慰民心。"不聽。健等復上疏自劾，曰："先帝顧命惓惓，以陛下爲托。臣等痛心刻骨，誓以死報。邇地動天鳴，五星凌犯星斗，晝見白虹貫日，群災疊異，併在一時。歷觀載籍，徧閱古今，未有如此而不亂者也。陛下即位之初，詔書一布天下，延頸想望太平，而朝令夕改，變易殆盡。憂在于民生國計，則若罔聞知；事涉于近倖貴戚，則牢不可破。以一二人之私恩，壞百年之定制；而不顧以一二人之讒邪，違滿朝之公論。而不恤臣等叨居重地，徒擁虛銜，或旨從中出，略不預聞；或衆所擬議，徑行改易。使臣等進退無據，寢食靡寧。若委顧命之名，而不盡輔導之寔，竊祿苟容，既負先帝，又負陛下，後世其謂臣等何？伏乞早賜罷斥。"詔慰留之。

以孔子裔孫孔彥繩爲五經博士。

秋七月，彗星見參井，掃太薇垣。

太白經天。

八月，立皇后夏氏。

大角、大火搖動。

九月，兵部尚書劉大夏致仕，以許進爲兵部尚書。

陝巴死，子拜牙即嗣忠順王。

冬十月，霾霧四塞。

命太監劉瑾掌司禮監，提督團營。罷大學士劉健、謝遷。

　　劉瑾等日導上狗馬鷹兔，舞唱角抵，出入無節，游戲市井。給事中劉蒝、陶諧等相繼論劾，不報。戶部尚書韓文，每朝退言及輒泣下。李夢陽說文曰："公爲國大臣，義同休戚，徒泣何益？"文曰："奈何？"夢陽曰："比言官交劾諸內侍，章下閣，持之甚力。公誠及此時率諸大臣死爭，事或可也。"文掀髯改容曰："善。即弗濟，吾年足死矣，不死不足以報國。"遂令夢陽具疏，合諸大臣上言曰：

　　臣等待罪股肱，伏睹朝政日非，臨御漸晚，仰窺聖容，日就清癯，皆言太監馬永成、谷大用、張永、羅祥、魏彬、劉瑾、丘聚等，置造巧偽，淫蕩上心。或擊毬走馬，或放鷹逐兔，或俳優雜劇，錯陳于前；或導萬乘之尊，與外人交易，狎暱媟褻，無復禮體。日游不足，夜以繼之，勞耗精神，虧損至德。遂使天道失序，地氣靡寧，雷異星變，桃李秋花。考厥占候，咸非吉祥。此等細人，惟知蠱惑君上以行私，而不思赫赫天命，皇皇帝業，在陛下一身。今大婚雖畢，儲嗣未建，萬一游宴損神，起居失節，雖齏粉此輩，何補于事乎？昔高皇帝艱難百戰，取有四海，列聖繼承，傳之先帝，以至陛下。先帝臨崩顧命之語，陛下所聞也，奈何姑息群小，置之左右，使濁亂天下，虧損聖德乎？竊觀前古，閹宦誤國，其禍甚烈。今永成等罪惡既著，若縱而不治，將來無所忌憚，爲患非細。伏望陛下奮剛斷，割私愛，明正典刑，以回天地之變，消禍亂之萌。

疏入，上驚泣，不食，諸閹大懼。初，閣議持言官章不肯下，諸閹業已窘，相對涕泣。會諸大臣疏又入，上遣司禮監八人詣閣議，一日三至，健等益持議不肯下。八人中有王岳者，亦東宮舊侍也，素剛直，頗惡其儕所爲，獨是閣議。明日，召諸大臣至左順門，太監李榮手諸大臣疏，傳上諭曰：「諸大臣愛君愛國言良是。第奴儕事上久，不忍即置之法。幸少寬之，上自處耳。」衆錯愕，莫敢出一語。惟韓文曰：「今海內民窮盜起，水旱頻仍，天變日增。上始踐祚，輒棄萬幾，游宴無度，狎暱群小，文等何忍無言？」榮曰：「上非不知，第欲寬之耳。」吏部侍郎王鏊曰：「倘上不處，奈何？」榮曰：「榮頸有鐵裹耶？敢壞國事？」持疏復入。是日，瑾等業自求南京安置。閣議猶持不從，上言：「此數人罪大惡極，得罪祖宗，非陛下所得宥。」且言：「人君之於小人，若不知而誤用，其失猶小，天下尚望知而去之。若知而不去，人心危疑，被其離間，必爲亂階。今永等情罪彰露，陛下業已知之，尚欲留置左右，邪正之勢，必不兩立，禍亂之機，將自此始。乞早正典刑。」上不聽。健等因上疏求去。王岳與司禮太監范亨、徐知〔一〕亦密言于上，廷臣劾奏，不可不從。上不得已，允之。會晚，待明發，捕瑾等下獄，而焦芳以閣議泄于瑾。瑾等夜繞哭上前，以頭觸地，訴：「王岳等內外交通，欲殺奴婢。」上色動，瑾曰：「若待旦，瑾等不得見天顏矣。」上怒，收岳等下獄。瑾又曰：「狗馬鷹兔，何損萬幾？今廷臣敢譁者，司禮監無人耳。有則惟上所欲爲，誰敢言者？」上立命瑾掌司禮監，兼提督團營，丘聚提督東廠，谷大用提督西廠，張永等並司營務，分據要地，各遣官校巡察。王岳、李榮、范亨、徐知〔二〕，並竄南京。先是，瑾等嘗屢言內閣專權納賄。上久信之。至是，遂令劉健、謝遷致仕，李東陽獨留。閣議時，健嘗推案大哭，遷力助之，惟東陽不出一語，故得不去。健、遷瀕行，東陽祖餞，欷歔而泣。健正色曰："何用哭為？使當日出一語，則與我輩同去矣。"東陽默然，有慚色。初，舉朝共攻瑾等，必欲誅之。獨許進謂人曰："此曹得疏斥幸耳。大激，恐有甘露之變。"既而，果然。

劉瑾殺太監王岳。

岳既竄南京，瑾恨之不已，遣人追至臨清，縊殺之。

下戶科給事中劉蒰于獄。

蒰上疏，極陳時政，言權奸擅政，聰明壅塞，弊政日滋，民窮財匱。凡數千言，皆剴切無諱。劉瑾怒，矯旨下詔獄。

下刑科給事中吳翀、山西道御史劉玉于獄。

翀、玉皆上疏，請留劉健、謝遷，俱下獄。

以吏部尚書焦芳兼文淵閣大學士，吏部左侍郎王鏊兼翰林院學士，並直文淵閣。

芳性險愎，始附尹旻。旻敗，芳以侍讀講學士謫桂陽州同〔三〕。復累遷至尚書，阿附劉瑾。劉健等相繼斥罷，瑾遂引芳入閣，表裏為奸。凡變紊成憲，驅斥忠直，杜塞言路，酷虐軍民，皆芳導之。鏊，李東陽所薦也。

以許進為吏部尚書。

十一月，杖欽天監五官監候楊源于闕下。

先是，源上疏言："占候得大角及心宿中星動搖，天璇、天璣、天權星不明。乞安居深宮，絕游獵，罷弓馬，毋輕出入。除內侍寵倖，罷游逸，遠小人，節賞賜，止工役，親元老大臣，講習書史。"疏下禮部。禮部言：源言深切時弊。源復疏言："十月末，候得連日霾霧交作，為眾邪之氣，陰冒于陽，臣欺于君，小人擅權，爲叛上。"引譬甚力。劉瑾怒，矯旨謂源假天象妄言禍福，杖闕下。源，瑄之子也。

罷户部尚書韓文及其子士聰、士奇，皆削籍。

劉瑾恨文，日伺其過。會有納銀內府者，有僞，以文不能防奸，矯旨罷職。復陰遣邏卒伺于途。文乘驢宿野店而去。户科給事中徐昂論救，坐除名。文子高唐知州士聰、刑部主事士奇皆削籍。

謫降李夢陽爲山西布政司經歷，罷之。

以韓文疏，夢陽作也。

罷左都御史張敷華。

敷華凝重端介，不爲詭隨。劉瑾惡之，矯旨勒令致仕。

以顧佐爲户部尚書，劉宇爲兵部尚書。

起致仕吏部尚書屠滽爲左都御史。

進李東陽少師兼太子太師、吏部尚書、文淵閣大學士。

命劉瑾剖決天下章奏。

上悉以章奏付瑾剖斷。瑾初猶送內閣票旨，李東陽不敢逆瑾意，事無大小，必取裁于瑾後敢票擬。瑾益恣肆，遂用門客張文冕代筆于私宅，票旨奏行。府部諸官白事者，填滿其門。自科道部屬以下，見瑾皆長跪。京朝官出入者，朝見畢，赴瑾見辭，以爲常。惟瑾自建白本，則送內閣票旨，東陽必加稱美，有"公明"、"正直"等語，議者鄙之。

逮南京科道。

南京六科給事中戴銑、十三道御史薄彥徽等出疏："乞黜權閹，正國法。留保輔以安宗社。"劉瑾大怒，矯旨遣官校，俱逮繫。

杖兵部主事王守仁于闕下，謫爲龍場驛丞。

戴銑等被逮，守仁上言："臣聞君仁則臣直。銑等職居司諫，以言爲職。其言而善，自宜嘉納；如其未善，亦宜包容，以開忠讜之路。乃今下令拘囚在廷之臣，莫不以此舉爲非。然莫敢爲陛下言者，懼陛下以罪銑等者罪之。非惟無補于國，徒彰陛下之過舉耳。則自是而後，雖宗社危疑之事，陛下孰從而聞之？且萬一官校督束過嚴，銑等在道或致失所，遂填溝壑，使陛下有殺諫臣之名。伏願追收前旨，俾仍舊供職。"疏入，劉瑾大怒，廷杖五十，謫龍場驛丞。守仁至錢塘，恐不免于禍，乃乘夜浮冠履水上，佯爲投江，而輕舟入武夷山中，將遁去。或曰："公有親在，恐爲累。"乃赴龍場。

南京副都御史陳壽除名。

戴銑等被逮，壽連疏論救。瑾怒，矯旨械赴京，罷其官。

吏部左侍郎張元禎卒。

元禎，南昌人，癯然纖弱，而崖岸弧峭，剛勁之氣不可屈。勤學嗜古，多所獨得。與陳選、羅倫、陳獻章以道學相砥礪，名高一時，不竟其用云。

丁卯，二年春正月，逮尚寶司卿崔璿、按察司副使姚祥、主事張偉下獄。

劉瑾方張威，適璿等各以京朝官馳驛，爲邏卒所緝，并逮下獄。璿、祥枷于長安門，偉枷于通州。內閣諸大臣連上章申救，始釋之，皆謫戍邊。

以都御史曹元巡撫陝西。

元，瑾之親也。

閏正月，廷杖南京科道戴銑、薄彥徽等二十餘人，并呂翀、劉蒍，皆除名。

南京兵部尚書林瀚罷。

　　南京科道被速，瀚獨餞之，且欲上章申救。瑾聞之恨，勒科道招詞連瀚，誣爲黨，矯詔降浙江左參政，尋勒令致仕。

二月，罷禮部尚書張昇，召王瓊爲户部右侍郎。

以李傑爲禮部尚書。

三月乙亥朔，日有食之。

以楊廷和爲南京户部右侍郎，劉忠爲南京禮部右侍郎。

　　上御經筵，詹事楊廷和、學士劉忠講畢，獻規諷語。上不懌，謂劉瑾曰："經筵講書耳，何多文詞也。"瑾與廷和等皆舊東宮官，詭奏曰："二人當逐之南京。"遂皆遷南京侍郎，若遠之，實升之也。忠謂廷和曰："此行須別瑾否？"廷和曰："瑾所爲若此，再見之，人將以我輩交瑾矣。"忠然之。而廷和弟廷儀爲兵部郎，諂事瑾，密爲廷和解。瑾遂厚廷和，而疏忠。

南京國子祭酒章懋謝病歸。

　　懋任滿三載，疏引年。不待報，歸。復三疏，始得請。時，劉瑾擅權，名卿多遭斥辱，懋獨先幾而去云。

劉瑾矯詔，榜奸黨于朝堂。

　　大學士劉健、謝遷，尚書韓文、楊守隨、張敷華、林瀚，郎中李夢陽，主事王守仁、王綸、孫槃、黃昭，檢討劉瑞，給事中楊禮敬、陳處、徐昂、陶諧、劉蒖、艾洪、吕翀、任惠、李光翰、戴銑、徐蕃、牧相、徐遇、張良弼、葛嵩、趙士賢，御史陳琳、貢安甫、史良佐、曹蘭〔四〕、王弘、任諾、李熙、王蕃、葛浩、陸崑、張鳴鳳、蕭乾元、姚學禮、黃昭道、蔣欽、薄彦徽、潘鐩、王良臣、趙祐、何天衢、徐珏、楊璋、熊倬〔五〕、朱廷聲、劉玉，凡五十三人。見任者，皆勒令致仕。

刑部尚書閔珪致仕。

敕鎮守宦官得預刑名、政事。

　　各省直鎮守内臣請敕，如巡撫預刑名諸政。劉瑾從之，令内閣撰敕增入。由是，中官挾勢虐侮官吏，剝奪民財，莫敢誰何矣。

夏四月，逮巡撫江南、右都御史艾璞下獄，編管南海。

　　先是，勳戚徐俌受無錫奸人投獻土田，民訟之朝。下璞勘，悉以還民。俌賂劉瑾，遣官覆勘，承瑾旨，乃悉歸俌，且劾璞前勘非是。瑾矯旨，逮璞詔獄，訊之。璞不屈，曰："實民田也。"瑾怒，箠之，幾死除名，全家徙南海瓊州。

罷禮部尚書李傑，復以張昇爲禮部尚書，尋亦罷。

　　時，晉府鎮國將軍表槏賂劉瑾，求封爲郡王，傑持不與。瑾銜之，罷去。復起張昇代之，尋以忤瑾罷。

復寧王宸濠護衛。

　　寧府自景泰革護衛。至是，宸濠陰懷不軌，輦金銀無算賂劉瑾，得復護衛如故。

五月，以楊廷和爲南京户部尚書，劉忠爲南京禮部尚書。

以雍泰爲左副都御史提督操江。

召總督兩廣右都御史熊繡掌南京都察院事。

獵内苑。

　　上日在内苑，與幸臣厮養、射獵、擊刺、泛舟遊戲。李東陽上疏曰："今歲自端陽後，金鼓、炮火聲徹都邑，廝牧厮役，紛充禁廷。大臣畏忌不敢言，小臣震慴不敢諫，不知祖宗分職設官，朝廷糜禄養士，將焉用之？昔漢司馬相如諫：擊熊豕，以爲軼群之獸，輿不及還轅，人不暇施巧，非天子所宜近。薛廣德諫御樓船，以爲乘船危，從橋安，聖主不乘危。伏望鑒古道以端好尚，視朝加早則炎暑不浸，進善有時則元氣日盛。"不聽。

六月，以劉宇爲兵部尚書。

　　宇，瑾之黨也。

罷南京吏部尚書王華。

　　華，守仁父。瑾恨守仁，故移怒于華，矯旨罷之。

秋八月，黃河清。

慶雲見翼軫分野。

世宗生于興邸。

以屠滽掌都察院事。

　　一日，審錄重囚，疏中多"劉瑾傳奉"字，瑾大怒。滽率其屬請罪，諸御史長跪墀下，瑾且張目叱之，皆伏地，不敢仰視，久乃得釋。

總制陝西三邊都御史楊一清罷。

　　時，發帑金數十萬，使一清築邊垣。一清經畫方就，工始興，而劉瑾有所望于清，不如意，大怒。一清遂引疾歸，工亦罷。

杖欽天監五官監候楊源于闕下，謫戍肅州，道卒。

　　源復疏言："自今年來，占候得火星入太微垣帝座之前，或東或西，往來不一。宜思患預防，以杜亂萌。"意指劉瑾也。瑾大怒，罵源曰："爾何官，亦學爲忠臣乎？"矯旨，杖三十，謫戍肅州。行至懷慶，卒于河陽驛，妻靳蘆伏屍，葬之。

加焦芳少傅兼太子太傅、謹身殿大學士。

王鏊少傅兼太子太傅、武英殿大學士。

加吏部尚書許進、兵部尚書劉宇並太子太保。

九月，升雍泰爲南京戶部尚書，尋罷。

　　劉瑾以泰爲同鄉人，欲親用泰。泰不應，遂斥泰去，而諸所嘗薦泰者，皆獲罪。泰歸居韋曲，日焚香讀書，與鄉人論穡事，絕口不及朝政。

冬十月，以楊廷和爲戶部尚書兼文淵閣大學士，直文淵閣。

　　廷和既去南京，上忽問："楊學士安在？"楊廷儀聞之，因以重賄結劉瑾，乃召廷和入閣，參預機務。南京尚書入閣，自廷和始。

十一月，革各省巡撫。

　　劉瑾以天下巡撫官非舊制，盡罷還，惟邊方及漕運如故。并革兵備憲臣。

逮各邊巡撫及管糧郎中至獄。

　　故事，各邊糧芻，三年遣科道官各一人查核。劉瑾素知召商中納積弊，因科道回奏："有糧粗惡、草浥爛者。"票旨：逮繫各巡撫管糧官下獄，責令倍償。商值未給者，皆停不與。由是，商賈困弊，邊儲愈乏。

十二月，以劉忠爲南京吏部尚書。

以費宏爲禮部右侍郎。

雲南夷酋阿木作亂，巡撫都御史吳文度率兵討平之。

刑部尚書屠勛致仕。

戊辰，三年春正月，考察天下朝覲官。

　　罷黜不職者二千餘人。內有荊州知府賄劉瑾，中旨留用。許進争之，不得。瑾又令每布政入銀二萬兩，皆貸之富室。及還，取償于民，掊剋數倍。

逮李夢陽下錦衣獄，尋釋之。

劉瑾恨夢陽不置，復假他事，械至京，下獄，將置之死。翰林修撰康海與夢陽皆關中人，負才名，不相下。瑾素慕海，欲招致之，海不應。夢陽內弟左閨玉謂夢陽曰："子殆無生路矣，惟康君可以解之。"夢陽曰："吾與康子素不相能，今死生之際始托之，獨不愧于心乎？"左曰："勿爲匹夫之諒也。"夢陽乃以片紙書數字曰："對山救我，惟對山爲能救我。"對山，海別號也。左持詣海，海曰："是誠在我，我豈敢吝惡人之見，而不爲良友一引手乎？"遂詣瑾，瑾倒屣曰："先生何以況〔六〕臨？"海曰："昔高力士爲李白脫靴，公知之乎？"瑾曰："知之。"海曰："今李夢陽之才高于李白。而公必欲殺之，何也？"瑾曰："即當斡旋之。"海遂與痛飲達曙。夢陽得釋，而海因與瑾密，遂罹清議矣。

以王瓊爲吏部右侍郎。

二月，南京國子監祭酒章懋致仕。

三月，賜進士呂柟等三百五十人及第出身有差。

時，焦芳子黃中廷試，欲得大魁，而衆論取呂柟爲第一，黃中居二甲首。芳謂翰林院編修顧清等抑之，言于劉瑾。改清爲各部曹，而授黃中檢討及劉宇之子仁爲庶吉士。已而皆擢編修。

下御史徐禎于獄，杖殺之。

禎初知江陰縣，以治行第一徵爲御史，差長蘆巡鹽。劉瑾求餘鹽銀，禎弗與，瑾銜之。及禎復命，候闕下。適遇瑾出，不爲禮。瑾即矯旨，逮下錦衣衛獄，杖六十，戍肅州，竟死于獄。

逮前總制三邊都御史楊一清下獄，尋釋之。

劉瑾以一清修邊大費，無成功，逮下獄。一清迫，有所居間，而李東陽、王鏊亦力救之，乃得釋。

四月，南京國子監司業羅欽順除名。

開武舉。

致仕太子太保、吏部尚書王恕卒。

恕清忠勁節，負海内重望，性好學，年九十餘矣，猶考論著述，言動必揆矩矱。嘗曰："我垂年方理會學問。"卒，九十三，贈太師，諡端毅。

逮御史王時中下獄，謫戍遼東。

正德初，時中嘗抗疏論劉瑾，瑾銜之。時中按宣大時，劉宇為總督，嘗為貪吏關說，時中不從，宇又譖之瑾。遂矯詔逮時中，枷于法司前三月，謫戍遼東鐵嶺衛。時，瑾威箝朝臣搜索瑕疵，逮械無虛日。給事中安奎、御史張彧以稽餉不清，御史劉孟以到任延緩，皆枷之通衢。于是，人人自危，重足而立。王鏊謂瑾曰："士可殺，不可辱而殺之，吾何顏而復立于此乎？"瑾不悅。

封宦者馬永成、谷大用等八人父，皆為都督。

五月，南京右都御史熊繡致仕。

劉瑾逮京朝官三百餘人下詔獄，尋釋之。

時，早朝丹墀匿名書，上命取觀之，乃言劉瑾輩亂政事也。下殿徧詰，朝班中無有應者。瑾疑出朝臣手，乃分五品以下官三百餘人，跪午門前，自辰至午不釋。時，酷暑暴烈，日中死者十餘人。至暮，悉械繫詔獄究訊，竟無蹤迹。李東陽奏言："此必一人陰謀所為，同朝諸臣，倉卒拜起，豈能知之？"乃得釋。

逮前户部尚書韓文下錦衣獄，尋釋之。

瑾憾韓文不已，矯詔械繫至京，下獄，欲殺文。會有投匿名書者，乃不果殺。坐贖米，先後二千石，罄家不能償，皆稱貸以給，乃放歸。

七月，吏部尚書許進致仕。

進不媚事劉瑾，然亦不能與抗。先是，文選郎缺，進已有推舉，而故選郎張綵與焦芳善，芳言于劉瑾，逼進易之。而進終不悅綵，綵遂構進于瑾。劉宇亦欲代進爲吏部，乃託瑾私人朱瀛乘間言于瑾曰："許尚書佯爲恭謹，外示抗直。如雍泰，平昔剛暴，朝廷屢斥不用。今欺公，舉用之，却又揚言于外曰：'公因泰同鄉用之。非吏部本意也。'"瑾方怒泰不置，又入綵言，遂出中旨，勒進致仕，尋除名，并其子檢討誥、編修讚俱調外任。

致仕南京刑部尚書樊瑩卒。

劉瑾誣瑩守松江時裁減上供布，逮至京，罰米五百石，奪其官。瑩歸，尋卒。瑩潔己好修，侃侃自樹，交遊稀寡，人皆敬而憚之。瑾誅後，乃復官。贈太子太保，謚清簡。

以劉宇爲吏部尚書，曹元爲兵部尚書。

秋八月，進楊廷和少保兼太子太保。

逮前兵部尚書劉大夏、南京刑部尚書潘蕃下錦衣衛獄，謫戍。

大夏爲兵部時，孝宗召見，嘗言："劉宇小人，不可用。"大夏亦言："宇在大同，私畜馬，餽遺權貴。"中官李榮爲解，得免。宇聞之，恨。至是，言于劉瑾："籍劉尚書家，可得數萬金。"會岑猛怨潘蕃，奏降，圖還田州，納賄劉瑾。瑾檢岑猛獄詞，乃大夏議覆，遂矯詔以岑猛爲田州同知，逮大夏、潘蕃至京，下錦衣衛獄，將坐以激變土官罪死。王鏊曰："岑氏未叛，何名激變？"集大臣議，都御史屠滽亦曰："大夏無死罪。"瑾怒，乃與劉宇謀，坐大夏輕議夷人遷徙，與蕃俱發戍。瑾初擬廣西，焦芳曰："是送二人歸也。"乃戍肅州。大夏出都，觀者如堵，父老涕泣，有焚香密禱願生還者。

以張泰爲南京户部尚書，遂罷之。

泰素清貧，以南院都御史入賀聖壽，以土葛遺瑾，瑾銜之。會吏部推泰户部尚書，瑾遂矯旨，令升職致仕。

調翰林院學士張芮爲鎮江府同知，修撰何瑭[七]爲開封府同知。

芮見瑾長揖不拜，瑭亦抗直不屈于瑾，遂皆調外。

罷各邊年例銀。

户部奏發各邊年例銀。劉瑾謂："祖朝無此例，此户部與巡撫通，盜内帑耳。"顧佐不敢執奏，遂盡罷之，邊儲大困。

九月，禁奏災異。

冬十月，四川盜起，副都御史林俊巡撫四川兼贊理軍務，督兵討之。

十一月，禮部侍郎、掌國子祭酒謝鐸致仕。

十二月，前江西提學副使蔡清卒。

清，晉江人。明經博學，志潔心醇，飭躬勵行，動準古人。嘗曰："善愛其身者，能以一生爲萬載之業，或以一日遺數百年之利。不知自愛者，以其聰明際盛時、忝名器，徒就一己之私，如入寶山空手回也。"因忤寧王，謝政家居。劉瑾從人望，起爲國子監祭酒。朝命及門，而清已卒矣。

己巳，四年春正月，以邵寶爲右副都御史總督漕運，尋致仕。

劉瑾擅權，公卿多出入其門。寶無所通，瑾銜之，數撼以危言。寶不爲動，乃勒令致仕。

以王鴻儒爲國子祭酒。

以洪鍾爲工部尚書。

追奪纂修《會典》官梁儲等升職。

弘治間,李東陽等纂修《大明會典》成,皆進職。瑾以爲壞祖宗制,妄雜以新例,悉追奪之。吏部尚書兼學士梁儲降爲侍郎,左庶子毛澄、左諭德傅珪等皆降職。惟李東陽如故。

二月,刑部尚書王鑑之致仕。

三月,户部尚書顧佐致仕。

以儲瓘爲户部左侍郎。

以錢璣爲户部尚書。

璣附瑾,不次用之。

夏四月,少傅兼太子太傅、户部尚書、武英殿大學士王鏊致仕。

鏊見劉瑾驕恣日甚,濁亂天下,流毒縉紳,而焦芳專事婟阿,比周爲惡,無可奈何,居常戚戚。劉瑾謂鏊曰:"先生居高位,何自苦乃爾?"鏊曰:"求去耳。"瑾怒,欲重傷之。鏊三上章乞歸,遂致仕去。

以王雲鳳爲國子祭酒。

王鴻儒爲祭酒未久,以忤劉瑾,致仕去。時,雲鳳家居,張綵從人望起之。雲鳳被命,欲堅辭,執政者撼以危語。雲鳳父司徒佐曰:"吾老矣,汝置我何地?"雲鳳乃不得已,就道。既至,無所饋。瑾怒,欲中以禍,尋乞養病歸。

五月,逮廣東僉事吳廷舉下獄,謫戍。

時,鎮守廣東中官潘忠恣横,廷舉劾其大罪二十。忠亦誣奏廷舉,逮訊,無驗,坐以"枉道還家",謫戍雁門。

《孝宗敬皇帝實錄》成。

進焦芳少師兼太子太師、吏部尚書、華蓋殿大學士，復梁儲吏部尚書兼學士。

　　梁儲尋改南京吏部尚書，劉瑾惡其不附己也。

調翰林坊局官爲部屬。

　　劉瑾惡諸翰林，《孝廟實錄》成，例該進秩，瑾吝不與。或嗾之曰："文士不習世故。"乃改侍讀徐穆、編修汪俊等十餘人皆爲部曹。

清理各邊屯田。

　　劉瑾既罷各邊年例，邊儲大匱，乃議修舉屯田，遣御史胡汝礪等分詣九邊，履畝清核，以增故額，完積逋者爲能，否則罪之。于是，各邊僞增虛額，誅責租賦，人不堪命矣。

六月，以石瑤〔八〕爲南京國子祭酒。

進吏部尚書劉宇少傅兼太子太傅、文淵閣大學士，入閣辦事。

以張綵爲吏部尚書。

秋八月，遣榮王之國。

　　榮王祐樞封國常德，尚留京師。劉瑾有逆謀，不欲王在肘腋，乃與張綵謀，逐王就國。

九月，遣御史寗杲、殷毅、薛鳳鳴捕畿內盜。

　　時，畿內盜起，群聚刦掠，有司不能制。劉瑾乃遣寗杲于真定，殷毅于天津，薛鳳鳴于淮陽，專職捕盜。鳳鳴至歸德，與守備會飲，歌舞爲樂。瑾邏卒奏之，降爲弓兵。毅在天津，稍斂戢。惟杲立什伍連坐法，盜賊捕獲，無虛日。中官張忠佺張茂爲盜主藏，杲親捕斬之，啖其心。瑾以爲能，升杲僉都御史，仍專捕盜。

閏九月，奪平江伯陳熊爵。

先是，熊總督漕運，劉瑾索金錢，不得，銜之。使邏卒日伺其事，竟坐"多買田宅，侵民利"，謫海南衛，奪其誥券。

下刑部侍郎陶琰于獄，罷爲民。

陝西遊擊徐謙以私憾訐奏御史李高。謙，瑾黨也，又厚賂瑾，欲中高以危法。上命琰往按其事，琰據法直高。瑾怒，遂矯詔下琰于獄，禁固逾月，罰米百石，削籍去。

冬十月，虜寇寧夏，總制尚書才寬御之，敗死。

罷南京禮部尚書孫需。

以張憲爲南京禮部尚書，尋罷。

瑾惡憲不附己，月餘，勒令致仕。

十二月，虜亦不剌、阿爾禿厮掠西寧諸番。

亦不剌者，小王子丞相也。小王子與火篩仇殺，火篩死，復以他事怒亦不剌，欲殺之。亦不剌懼，率所部萬餘西走，掠涼州，攻破安定王等族，諸番苦之。別部阿爾禿厮與亦不剌合矣。

庚午，五年春正月，命刑部尚書洪鍾兼左都御史總制軍務，討四川群盜。

時，四川保寧盜劉烈聚衆作亂，僭稱王，侵掠陝西漢中。又有藍廷瑞、鄢本恕、廖惠等，皆僭王號，衆至十萬。巡撫林俊督兵捕，諸賊遂入湖廣、鄖陽等處，皆被劫掠。乃復命鍾督陝西、川、湖三省兵討之。

户部左侍郎儲瓘致仕。

劉瑾專橫日甚，公卿皆奔走瑾前，如僕隸。瓘愧憤，引疾求去。李東陽與瑾善，得致仕。

致仕禮部右侍郎謝鐸卒。

鐸篤誠孝友，孤介廉直，好善嫉邪，屹屹自樹，非其書不讀，非其友不交。生平多所著述。卒，贈尚書，諡文肅。

二月，進楊廷和吏部尚書、武英殿大學士。

以兵部尚書曹元兼文淵閣大學士。

正德中，入閣不由翰林者三人：楊一清以才望，劉宇、曹元皆阿附劉瑾，得之。

以劉宇爲吏部尚書兼翰林院學士，掌詹事府事。

出太監張永於南京，不果行。

時，劉瑾專政，而張永亦得幸，不肯爲瑾下。瑾慮永軋己，一日，伺間讒永于上，請出永南京。奏既可，即榜諸禁門，毋内永，迫令就道。永覺之，直趨至上前，訴："奴無罪，瑾害奴，欲寘死地。"上召瑾至，語不合，永即攘臂毆之。上令谷大用等置酒和解。自是，永與瑾釁遂成矣。

三月，致仕禮部尚書周經卒。

經，陽曲人。初在翰林幾三十年，編摩校閱，有文章名。及掌邦計，秉正執法，屹然有古大臣風。卒，贈太保，諡文端。

夏四月，慶府安化王寘鐇反，殺總兵官江漢、巡撫都御史安惟學。

寘鐇者，慶靖王曾孫也。見劉瑾擅權，毒亂天下，遂起逆謀，告生員孫景文曰："日者言我有帝王骨相。"覡王九兒降鸚鵡神，妄言禍福，每見寘鐇，呼"老天子"。寘鐇益冀望非分，陰養壯士，與都指揮何錦、周昂，指揮丁廣等謀反。會大理寺少卿周東度田寧夏，倍益頃畝，畝索厚租，誅責甚急，人心怨憤。景文謂寘鐇曰："殿下欲圖大事，此其時矣。"寘鐇乃置酒大會撫鎮、總兵諸官。巡撫安惟學辭，不至。總兵江漢及鎮守太監趙弼至，伏甲殺之。遂走行臺殺惟學及周東，放獄囚，焚官府，劫庫藏，奪河舟。大索慶諸王、將軍金帛萬計。召其黨平虜城千户徐欽引兵入城，僞造印章、旗牌。又令景文爲僞檄，以誅閹瑾爲名，言："瑾蠱惑朝廷，變亂祖法，屏棄忠良，收集凶狡，阻塞言路，括斂民財，籍沒公卿，封拜侯伯，數興大獄，羅織無辜，散遣官校，脅持遠近。張綵、劉璣、曹雄、毛倫文臣武將，內外交結，意謀不軌。今特舉義兵，清除君側。凡我同心，並宜響應。"傳布邊鎮，以錦爲討賊大將軍，昂、廣左右副將軍，景文軍師，張欽先鋒將軍，魏鎮等七人都護，朱霞等十一人總管，剋期渡河，關中大震。

五月焦芳免。

芳以老病乞休，遂致仕。

以涇陽伯神英爲平胡將軍。

起右都御史楊一清提督軍務，命太監張永總督軍務，帥師討寘鐇。

寧夏遊擊將軍仇鉞執寘鐇，檻送京師，逆黨悉平。

時，鉞陷賊中，京師訛言："鉞從賊。"興武營守備保勛故與賊聯姻，亦遂疑勛爲外應。朝議用勛爲參將，鉞爲副總兵，討賊。勛上言："臣母及妻子俱在賊中，臣義不顧家，恨不飛渡黃河，食賊肉，以謝朝廷。"鉞亦稱病臥，陰結壯士，候保勛等兵至，從中發爲應。俄有蒼頭沒河，潛入城言："河東兵已大集，屯河上，焚兩壩，埽捲，河舟盡入泊東岸矣。"鉞喜，嗾人謂賊："宜急守渡口，防決河灌城，遏東岸兵，勿使渡河。"錦果率都指揮鄭卿等三千人出覘渡口，留周昂守城。昂問鉞病，鉞伏蒼頭，候昂入，殺之。即披甲跨馬，一呼諸游兵壯士皆集，鉞帥楊□〔九〕等百餘人，即趨安化府，殺朱霞、孫景文〔一〇〕等，擒寘鐇及其子台濸。錦、廣走，追擒賀蘭山外。

召神英帥師還命，楊一清安撫寧夏。

張永、楊一清至陝，賊已就擒。寧夏人訛傳："京兵且至，將大誅戮。"人心洶洶。一清恐激變，疏乞召還京兵。又榜示："朝廷止誅首惡，不究脅從。"人情乃安。時，逆黨繫者千餘人。一清分別情罪，多湔雪。奏上，悉允。

六月，命楊一清總制陝西三邊軍務。

京師旱霾。

秋七月，四川威茂地震，有聲如雷。

四川賊破通江縣，巡撫林俊擊敗之。

八月，寘鐇伏誅。

張永械寘鐇、錦、廣等至京，繫寘鐇于諸王館，錦、廣等下錦衣衛獄，廷鞫，伏誅。弟寘錫，坐黨，廢庶人。

將軍鼎材俘至京，既論死，後山僧大于和尚者富財，凌同類，同類毆之，和尚憤曰："我皇帝家人也。"衆異其言，聞于朝。逮至京，下刑部獄。和尚曰："我安化府鼎材也。"衆不能辨。安化宮人左寶瓶在浣衣局，召驗和尚。寶瓶叱曰："此鼎材殿下。"得免死，送高墻，竟不能知代鼎材死者誰也。

劉瑾伏誅。

初，張永與楊一清同討寘鐇，相得歡甚。一清知永與劉瑾有隙，一日，嘆息謂永曰："藩國亂易除，國家內變不可測，奈何？"永曰："何謂？"一清曰："公豈能一日忘情？顧無能爲公畫策者耳。"因促膝，書一"瑾"字，永曰："瑾日夜在上旁，上一日不見瑾，不樂。今其黨附已成，耳目廣矣，奈何？"一清曰："公亦天子信幸臣，今討賊不付他人，付公，上意可知。公若班師入京，詭請間語寧夏事，因極言瑾凶狡亂政，陰謀不軌。

上悟，必誅瑾，柄用公。公反瑾所爲，吕强、張承業及公，千載三人耳。"永曰："即不濟，奈何？"一清曰："他人言濟不濟，未可知，公言無不濟者。萬一上不信，即涕泣請死上前，不死瑾手。得請，即行事，無緩須臾。機事一泄，禍不旋踵。"永勃然曰："老奴何惜餘年，不報主乎？"及獻俘入京，如一清策。因與其黨張雄、張忠白上，袖出疏，指瑾大罪十七事，皆一清草也。上猶豫未即決，永泣曰："少遲，奴輩齏粉矣。上將安之乎？"上乃可其奏，下令捕瑾。時，漏下已三鼓。瑾方熟寢，禁兵排闥入，瑾急披衣起，謂家人曰："事可疑矣。"趨出户，遂被執，付内獄。明發，暴瑾狀，下廷訊，坐謀反，凌遲死。諸被害者，爭取其肉啖之。家屬無少長，悉誅。籍其家，黃金一萬斤，銀二千萬斤，玉帶四千一百餘束，衮袍八，金爪龍四，蟒衣四百餘襲，牙牌二櫃，穿宫牌五百，金牌三十，盔甲三千，寶玉器皿不可勝紀。其黨楊玉等伏誅。

張綵下獄死。

綵在吏部，諂事劉瑾，托腹心共謀議。故事，吏部推用大臣，必關白內閣。綵以爲事權在瑾，內閣不得預，不以聞，李東陽等銜之。及瑾被繫，亦捕綵下獄。綵在獄中上疏，盡發東陽阿附劉瑾諸事。東陽怒，坐與劉瑾謀逆罪死。綵病死獄中，仍暴其屍，家屬流嶺南。

劉宇、曹元免，焦芳除名。

宇、元皆以附劉瑾罷。言官因追焦芳罪狀，乃與子黃中並除名。先是，土官岑濬没入家口，有妹殊色，芳求于瑾，納爲妾。後芳卧病，黃中烝焉。聚麀之耻，天下嗤之。

奪神英涇陽伯爵，復陳熊平江伯。

初，神英以總兵官歷寧、延、宣、大四鎮，累官署都督，無戰功，以金寶萬計賄劉瑾，得封伯爵。至是，瑾敗，乃追奪。陳熊廢不以罪，得復爵。

論平寅鐇功，封仇鉞爲咸寧伯。

命魏彬掌司禮監事。

劉瑾雖誅，而政權仍在內臣。彬既掌司禮監，馬永成等傳旨，凡朝廷大政，皆與彬議。彬等遂專恣無忌，濁亂朝綱，賞罰乖宜，盜賊蠭起，而天下不勝煩擾矣。

革寧府護衛。

罷工部尚書畢亨，起曾鑑爲工部尚書。

畢亨請毀劉瑾祖墳，且云："內臣修墳非例，宜悉罷。"魏彬大怒，曰："文官修墳，豈洪武初例耶？"遂矯旨，勒亨致仕。

以楊一清爲戶部尚書。

封張富爲泰安伯，張容爲安定伯，魏英爲鎮安伯，馬山爲平凉伯，谷大玘爲永清伯，朱德爲永壽伯。

李東陽上言："旬月之間，二難交作，悉底平定，皆太監張永等之功。"故永兄富、弟容，魏彬弟英，馬永成弟山，谷大用弟大玘及上義子德，並封伯，給誥券世襲。而東陽及楊廷和各廕一子尚寶司丞。南京御史張芹疏言："東陽當逆瑾擅權亂政時，屈身阿附，稱功頌德。及瑾誅，又攘功受賞，不顧名節，無大臣禮，"東陽引疾辭，不許。

復劉健、謝遷、許進、韓文、劉大夏、楊守隨、林瀚、張敷華官，致仕。

九月，進楊廷和少傅兼太子太傅、謹身殿大學士，劉忠少傅兼太子太傅，梁儲少保兼太子太保，並武英殿大學士。

以王瓉爲南京國子監祭酒。

以羅玘爲南京禮部右侍郎。

復給事中湯禮敬、御史陳琳等官。

> 給事中湯禮敬、陳霆、徐昂、陶諧、劉蒞、艾洪、吕翀、任惠、李光翰、戴銑、徐蕃、牧相、徐暹、張良弼、葛嵩、趙士賢、御史陳琳、貢安甫、史良佐、曹蘭〔一〕、王弘、任諾、李熙、王蕃、葛洪〔一二〕、陸昆、張鳴鳳、蕭乾元、姚學禮、黃昭道、蔣欽、薄彥徽、潘鏜、王良臣、趙祐、何天衢、徐玤、楊璋、熊卓、朱廷聲、劉玉,皆劉瑾所斥逐也。

以前副都御史陶琰總督漕運,巡撫江北。

> 琰單車至鎮,廉得諸倖竪豪滑者,悉裁以法,權勢斂手。淮安爲南北孔道,貢使往來,求索無厭,常廩之外,一毫不少假。

十月,以費宏爲禮部尚書。

起儲瓘爲户部左侍郎。

以羅欽順爲南京國子監司業。

致仕吏部尚書許進卒。

> 進有經濟大略,尤諳國家典故,議政決機,片言立斷。歷典劇要,勛望有赫。晚忤劉瑾,幾陷不測。瑾誅,乃免于禍。卒後,贈太子太保,諡襄毅。

掌詹事府事、禮部尚書兼學士白鉞卒。

> 鉞重厚寬簡,不事苛屑,遭時難展,韜迹遜避,卒亦不失乎正。

起章懋爲南京太常寺卿,辭不赴。

以傅珪爲吏部右侍郎。

十二月,以王守仁爲南京刑部主事。

致仕參議賀欽卒。

　　欽既致仕，家居，鄉人服其行，皆尊事之。劉瑾括田，義州人驚擾，聚衆且爲亂。欽以禍福諭之，遂定。欽平生不務博覽，惟讀五經、四書，靜思默會，反身實踐。晚更好《易》，究心象數，手不釋卷。既卒，鄉人祠之，學者稱爲醫閭先生。

尊太皇太后王氏爲慈聖康壽太皇太后，皇太后張氏爲慈聖皇太后。

辛未，六年春正月，以喬宇爲南京禮部尚書。

巡撫四川、都御史林俊討江津盜，平之。

　　盜曹甫僭順天王，攻津江[一三]，殺僉事吳景。林俊聞報，馳赴，乘元旦賊不設備，乃夜半銜枚趨其寨，聚火焚之。賊奔竄，斬甫并其黨八百餘人，焚死者甚衆，餘盜悉平。

以楊一清爲吏部尚書。

以孫交爲戶部尚書。

以李夢陽爲江西提學副使。

二月，起致仕副都御史邵寶爲戶部右侍郎。

三月，賜進士楊慎等三百人及第出身有差。

　　慎，廷和子也。

夏四月，江西盜起，命右都御史陳金總制軍務，右副都御史俞諫提督軍務，討之。

　　江西諸郡盜賊蠭起，贛賊犯新淦，執參政趙士賢。靖安賊據越王嶺碼磁寨，華林賊破瑞州，既而，撫州、東鄉、饒州、桃源洞諸處盜大發。金等奏調廣西、田州、東蘭等處狼兵，合征之。

以章懋爲南京禮部右侍郎，辭。

大學士劉忠省墓歸。

時，張永幸用事，大臣事永復如瑾。忠獨持重，不少抑。永令其黨廖鵬來謁，忠遇以僕禮，又却其餽，永不悦。忠遂乞休，未允。主會試出院，即乞省墓。上召李東陽至暖閣，摘《會試錄》中瑕疵語，欲罪忠。東陽爲解，得免。忠即日陛辭。

五月，致仕太子太保、兵部尚書劉大夏卒。

大夏直亮公忠，通達國體，歷官藩臬，所至愛民如子，民亦愛如父母。晚年受知孝廟，竭忠盡瘁，知無不言，多所匡益。生平廉潔，恬淡于功名富貴，子孫福澤泊如也。嘗曰："居官以正己爲先，所謂正己，不特當戒利，亦當遠名。"卒贈太保，謚忠宣。

日本遣寧波叛民宋素卿來貢。

六月，總制尚書洪鍾、四川巡撫林俊，陝西巡撫藍章合兵討四川盜藍廷瑞。

洪鍾至四川，與林俊議多不合，軍機牽制，不速進。藍廷瑞等招集散亡，勢復振，攻破營山縣，殺僉事王源。洪鍾乃會林俊、藍章，督川、陝、湖廣、河南四省兵，分路進討。賊見官兵四集，窮蹙求招撫，鍾許之。賊猶四出劫，鍾乃以計擒其渠魁四十餘人，餘黨遂潰，漸漸招降幾千數。捷聞，加鍾太子少保，俊右都御史，章副都御史。

畿輔盜起，命惠安伯張偉爲總兵官，副都御史馬中錫提督軍務，帥師討之。

畿輔賊楊虎、劉六等聚黨起兵，攻掠文安，獲生員趙鐩。鐩有勇力，好任俠，爲賊所得，因降之，爲賊畫策，分兵四掠。時，承平日久，民不知兵，郡縣望風奔潰。楊一清建議，請大出師征討。于是，遣偉、中錫往。中錫書生，偉紈袴子，皆不知兵。京兵又素不簡閱，識者知其無成功。

流賊大掠山東、河南。

　　賊分兵爲二，趙鐩、楊虎、邢幸掠河南，劉六、劉七、齊彥名掠山東，所至州縣殘破，放獄囚，掠子女、金帛，勢猖獗。馬中錫欲效龔遂事，招撫解散，故遍檄諸路，賊過令毋追捕，且給飲食，若聽撫，待以不死。賊聞之，稍止。中錫駐兵德州，劉六等來謁，中錫開城撫之。劉六欲降，劉七曰："今政柄在内臣，能以保我輩乎？"潛使人入京，探諸中官，無招降意。又輦金寶饋權倖，求赦，不得，遂復肆劫掠。中錫，故城縣人，賊至故城，戒令勿焚劫中錫家。由是，謗議騰沸矣。

七月，以陳壽爲南京刑部尚書，尋致仕。

四川巡撫、都御史林俊致仕。

　　俊在四川，躬督官兵，廣設方略，芟平群盜。時，宦官用事，每征討必以其子弟、私人詭名兵籍，冒功升賞。俊一切拒絶，不許。權幸忌之，且與洪鍾議不合，遂乞歸。疏上，内批許致仕，科道交章保留，不從。俊歸蜀，人號哭追送。未幾，兩川逋寇方四、任鬍子及麻六兒等復熾，殘破蜀地。逾年不能定矣。

改兵部尚書王敞掌通政司事，以何鑑爲兵部尚書。

　　時，流賊日熾，敞束手無策。言官論敞不職，遂改敞，以鑑代之。

逮張偉、馬中錫下獄。

　　言官交章劾偉、中錫出師無功，玩寇殃民，遂逮繫論死。中錫竟死獄，偉革爵，閑住。

九月，倭寇浙東。

十月，流賊破冀州。

賊破棗強縣，知縣段豸死之。

　　劉六等以二千騎屠棗強，刦倉庫、獄，殺燒慘毒，官民、吏商死者莫計。知縣段犲死之。

命太監谷大用總督軍務，兵部侍郎陸完提督軍務，以伏羌伯毛銳爲平賊將軍，帥師討賊。

馬中錫等既逮，中官遂謂："此事非書生所能辦。"乃以谷大用爲總督，與陸完、毛銳帥師討賊。又調宣府遊擊將軍許泰、却永，大同總兵張俊、遊擊江彬，各領兵從征，俱聽大用節制。

逮山東巡撫都御史邊憲、真定巡撫都御史蕭翀下獄，除名。

以憲等不能禦賊，逮下獄，除名。且著爲令，凡州縣官被賊攻破城池，比邊將失守例，罪死。

賊大掠淮徐、河南。

先是，許泰敗賊于景州，却永又敗之阜城，趙鐩奔蒙山。副總兵李瑾戰敗，賊勢復熾，破靈山衛及日照諸縣，引而南攻徐州，不下，至宿遷。淮安知府劉祥率兵迎賊，衆潰溺無算，祥被執，縱還。遂渡河攻靈璧，知縣陳伯安出戰，被執，不屈，鐩釋之。轉而攻永城、夏邑、鹿邑、虞城、歸德州，悉破。河淮南北官吏望風奔遁，諸將利虜掠，戰不力，賊勢日盛。鐩妄欲舉大事，設五軍，分二十八營。楊虎死，遂推劉三爲奉天征討大元帥，鐩更名懷忠，稱副元帥，其餘各署爲號。

以燕忠爲大理寺卿。

擢山東樂陵知縣許逵爲武定兵備僉事。

逵，固始人。由進士令樂陵，期月，令行禁止。時，流賊勢熾，逵預築城浚隍。又使民各築墻，高過屋檐，開墻竇如圭，僅可容一人。家令一壯丁執刃，俟其竇内。餘丁皆入隊伍，設伏巷中。洞開城門，賊至，旗舉伏發，盡擒斬之。又募死士千人，人持大挺，隨賊嚮往，迎擊人馬。賊俱不敢入境。撫按上其功，故有是命。

十一月，少傅兼太子太傅、吏部尚書、武英殿大學士劉忠致仕。

忠抵家，上疏乞休，遂許之。

京師地震。

流賊復還霸州，京師戒嚴。

賊聞谷大用等駐兵臨清，擁衆復還霸州，聲言以十二月朔，車駕出郊宮省牲，舉兵犯蹕。時，兵部尚書何鑑未寢，報至即叩闕奏聞，復下令嚴守諸門。又召良涿、通州守備，各率士馬營近郊，以防不虞。布置已定，上使中官問鑑："駕可出否？"對曰："駕當早出，以安人心。"翌日，車駕出，薄暮乃還。賊知有備，遂西奔掠真、保諸府，攻陷城邑數十。鑑度賊非東向臨清，必西奔彰德，乃移文促陸完督軍分道追襲。至彰德，賊方圍湯陰，聞官軍至，遁去。許泰、馮禎等追敗之。渡河，陷溺死者無算。

十二月，命右副都御史彭澤提督軍務，以咸寧伯仇鉞爲平賊將軍，討河南群盜。

賊破上蔡、西平，知縣霍恩、王佐死之。復破裕州，同知郁采死之。

賊攻上蔡，恩拒守，力不支，城破，不屈被殺。至西平，王佐力戰，被執，罵不絕口，賊支解之。復破裕州，郁采亦不屈死。僉事孫盤齎詔撫賊，燧復書有曰："群奸濁亂海內，誅殺諫臣，屏斥元老。乞皇上斬群奸以謝天下，因斬臣以謝群奸。"燧所過州縣，有以金帛贈遺者，即斂兵不攻。

以禮部尚書費宏兼文淵閣大學士，直文淵閣。

加楊一清少保兼太子太保。

以傅珪爲禮部尚書。

　　楊一清方得時名，善招援士大夫，陰樹黨，通饋遺。珪數規其失，一清不能堪，遂越次升珪禮部，實遠之也。李東陽婿爲儀制郎，前尚書以東陽故遇之厚，恣其所爲。珪乃按其廢法事，數笞其吏胥，郎遷他曹避去。時，上方好佛，自名大慶法王，外廷無敢諫者。會番僧奏討腴田千頃，爲大慶法王下院。珪佯不知者，劾僧曰：「法王何爲者？至與尊號並列，大不道，當誅。」有詔不問，田亦竟止。優臧賢有寵，頗能軒輊榮辱人，縉紳或趨附之，因請改牙牌製。珪不可，召老優更事者，詰曰：「爾優敢亂祖宗法，爾寵可常保否？果爲此，爾禍無既矣。」優乃戢而聽命。

以孫需爲南京工部尚書。

以蔣冕爲吏部右侍郎。

壬申，七年春正月，黃河清。

升提督軍務、兵部侍郎陸完爲右都御史。

　　劉六等雖擁衆數萬，然多脅從之徒，其親信善戰者不及千人。官軍每追及，賊驅脅從良民與官軍對敵，并棄所掠財帛，奔逸而去。官軍爭取財帛，及斬獲脅從首級，甚至屠戮平民，前後報功萬計，而真賊無一獲者。大用等復帶權勢子弟，僕從數多，麋費廩餼。自出師，芻糧犒賞，至費太倉銀二百餘萬兩，府庫爲之虛耗。

毛銳遇賊于真定，敗績，召還。

　　銳衰老怯懦，所領京軍萬餘，皆未經戰陣。銳至真定，遇劉七等，與戰，大敗。適宣府遊擊許泰兵至，救援，銳僅以身免，失其所佩將軍印。徵回京師，以與谷大用同事，不問失律喪師之罪，但罷歸第而已。

致仕少師兼太子太師、吏部尚書馬文升卒。

　　文升性介特，寡言笑，舉止嚴謹，修髯偉貌，望之爲異人。立朝五十餘年，以身殉國，不避艱險。凡有大議，衆莫敢決，文升至，一言而定。雖位極人臣，名聞夷夏，退然不敢自居。至于值事變，臨利害，屹然如山，不可搖奪。卒年八十五，贈太師，諡端肅。

遣宦者陸誾督諸軍討賊。

禮部尚書傅珪致仕。

　　誾以陸完等討賊無功，乃立監鎗名，謀出統軍。下廷議，衆觀望不決，珪奮然曰："今兵老民疲，直以冒功者多，失將士心。今賊在郊圻，民囂然思亂，禍旦夕及宗社。吾輩死不償責，諸公尚首鼠唯唯，將何待乎？"議罷，疏上，竟遣誾傳旨，令珪致仕。

江西南昌府知府李承勛擊破華林寨賊，平之。

　　時，副使周憲討華林賊戰死，賊勢大熾。總制陳金檄朝廷，贈憲官，諡忠愍，仍旌其子孝烈。乃命給事中黎奭往勘，李承勛督兵剿之。勛招降健賊黃奇，約爲內應。勛帥壯士五百人，夜銜枚入賊壘，斬首三千級，餘衆奔潰，賊遂平。移兵擊碼瑙寨、東鄉賊，皆平之。

二月，賊掠襄陽，遂破泌陽。

　　趙鐩等率衆十三萬，騎五千，轉掠襄、鄧，攻破泌陽，大學士焦芳僅以身免。鐩盡發其先世塚墓，焚遺骸，取芳衣冠被庭樹，歷數其惡，命劍士斲之，曰："吾恨不得手誅此賊，以謝天下。"進攻鈞州，不克，賊黨聲言："欲屠城。"鐩以馬文升家在圍中，引衆去之。

三月，總兵馮禎與賊戰，敗沒。

彭澤遣兵擊賊于西平，大敗之。

夏四月，賊掠徐邳，官軍大破之。

　　劉六、齊彥名等，自河南轉掠徐邳，官軍與戰于古縣集諸處，破之，俘斬千餘，諸酋渠殆盡。彥名等獨挾三百餘騎潰圍而逸，馳至河西務，京師發兵捕之。又復越臨清而南，往來飄忽，如蹈無人之境。

以王雲鳳爲右僉都御史，巡撫宣大。

夏五月，江夏擒趙燧。

　　燧爲寧夏官軍所遏，轉掠至六安。官軍復追，擊敗之，其下多散亡。燧初爲諸賊畫策，據臨清，斷餉道，以窺京師。所過毋擄掠，攻下州縣，即分兵守之。諸賊本起群盜，志在子女、金帛，不從。至是，燧知事不成，乃削髮，詐爲僧，欲投江西。至武昌軍，爲卒趙成所執，檻送京師，伏誅。

閏五月，賊殺湖廣巡撫馬炳然。

　　劉六等奔湖廣，炳然將赴官，遇，被執。脅使降，不從，遂遇害。

賊犯鎮江，官軍御之，敗績。

　　賊沿江東下，入鎮江，官軍御之，敗績。賊遡流而上，犯九江、南康，又東下掠常州，凡往來三過南京，官軍不敢遏。

八月，賊泊狼山，官軍剿平之。

　　賊劉三、劉六、邢老虎等相繼死，止餘劉七、齊彥名，勢益衰，聚舟泊狼山之下。忽颶風大作，晝夜不息，賊舟皆解散飄墮，乃登山團聚。副總兵劉暉率官軍攻之，劉七勢急，赴水死，彥名爲宣府兵張鑑所殺，餘黨盡殲之。劉六等本起烏合，躪中原殆遍，城陷者什三，死者什五，僵尸遍野，幾致動搖。朝廷命將出師，調發無虛日，卒鮮成功。幸大風覆舟，乃就撲滅，蓋亦徼天幸云。

論平賊功，封谷大寬爲高平伯，陸永爲鎮江伯，仇鉞進封咸寧侯，陸完加太子少保，回院掌事。

大寬，大用弟。永，誾弟。其餘冒功升授都督、錦衣都指揮、千百戶者，凡千餘人。

冬十月，進楊廷和少師兼太子太師、華蓋殿大學士，梁儲少傅兼太子太傅、謹身殿大學士，費宏太子太保、武英殿大學士。

召邊將江彬等率兵入京師。

江彬，蔚州衛指揮使，凶狡不可測，從張俊征流賊，頗有戰功。班師入京，賂錢寧，得見上。上喜彬機警，留侍左右，賜國姓，爲義兒。彬因言："京軍不習戰，請調遼東、宣府、大同、延綏四鎮精兵各三千人衛京師，而以京軍出戍，春秋更番。"上下內閣議，李東陽等力陳其不可，不聽。促令擬旨，東陽復陳十不便，不報。竟以中旨行之。

十月，命右都御史陶琰總軍務事，巡視兩浙。

群盜未平，故敕琰總軍務。至則劉六已殘滅，桃源賊已聽招撫，人心甫安。而瀕海諸郡，颶風毀堤三百里，居民漂溺以萬數。琰即親按其地，出帑銀賑救，築堤捍水，自蕭山至餘姚，凡五萬餘丈，水患遂息。

南京吏部右侍郎羅玘致仕。

十一月，李東陽致仕。

東陽柄國久，值權倖亂政，嘿嘿無所匡救，脂韋阿從，保全祿位，公議薄之。

建鎮國寺于大內西城。

以王鴻儒爲南京吏部右侍郎。

以王守仁爲南京太僕寺少卿。

十一月，洪鍾罷，以右都御史彭澤總制四川軍務。

　　蜀盜麻六兒等久未平，巡按王綸劾鍾縱寇殃民，故罷，而以澤代之。

十二月，虜亦不剌殺阿爾倫可汗，走西海，虜中立阿不孩爲可汗。

妖人李五以幻術惑延安愚民，劫縣殺人。

致仕巡撫應天副都御史艾璞卒。

　　璞，南昌人。生平孝友，立朝持正，侃侃不少阿。爲劉瑾中，禍瀕死，播遷。及瑾誅，衆望召用，其卒也，人皆惜之。

癸酉，正德八年春正月，以儲瓘爲南京吏部侍郎。

　　瓘見諸佞幸用事，力請改南。未幾，卒。瓘淳行清修，與人無競，而自守介然，交遊稀寡，數起數辭，有難進易退之節云。

二月，真帖木兒還土魯番。

　　甘肅守臣請歸真帖木兒，乃令哈密三都督奄克孛剌、寫亦虎仙、滿剌哈三送真帖木兒西還。三都督至哈密，奄克孛剌不肯行，寫亦虎仙、滿剌哈三送至土魯番，因留不還。

四月，起副都御史陳壽巡撫陝西

　　時，陝西兵荒之後，軍民疲敝，而鎮守中官廖堂橫甚，椎剝無厭。楊一清以壽忠鯁，輕去就，起之田間。壽至，堂斂戢，不敢復肆。

以孫需爲南京刑部尚書。

設皇店。

五月，以陸完爲兵部尚書。

北虜寇大同。

虜五萬騎由大同入犯寧武關，山西震動，守臣請調他鎮兵戍大同者還守關。兵部議：「寧武三關所以蔽山西，而大同以蔽寧武也。若專守寧武，是自撤藩籬，非計。大同兵不宜動，而別調內地兵戍寧武。」從之，遣仇鉞總兵，出御虜，與戰於沙河，失亡多，以捷聞。未幾，虜退，召還。

官軍敗桃源盜于裴源。

江西桃源賊用兵歷年，費以萬計，終不能平。參政吳廷舉單騎入賊營，招降，爲賊所留，勒以兵，不爲動。久之，伺得賊中要領，誘左右有謀勇者，執其酋以出。總制俞玉〔一四〕檄諸路兵進剿，敗之裴源。賊窮欲降，按察使王秩欲受之。議者以賊反覆，不可信，欲乘兵威撲滅，殺來降者，賊復大亂，四出劫掠。副使胡世寧上言：「平賊之策，惟剿與撫。今處置失宜，恩威倒施，賊益無忌憚。惟舊撫者不剿，再叛者不撫，新起者必撲滅于微。持此，庶安輯之效可尋，崩解之患可息。不然，民窮財盡，兵連禍結，恐江西之患，不止于群盜也。」

夏六月，戶部尚書孫交致仕。

以王瓊爲戶部尚書。

桃源盜平。

賊自裴源之敗，逾饒、信，奔掠徽、衢。應天、浙江、江西三省兵夾攻之，殺戮始〔一五〕盡，餘黨悉平。

八月，以石珤爲南京吏部右侍郎。

巡撫宣府王雲鳳致仕。

拜牙即叛降土魯番，滿速兒遣人據哈密。

拜牙即淫暴，欲與奄克孛剌叛中國，從土魯番。奄克孛剌不從，奔肅州。拜牙即棄城走土魯番。滿速兒令火者他只丁與寫亦虎仙入哈密，取金印。哈密諸酋請遣人守哈密，巡撫趙鑑謬謂：

"滿速兒忠義,令火者他只丁等守城有勞。"使使遺土魯番諸酋金幣。使者至哈密,滿速兒率衆亦至,分據剌木等城。真帖木兒又言:"河西大饑窘,人死亡且半。甘州城南黑河可引灌城。"于是,滿速兒日夜謀侵甘肅。自是,西邊多事矣。

冬十月,虜入宣府塞。

以都督朱寧掌錦衣衛事。

中官錢能養子也。喬[一六]捷儇巧,上絶愛幸之,賜國姓,養爲義子,令領錦衣衛事。諸詔獄、緹騎、刺奸,悉隸屬焉,權傾中外。

十二月,河南左布政使楊子器卒。

子器,慈溪人。初舉進士,爲縣令,即有異政。歷官所至,輒以賢能著聞。

贈誠意伯劉基太師。

甲戌,正德九年正月,乾清宫灾。

楊廷和請上避殿,下詔罪己,求直言。因上疏,勸上早朝宴罷,深居簡出,勤日講,通言路,還邊兵,革内市,罷皇店,出番僧,省工作,減織造,凡十餘條皆剴切。上不省。

御史張士隆應詔上言:"陛下前有逆瑾之横,後遭薊盗之亂,不知警悟,方且興居無度,暱近匪人,積戎醜于禁中,戲干戈于卧内,徹夜燕遊,窮極土木。盗伏而虜發,民竭而兵罷,禍機之畜[一七],皆不知也。宜痛懲前弊,急爲改圖。"

中書舍人何景明上言:"聖躬單立,皇儲未建,后妃不得常御,公輔不得通謁,乃日與邊軍並出入,番僧義子同起居,皆今日創見,前朝所未聞也。夫甲馬馳騁之場,何如廣廈細旃之上?市井戎醜之類,何如談經論道之儒?樂彼厭此,臣所未喻。"皆不報。

總制都御史彭澤討平四川群盜。

二月，上始微行。

上微服，直近倖朱寧、張銳等馳騎從，與遊畋、射獵，自稱朱壽，出入無節。北抵黃花鎮諸處。

改張燦爲南京兵部尚書。

以王守仁爲南京鴻臚寺卿。

三月，賜進士唐皋等四百人及第出身有差。

復寧王護衛，屯田。

宸濠驕橫僭侈，潛蓄異志。術士李自然又妄言濠有天子骨相，濠益喜。南昌致仕都御史李士實數與濠交歡，結爲婚姻。安福舉人劉養正僞談道學，矯情不仕，頗曉天文兵法，濠延致之，與士實俱爲謀主。因相與計議，大事必借兵力，圖復護衛。知錢寧、臧賢方幸用事，乃行萬金賂錢寧，而與賢深相結，輦金數萬寄賢家，分賄諸要地人。費宏，江右人也，揚言于朝，曰："寧王金滿長安矣。若從其請，如虎而翼，江西將無噍類。"而兵部尚書陸完故與宸濠善，又受錢寧指，遂援《祖訓》言："當復寧王護衛。"楊廷和亦入宸濠饋，不令宏知，擬旨竟復之。

五月，大學士費宏罷。

先是，錢寧欲交歡宏，會寧誥贈三代，乃具百金、飲器，遣所親夤夜饋宏。宏却之，寧恚。既又以議寧王護衛發其私，遂譖宏于上，言："宏私其故人子黃初及第。"且曰："乾清宮災，草詔歸咎朝廷。"一日，忽傳旨詰責宏，宏引咎乞歸，遂并其從弟編修寀皆罷。

以靳貴爲文淵閣大學士，直文淵閣。巡撫延綏、僉都御史吳世忠乞致仕，許之。

六月，以孫需爲南京吏部尚書，喬宇爲南京禮部尚書。

以都御史陶琰總督漕運兼巡撫江北。

七月，虜寇大同、宣府。

八月，命右都御史彭澤總督軍務，經略哈密。

滿速兒既據哈密，遣使遺甘州守臣書，索金幣萬計，并求還城池、金印，不則入犯甘肅。總制鄧璋請如張海故事，差重臣督師往經略。廷議遣彭澤往。給事中王江言："兩帥並置，事權不一，宜罷遣。"不聽。

江西右布政鄭岳除名，提學副使李夢陽罷。

宸濠既復護衛，益驕橫。岳先爲按察使，每執法裁抑之，宸濠大恨。時，李夢陽爲提學，宸濠慕夢陽才名，折節下之。久之，夢陽墮其術中，不知也。夢陽與巡按江萬實以事相訐，奏遣大理寺燕忠勘訊，下夢陽獄，論罷。會宸濠修夙憾，誣陷鄭岳，亦罷爲民。岳素與夢陽不相能，遂疑夢陽傾之，夢陽自此不振。

秋八月辛卯朔，日有食之。

九月，謫編修王思爲嶺南驛丞。

思上疏，指斥佞倖，忤旨，杖闕下，謫爲驛丞。尋以杖傷卒。

十一月，致仕南京户部尚書雍泰卒。

泰家居，族黨有犯，必以是非直告有司曰："無以泰故屈法。"縉紳無行誼者，雖造請，拒不見。生平寡言笑，奉身儉約，不取非義。許進嘗曰："雍世隆與華嶽爭高。"年八十卒。

冬十一月，加吏部尚書楊一清少傅兼太子太傅。

時，給事中王昂劾一清秉銓不公，詔謫昂。一清持之，上章自劾,乞留昂,不聽,竟謫爲休寧縣丞。王雲鳳家居,貽一清書曰:"山中屢聞讜言,一疏人尤傳誦。昔不聞唐介初貶,數月即復殿中侍御史。今王昂既不獲還,推薦超升,在公筆端。每恨李文達近稱賢相,然羅倫淪落以死,岳正坎坷終身,而極貪如陸布政,反得峻擢。今文達貴勢安在哉?用舍之間,士風之繫,扶持正人,則士風振;獎進邪人,則善類沮。竊恐奔趨富貴利達者,相見輒稱功頌德,乞憐希進,直亮之言無由上達。僕以古人功業望執事,故敢布其愚。"一清得書,爲之悚然。

乙亥,正德十年春正月。

二月,以楊廉爲南京禮部右侍郎。

三月,大學士楊廷和憂去。

四月,以喬宇爲南京兵部尚書。

閏四月,以楊一清爲武英殿大學士,直內閣,張永、錢寧援之也。

以陸完爲吏部尚書。

以王瓊爲兵部尚書。

慶陽伯夏儒卒。

　　儒循禮畏法,子姓、臧獲皆遵約,不敢恃恩澤爲驕縱,門庭闃然,時稱其賢。

以楊廉爲南京禮部右侍郎,羅欽順爲南京吏部右侍郎。

以石珤爲禮部右侍郎。

召彭澤還掌院事。

　　澤至甘州,以繒綺二千、白金器皿貽土魯番,說使和好。滿速兒喜,許歸金印、城池。澤即奏哈密事定。甘肅巡按御史馮時雍奏言："土魯番未聞請罪，嘗數侵西邊，哈密城、印猶未歸，復遣使講和，大開谿壑，後來之變，難以逆睹。"下兵部議，陸完可其奏。王瓊代完，覆請留澤甘肅，靳貴從中主之，竟爾還。

兀良哈入馬蘭峪塞，參將陳乾戰死。

成化以來，兀良哈雖陽順陰逆，時通北虜犯邊，然未敢大爲寇。弘治中，守臣楊友、張瑾出塞掩殺，邊釁遂起。累入侵掠，動稱結親北虜，以恐喝中國。諸部惟朵顔花當最詭，其子把兒孫驍勇善戰。至是，結北虜入馬蘭峪塞，參將陳乾禦之，爲虜射死。順天巡按急發兵，伏虜歸路，邀擊，斬六千級，奪還虜獲甚衆。

五月，以陳壽爲南京兵部右侍郎。

壽去陝，軍民數千人泣送于途，擁肩輿，不得行。

六月，命兵部侍郎陳玉提督軍務，都督桂勇爲副總兵，帥師討兀良哈。

玉至，兵未出塞，虜遣使請貢馬，謝罪，遂班師。

秋七月，浙江左布政使方良永致仕。

朱寧以鈔二萬發浙江諸郡，易白金三萬兩。良永上疏言："今四方群盜甫息，瘡痍未瘳，浙東西諸郡自冬徂春雨雹爲灾，待哺之民嗷嗷千里，而寧復朘其膏脂以填谿壑？臣若隱忍不言，則民心傷矣。民心傷，則國本搖，是不可爲寒心乎？且朱寧藉寵以來，陛下之賜予無算，四方之餽遺不貲，篋笥之中，必不少此，何乃病狂喪心負恩賊民？伏乞陛下割私愛，明正典刑，已領鈔銀盡給還民，則民怨猶可慰解。如置之不問，日復一日，尾大不掉，必肆無厭之欲，蠶食天下，陛下于時，悔之晚矣。"疏入，寧頗懼，乃委過其下，遣衛卒追所發鈔，而以銀還民。時，寧怙寵恣橫，舉朝無敢言者，獨良永攻之，寧憾之不置。良永遂三上疏，乞休去。

八月，起僉都御史王雲鳳清理兩浙鹽法，尋致仕。

以毛紀爲禮部尚書。

虜入固原、平凉。

十月，以孫燧爲副都御史巡撫江西。

時，宸濠逆謀漸著，陰蓄亡命，結江湖群盜，劫掠郡縣，所得金帛悉輦京師賂權倖，内外拮〔一八〕搆，莫敢誰何，生殺自恣，藩臬諸大吏皆屈首屏息，不敢逆其意。朝議遣才節大臣鎮撫其地，備非常，乃屬燧。燧聞命嘆曰："投我艱危地，當死生以之。"止携二家僮，入南昌。

冬十月，逮江西副使胡世寧下獄，謫戍。

世寧在江西，見宸濠益橫無道，乃發憤上言："寧王自復護衛以來，威焰日張，剥害遍及窮鄉，官司受其鈴鑠，禮樂政令漸不出自朝廷。乞簡才望大臣，假以便宜，潛備意外之變。更戒王恪遵《祖訓》，奉持常憲，止治國内事，勿撓有司務，則宗室有磐石之固，九重舒南顧之憂矣。"疏入，宸濠大懼，遍賂朱寧、蕭敬、張鋭等，及兵部尚書陸完、都御史石玠，坐世寧誹謗妖言離間罪，必欲殺之。世寧先已升福建按察使，乞休，未得，歸抵家。巡浙御史潘鵬附宸濠，挾上旨捕世寧甚急。時李承勛爲按察使，匿世寧，變姓名，間道歸命京師，得不死。下錦衣獄，再經冬，世寧獄中三上書言："寧濠必反。"言官徐文華輩交章論救，得減死，戍瀋陽。

十一月，以王鴻儒爲吏部右侍郎。

十二月癸丑朔，日有食之。

丙子，十一年春正月。

二月，虜寇榆林。

夏四月，安南陳暠弑其主䌙。

䌙懦弱，群下擅權，虐政亟行，人不堪命。陳暠及其子昇作亂，殺䌙。莫登庸推䌙弟譓爲主，暠奔據掠山〔一九〕。

五月，風霾大旱。

六月，加王瓊太子太保。

虜寇大同，命兵部侍郎丁鳳總督軍務，總兵劉暉帥師禦之。虜突入白羊口，大掠而去。

七月，虜寇宣府，總兵潘浩禦之，敗績。

浩再戰，再敗，指揮朱春、王唐戰死。虜遂入宣府，殺掠無算。浩追奪散官，諸將罰治有差。

致仕大學士李東陽卒。

初，劉瑾欲害楊一清，東陽力救，得免。一清深德之。至是，東陽病劇，一清偕梁儲就問之，東陽奄奄垂絕矣，若有所欲言者。一清知其意，慰之曰：「國朝文臣未有諡文正者，請以諡公，可乎？」東陽于榻上頓首，曰：「荷諸公矣。」未幾卒。

加梁儲少師兼太子太師、吏部尚書、華蓋殿大學士。

八月，大學士楊一清致仕。

一清以災異自劾，因極陳時政得失，中有「讒言可以惑聖聽，匹夫得以搖國是。禁庭雜介胄之夫，京師無藩翰之托」等語，上弗省。而錢寧、江彬輩聞之，不悅。于是，爲蜚語于上前，譏刺一清。會有諸生朱大周奏訐一清陰私事，極其醜詆，一清遂乞骸骨歸。

以蔣冕兼文淵閣大學士。

寧王宸濠殺南昌衛指揮戴宣。

宣升守備，濠怒進謁遲，杖殺之，没其產。

九月，土魯番復據哈密，侵肅州。守將芮寧禦之，敗没。

　　初，彭澤遣使土魯番，未還，澤即歸闕。甘肅巡撫趙鑑亦遷操江，李昆代之。滿速兒使寫亦虎仙持金印來索幣。昆止與雜幣二百，且質其使，令還忠順王哈密。滿速兒興怒，遂復據哈密，大入爲患。芮寧禦之，戰没，亡七百人騎。滿速兒抵肅州城下，僞請和，而陰約其諸降夷及夷使入貢者爲内應。兵備副使陳九疇廉得其情，收繫箠殺之，嬰城自固守，而使使通瓦剌，搗其巢，破三城。滿速兒狼狽歸。

九月，以王守仁爲左僉都御史巡撫南贛、汀漳。

十一月，以黃珂爲工部尚書。

十二月，監察御史陳茂烈養親卒。

　　先是，吏部以茂烈貧，不能養母，奏改爲晉江教諭，資其禄，不就。既又奏給月米，又辭，曰："陛下隆孝里之化，長清白之風，下逮微臣，亦荷收恤。第念臣家素貧寒，食本儉薄，故臣母自安于臣之家，而臣亦得以自遣其貧。古人行傭負米，皆以爲親，臣之貧尚未至是。臣母鞠臣，守貧居寡，艱苦備至，臣雖勉盡心力，未盡涓滴之恩。且母年已八十有六，來日恐無多，返哺之情，固欲自盡，資養月米，心實不安。"奏上，不允。茂烈以母年九十，未有嗣息，日夜爲憂，方抱疾，而母卒。強起，號慟寢地，疾轉亟，卒。林俊爲治殮具，都御史王應鵬薦茂烈"廉約如石守道，而所養獨醇；孝行如徐仲車，而所處猶困"。詔表宅里曰"孝廉"，恤其家。林俊嘗曰："陳君穎悟既深，充養益粹，隱衷質行，可對天地，真管寧、黄憲之流也。"

丁丑，正德十二年正月。

上獵于南海子。

三月，加兵部尚書王瓊少保兼太子太保。
賜進士舒芬等三百五十人及第出身有差。
四月，靳貴罷。

初，辛未會試，貴奴鬻題，受千金。事發，坐奴罪。是科，貴方以病在告，忽稱愈，復出典試，衆益疑。言官群醜詆之，貴遂乞骸骨去。

畿內饑，命都御史李鉞賑濟。
以禮部尚書毛紀兼東閣大學士，直內閣。
五月，以毛澄爲禮部尚書。
六月己巳朔，日有食之。
以王鴻儒、廖玘爲吏部左、右侍郎。
以顏頤壽爲都察院左副都御史。
逮左都御史彭澤、甘肅兵備副使陳九疇下獄，並除名。

初，土魯番之逼肅州也，哈密貢使失拜烟答在圍中，九疇疑其爲變，亦箠殺之。至是，其子馬米兒黑麻入貢至京，上書訟冤言：「澤、九疇激變番夷，致啓邊釁。」下兵部議。王瓊故與彭澤有郄，劾澤、九疇欺罔，遂并逮下獄，詔廷鞫。禮部尚書毛澄議，以爲大夫出使于外，苟有利于國家，專之可也。王瓊厲聲曰：「納幣虜庭，失信夷人，致貽後患，于國家利乎？不利乎？」先是，彭澤恨朱寧亂國，每語人曰：「吾恨不手刃此賊。」王瓊輒以語寧，且曰：「吾爲君致澤來，君私察之。」一日，招澤過其第，匿寧屏後，故激澤駡寧，寧大銜之。比奏上，遂罷澤及九疇爲民，李昆降參政。

七月，加蔣冕太子太傅兼武英殿大學士，毛紀太子太保兼文淵閣大學士。

以許逵爲江西按察司副使。

王守仁請提督軍務,許之。

是時,江西上流山溪中劇盜四出劫掠,焚官府,縱獄囚。廣東、湖廣、江西諸撫臣相觀望,久之,積至數十萬。宸濠輒與賊通,曲護賊。守仁知宸濠有逆意,乃三疏,請提督軍務,名討賊,實防濠也。王瓊素知守仁,覆奏,許之。守仁日夜練兵教射,不數月,得精兵數萬人。

八月,上幸昌平,遂出居庸關,至宣府而還。

時,邊將江彬、許泰、劉暉及指揮神周、李琮皆冒國姓,稱義子,屢導上出宮,遊戲至居庸,將獵塞上。巡按御史張欽諫閉關,三上疏諫,不聽。遂出關,至宣府,大起宮殿,號"家裏",迷留忘返。百官屢請回鑾,不報。

八月,以吳廷舉爲副都御史,賑濟湖廣。

貴州清平苗反,命湖貴巡撫都御史秦金、鄒文盛合兵討平之。

九月,上獵大同。陽和城雨雹,星隕。

虜寇大同,上率諸將擊之。虜引去。

上至陽和,聞虜入塞,親部署諸將御虜。總兵王勛遇虜于應州,被圍。上督兵援之,虜少却。會暮,休營。明日,虜來攻,自辰至酉,戰百餘合,虜引而西,追至朔州,會大風黑霧,晝晦,上乃還。是役也,乘輿幾危,賴諸軍死戰,得免。南京給事中孫懋上言:"自江彬進用以來,蠱惑聖心,遊衍驅馳,廢棄萬幾。去年,導陛下幸南海子,幸功德寺,幸昌平,流聞四方,已駭人耳。今又導陛下出居庸,且抵塞上,致引虜深入,使各鎮之兵未集,強虜之眾沓來,幾何不蹈土木之轍哉?若彬在,一日不除，國之安危未可知也。"不報。

提督南贛都御史王守仁討橫水盜，平之。

初，橫水賊天鳳與贛南諸賊雷鳴聰、高文煇等相結，盤據千里，荼毒三省，累年征之，不能定。守仁將進討，與僚佐議曰："諸賊爲患雖同，事勢各異。以湖廣言之，則桶岡爲賊咽喉，而橫水、左溪爲之腹心。以江西言之，則橫水、左溪爲賊腹心，而桶岡爲之羽翼。今不先去腹心之患，而欲與湖廣夾攻桶岡，進兵兩寇之間，腹背受敵，勢必不利。若先破橫水、左溪，移兵以臨桶岡，勢如破竹矣。"衆曰："善。"守仁乃親帥兵，自南康入，直搗橫水，出賊不意，賊驚潰，遂破其巢。乘勝進攻左溪，斬首三〔二〇〕千數，俘獲倍之。餘賊奔桶岡。

十一月，召少師兼太子太師、吏部尚書、華蓋殿大學士楊廷和，仍直文淵閣。

廷和服闋，梁儲請起之。既至，儲遜廷和居己上，人多其能讓。

提督南贛軍務都御史王守仁平桶岡賊。

守仁既破左溪，進兵桶岡。桶岡天險，四山壁立，中盤百餘里，林谷幽阻，止有小徑可入。守仁曰："賊已據勝地，難與爭利，當以計取之。"乃先遣人諭以禍福，賊方議降，猶豫未即決。守仁督諸軍乘其懈而擊之，賊遂潰，俘獲二千有奇，斬馘千餘，破巢三十，脅從者悉釋之，餘黨悉平。

加兵部尚書王瓊少傅兼太子太傅。

十二月，以王廷相爲四川提學僉事。

閏十二月，巡撫湖廣都御史秦金討郴桂猺賊，平之。

上還京。

封江彬爲平虜伯，許泰爲安邊伯。

論應州禦虜功也。

戊寅，正德十三年正月。

上復出居庸關。

提督南贛軍務都御史王守仁平浰頭賊。

　　初，諸盜中惟浰頭賊酋池仲容最黠，聞桶岡、左溪已破，不自安。陽納款，實圖緩師，且偽言："為龍川新降民盧珂等所逼，治兵自保，非敢抗王師也。"守仁知其詐，故好撫之。會盧珂來告變，守仁佯怒杖珂，繫之獄，以安仲容，且下令休兵歸農。仲容喜，率其酋四十人來謁，守仁伏甲殪之。即發兵，搗其巢，眾無主，遂大潰，俘斬無算。守仁因奏立安遠、和平二縣，控扼要害，諸賊藪盡為治境，數年大害，一旦蕩平。

二月二日，太皇太后王氏崩。

　　上尊諡曰孝貞純皇后。

上還京。

上復出居庸關。

三月，上還京。

遣使迎番僧。

　　時，烏思藏安傳國中有童子，記生前事，以為活佛。上遣使迎之，所至驛騷。南京兵部尚書喬宇、巡撫江北叢蘭各上疏諫上，不報。南京御史陳有年亦諫，上怒，逮下獄。喬宇復疏救，得釋。

夏四月，上至昌平，謁六陵，遂獵于密雲。

　　上以太后梓宮將祔葬，因親詣天壽山，祭告六陵，遂遊幸黃花鎮、密雲諸處。

五月己亥朔，日有食之。

上還京。

秦王請益封地，不許。

　　秦王惟焯三上疏，請關中屯田爲牧地。錢寧輩皆入王賄，請上許之。兵部引《祖訓》執奏，上不聽，促令內閣草敕。楊廷和、蔣冕稱疾不出。梁儲曰："皆引疾，如國事何？"草制曰："昔太祖皇帝著令，藩封不當益地。土地既廣，將多畜士馬，奸人誘爲不軌，不利宗社。今王請求懇篤，朕念親親，畀地于王。王得地，宜益謹侯度，毋收聚奸人，毋多養士馬，毋聽狂人誘爲不軌，危我社稷。是時，雖欲保全親親，不可得已。王其慎之。"上覽制，駭曰："若是可虞，其勿與。"事遂寢。

六月，江西大水。

起右副都御史鄧璋，巡撫甘肅。

秋七月，上出居庸關，歷宣府，至大同。

虜寇寧夏塞，入花馬池，大掠秦隴。

　　小王子死，阿爾倫嗣立，爲太師亦不剌所弒。阿爾倫二子長卜赤，次乜明，皆幼。阿著稱小王子，未幾，死。衆立卜赤，稱亦克罕，猶可汗也，然亦稱小王如故。

八月，上在大同。

九月，上在大同。

十月，上自偏頭關渡河，幸榆林。

　　江彬等扈從，矯令邊官獻虎豹犬馬，索金錢萬計。所至縛辱官吏，縱放死囚，強奪民婦女，莫敢誰何。

十一月，上在榆林。

十二月，上在榆林。

　　時，上巡遊不已，儲嗣尚虛。禮部尚書李遜學等議，欲建储。居守朱寧陰通宸濠，謀入寧世子。梁儲厲聲曰："皇上春秋鼎盛，建儲未宜輕言。萬一有他，吾輩伏斧鑕矣。"王瓊亦力助儲言，議遂寢。

命僉都御史張潤巡撫順天。

己卯，十四年春正月，上在榆林。

二月，上還京。

上自稱總督軍務威武大將軍、太師、鎮國公、朱壽。下詔南巡。

　　上自稱威武大將軍，以江彬爲副將，南巡，命内閣草敕。楊廷和等諫言："人君爲天之子，四方萬國皆其臣妾，何爲假'將軍'、'國公'名號？無故貶損，天地易位，冠履混淆，自古及今，未之有也。時出巡遊，久不視政，人心危疑，奈何又復爲此？萬一宗藩之中，或援引《祖訓》，指此爲言，陛下何以應之？恐朝廷之上，禍亂從此起矣。"疏入，不省。于是，廷和稱疾不出。上御便殿，召梁儲，面促草詔，儲對曰："陛下爲天下主，奈何自貶損，與臣下同？臣草敕，是以臣名君，臣不敢奉命。"上大怒，按劍曰："不草敕，伏此劍。"儲免冠，頓首流涕，曰："臣逆命，罪當死。死則死耳，終不敢草。"良久，上乃擲劍，起。

三月，兵部郎中黄鞏等伏闕，諫止南巡，俱下獄，杖闕下，謫降、除名有差。

　　上將以三月壬子東巡，祀岱宗，歷徐、淮、吴越，浮漢，入楚，登武當。時，宸濠蓄逆謀，朱寧、蕭敬等皆與交通，江彬又握兵柄，在上左右，人情洶洶，恐一旦禍起，不可測。將相大臣多從諛，不敢諫。武選郎中黄鞏曰："上巡遊本起江彬誘惑，彬方席寵擅權，無敢斥言者。吾不可舍彬，爲支語。"乃上疏曰：

陛下臨御以來，祖宗之紀綱、法度一壞於逆瑾，再壞於佞倖，又壞於邊帥之手，至是，蕩然無餘矣。天下知有權臣，而不知有陛下；寧忤陛下，而不敢忤權臣。亂本已成，禍變將起，陛下弗知也。陛下近日無故自稱爲"威武大將軍"、"太師"、"鎮國公"，遠近傳聞，莫不驚疑。夫陛下自稱爲公，誰則爲陛下者？天下不以陛下事陛下，而以公事陛下，天下皆公之臣，而非陛下之臣也。古之天子，亦有號爲"獨夫"，與欲爲匹夫而不可得者，切爲陛下懼焉。陛下始時遊戲，不出大庭，馳逐止于南內，論者猶謂不可。既而幸宣府，幸大同，幸榆林，所至費財動衆，州縣騷然，至使民間一夫一婦不能相保。陛下爲民父母，何忍使民至此？虧損聖德，貽譏萬世，陛下自視爲何如主也？近復有南巡之命，南方之民，爭先挈妻子以避去者，流離奔踣，敢怨而不敢言。奸雄窺伺，待時而發，變生在內則欲歸無路，變生在外則望救無及。陛下斯時悔之晚矣。伏望深惟往事之非，翻然悔悟，下罪己之詔，與民更新。罷南巡，撤宣府行宮，示不復出。散邊軍以歸卒伍，斥不御之女，各還其家。雪既往之謬舉，收已失之人心，如是則尚可爲也。至江彬，臣但見其有可誅之罪，而不見其有可賞之功。今乃賜以國姓，封以伯爵，託以心腹，付以提督京營之寄，此養亂之道也。彬外挾邊帥，內擁兵權，騎虎之勢，不亂不止。天下之人皆欲食彬之肉，彬不誅，天下之亂必自彬始，陛下亦何惜一彬以謝天下哉？陛下春秋漸高，前星未耀，祖宗社稷之依，懸懸乎無所寄，方且遠事觀游，屢犯不測，此危道也。陛下徒知收置義子，布滿左右，獨不能預建親賢，以承大業乎？宜于宗室中，遴選親賢一人，養於宮中，以繫四海之望，待誕生皇子之後，俾其出就外藩，如此則繼體有人，國本以固，實宗社無疆之休，惟聖明其留意焉。

車駕員外郎陸震方具疏欲上，見鞏疏，即毀其草，願同署名以進。疏既入，二人自分必死。翰林修撰舒芬亦率同寮上疏曰：

> 邇者，陛下駕巡西北，六師不攝，四民告病，哀號之聲，上徹于天，傳播四方，人心震動。今聞南巡，衢路之民，莫不逃竄，萬一群聚嘯呼，爲禍不細。尚有痛哭泣血不忍爲陛下言者。江右有親王之變，大臣懷馮道之心，以祿位爲故物，以朝署爲市廛，以陛下爲奕棋，以除革年間事爲故事也。特無人以此言告陛下耳，使陛下得聞此言，雖禁門之外，亦警蹕而出，安肯輕褻而漫遊哉？

於是，進諫者皆懷疏集闕下。吏部尚書陸完阻之曰："主上聞諫者，即欲引刀自裁，諸君且休矣。"衆相顧而退，獨吏部員外夏良勝、禮部員外萬潮、太常博士陳九州〔一〕疏入。明日，吏部郎中張衍慶、禮部姜龍、兵部張鳳、刑部陸俸、行人余廷瓚、大理寺周叙等，各聯疏入，俱不報。醫士徐鏊獨以醫諫。上大怒，逮諸上言者百三十有三人，俱下獄，跪午門外五日。舒芬等一百七人，各杖三十。疏首調外任，餘奪俸半年。黃鞏等六人各杖五十，徐鏊邊戍。鞏、震、良勝、潮、九州〔二〕俱爲民。林大輅、周叙、余廷瓚俱杖五十，降三級，調外。餘十七人，俱杖四十，降二級，調外。朝士忠鯁者，斥逐一空。陸震竟死杖下，同死者主事何遵、劉校、林公黼、行人司副余廷瓚、行人詹軾、劉概、孟陽、李紹賢、李惠、王翰，刑部照磨劉玨，凡十二人。

京師風霾，晝晦，水溢。金吾衛指揮張英肉袒疏諫，死闕下。

諸言官既杖謫，天色陰霾，京師晝晦，人心驚駭。公卿被唾罵，擲瓦礫，晨夕出入，不敢待辨色，至請命禮部禁言事者，通政司遂格不受疏。宮城内南海子水溢四五尺，折橋下鐵柱。金吾衛指揮張英憤曰："是大變明驗也，駕出必不利。"乃肉袒挾兩囊土數升，持諫疏當蹕道跪哭諫，不允。即拔劍自刎，血流滿地。侍衛人縛送詔獄，問英："囊土何爲?"曰："恐污帝廷，洒土掩血耳。"殞命獄中。後至嘉靖初，禮部主事仵瑜上疏曰："正德間，給事中、御史挾勢凌人，趨權擇便，交遊貴俠，飲宴園亭，凡朝廷大闕失、群臣大奸惡，緘口閉目，不復救正。一時犯顏敢諫，視死如歸，或拷死廷闕，或流竄邊隅者，皆郎中、員外、主事、評事、行人、庶吉士等官。"又："張英本一武夫，入諫就死，行道悲傷。諸給事中、御史揚揚出入，若罔聞知。今幸聖皇馭極，襃恤忠諍，此輩更無面目復立清明之朝。"章下吏部，寢。

四月，以王鴻儒爲南京戶部尚書。

福建福州軍亂。

福州軍進貴、葉元保等因月餉不足，遂糾衆作亂，欲殺布政伍符，不得，乃閉城門，勒部伍大肆劫掠，刻期將攻延平。有卒姚壽、鍾通等，率衆突入其營，諸賊倉卒，不知所爲。貴縊死，元保就擒，餘黨解散。

五月，遣駙馬都尉崔元、都御史顏頤壽、宦者賴義戒諭寧王宸濠。

宸濠逆謀益急，妃婁氏累泣諫，不聽。大集群盜凌十一、閔廿四、吳十三等數千人爲羽翼。又與李士實等謀密舉事，恐以反名，人心不服，伺宮車一日宴駕，大位未定，乘變即起。乃分布奸點，水陸孔道，詗中朝事，萬里傳報，浹旬往返。踪迹大露，朝野皆知宸濠旦夕必反。巡撫孫燧日夜防備，托御寇爲名，料理兵食事甚悉。城進賢、南康、瑞州，請重九江、湖東兵備權，便徵發。又恐宸濠一旦起，劫會城兵器，假討賊，盡出之外府。嘗嘆曰：「即賊起，吾不滅賊，賊必以吾處分故速滅。」按察副使許逵勸燧先發後聞，燧不可，曰：「如此，使賊反有名。」燧七疏，密言宸濠必反。盡爲宸濠伏途諸奸所得，即達，又爲諸權倖盜致宸濠所，索金璧謝，不得上聞。宸濠居母喪，矯情飾禮，要燧舉賢孝。燧欲緩其謀，爲奏於朝。是時，江彬寵日隆，張忠與錢寧有隙，常欲借彬以傾寧。及燧奏至，上覽之，駴曰：「保官求遷，保藩王欲何爲耶？」忠因乘間言：「朱寧與臧賢交通寧王，謀不軌，奏內稱王孝，譏上不孝；稱王早朝，譏上不朝。」上疑之，詔捕治宸濠詞奏事者，諸奸匿臧賢家複壁中，竟不可得。於是，御史蕭淮等合辭言：「寧王包藏禍心，招納亡命，反形已具。宗社安危，在於呼吸，宜逮其黨。」疏入，江彬、張忠等，又力贊上。楊廷和以復寧王護衛由己，恐禍及，乃請如宣德間諭趙王事，遣駙馬崔元等戒宸濠，使改過，仍削其護衛。廷和又議令兵部發兵觀變。王瓊曰：「此不可洩。近給事中孫懋等請選兵備江右，留中日久，第如議行之，可耳。」廷和默然。

加王瓊少保兼太子太師。

六月，宸濠反，巡撫副都御史孫燧、按察副使許逵死之。

初，戒諭寧王詔下，京師喧傳，謂「遣官逮宸濠也」。寧府偵卒徐華馳報宸濠。值宸濠生日，方宴，得報大驚。宴畢，密召劉養正曰：「詔使北來，且用蔡震擒荊王故事，奈何？」養正曰：「事急矣。發不可緩。旦日各官謝宴，可就執之，因而舉事。」乃夜集壯士，伏府中。及旦，各官入，宸濠立露臺，曰：「太后有密旨，召我監國。」燧毅然曰：「安得有密旨？請一觀。」宸濠曰：「孝宗爲李廣所誤，抱養民間子，天祚暗移，我祖宗不血食者，十四年於茲矣。汝等不知耶？"燧曰："安得妄言？"濠曰："不須多言。我往南京，汝宜從我乎？"燧怒，張目直視，厲聲曰："天亡二日，國亡二主。"宸濠叱左右縛燧，許逵大呼曰："孫巡撫，朝廷大臣，反賊敢擅殺耶？"宸濠并縛逵。逵且縛且罵曰："賊今日殺我，明日朝廷碎汝萬段。"因顧燧曰："早從我言，當不至此。"宸濠令賊衆推至惠民門外，逵罵不絕口，賊以劍斫其項，屹立不動，與燧俱被害。時，烈日中忽陰曀慘淡，城中男女無不流涕。宸濠遂執鎮守太監王宏、巡按御史王金、户部主事馬思聰、金山，布政胡濂、參政陳杲[二三]、劉棐、參議許效濂、黄宏，僉事賴鳳、指揮許金、白昂，并械繫於獄。思聰、宏俱不食死。宸濠乃僞置官屬，以劉吉、涂欽、萬鋭等爲太監，李士實爲太師，劉養正爲國師，王春爲尚書，凌十一等爲都指揮，參政王綸、季斆，僉事潘鵬、師夔，布政梁宸，按察使楊璋，副使唐錦，俱從賊。許逵父家居，聞江西有變，殺一巡撫、一副使，即爲位易服而哭。人問故曰："副使必兒也，吾兒素尚忠義，今必死賊手矣。"

宸濠兵攻陷南康、九江，知府陳霖、汪穎及兵備副使曹雷俱棄城走。

宸濠令閔廿四、吳十三等帥五萬餘人，奪官民船萬餘艘，順流攻南康。知府陳霖遁走，城遂陷。進攻九江，知府汪穎及兵備副使曹雷亦遁。九江人開城門納賊兵。宸濠復遣使四出報降，至進賢，知縣劉源清斬其使，嬰城固守。

睿聖獻皇帝崩。

秋七月，宸濠自率兵攻安慶，知府張文錦、守備都指揮楊鋭、指揮崔文御却之。

宸濠議僭大號，改年順德。李士實、劉養正勸至南京正位，然後改元。士實遂與養正造僞檄，指斥朝廷，謂上以莒滅鄫，高皇帝不血食。建寺禁內，雜處妓女、胡僧。玩弄邊兵，身衣異衣，至於市井屠販、下流賤品之事，靡不樂爲。棄置宗社、陵寢，而造行宮於宣府，稱爲"家裏"。黷貨無厭，荒遊無度，東至永平，西遊山陝，所過掠民婦女，索取贖錢。又常懸都太監牙牌，稱"威武大將軍"。又謂既奪馬指揮妻，稱馬皇后；復納山西娼婦，稱劉娘娘。原其爲心，不能御女。又將假此以欺天下，抱養異姓之子，如前所爲也。宸濠乃留宜春王拱樤、典寶萬銳等守南昌。自帥舟師順流而下，欲直趨南京。經安慶，知府張文錦、都指揮楊銳、指揮崔文集衆誓死固守，令軍士登城大罵之。宸濠怒，遂駐師，攻安慶。城中守禦甚嚴，數日不能克。以潘鵬安慶人，令鵬遣家人持書入城諭降。楊銳手斬之，支解其屍，投城下。張文錦族誅鵬家，賊勢大沮。

提督南贛都御史王守仁起兵討宸濠。

宸濠反時，守仁方將勘事福建，至豐城聞變，且知宸濠追急，易服駕漁舟急走臨江。知府戴德儒聞守仁至，延之入城。守仁曰："臨江，居大江之濱，密邇南昌，不如吉安。"又以三策籌之，曰："賊若出上策，出不意直趨京師，則宗社危矣。若出中策，趨南都，大江南北，未可保也。若出下策，但據南昌，此成擒耳。"守仁又恐宸濠兵出，諜言受密旨，知宸濠將反，令兩廣、湖廣、南京、江浙各命將出師會討，以疑宸濠，使不敢出南昌。又致李士實家屬，謬托腹心，密語之曰："吾只應敕旨，且聚衆者也。寧王事成敗未可知，吾安得遂進兵乎？"宸濠得諜，果疑，遲回數日始發。守仁至吉安，上疏告變，與知府伍文定謀傳檄四方，暴宸濠罪狀，檄列郡起兵勤王。又遣人密書與李士實、劉養正及閔廿四、吳十三等，若約爲內應，而既發，故令人洩賊黨常所過處。賊黨以告，宸濠速獲之，遂疑士實等，士實等勸宸濠去安慶，直進南京，否則出蘄黃，趨京師，宸濠遂不聽。**王守仁攻復南昌。宸濠解安慶圍而還，守仁逆戰于鄱陽湖，大破擒之。**

守仁既傳檄諸郡，於是，袁州知府徐璉、臨江知府戴德孺、贛州知府邢珣等各以兵至，大會於樟樹鎮。衆請先援安慶，守仁曰：「今南康、九江，皆爲賊勢，若越二城而援安慶，時回軍死鬭，是腹背受敵也。莫若先破南昌，傾其巢穴，賊失內據，衆心搖動，必狼狽而歸，可一戰擒矣。」皆曰：「善。」守仁遂引兵趨南昌。師至城下，城中驚潰，一鼓克之。擒拱橑、萬銳等，及宸濠子三哥、四哥，宮眷縱火自焚。宸濠聞南昌急，解安慶圍而退。諸將以賊勢強盛，請堅壁以待其至。守仁曰：「賊勢雖強，未逢大敵。今進不得逞，退無所歸，勢已消沮。若出奇擊惰，不戰而自潰矣。」乃遣伍文定、邢珣等分道併進。乙卯，與賊迎于黃家鎮，擊敗其前鋒。丙辰，復戰，官軍少卻，文定立炮石間，火燎其鬚，督諸兵殊死戰，奮斬賊首吳十三，賊乃敗走。宸濠退保樵舍，聯舟爲方陣，盡出金寶犒士。丁巳，守仁令以小舟載荻，乘風縱火焚之，賊大亂，諸軍乘之，遂執宸濠及其子大哥，并李士實、劉養正、劉吉、王綸等，婁妃投水死，擒斬三千餘級，死者無算。濠既被擒，泣曰：「紂用婦言亡，我不用婦言亡，悔何及矣。」初，京師聞宸濠反，諸大臣驚懼，不知所爲。王瓊曰：「有王守仁在，何憂？旦夕成擒矣。」卒如瓊所料。

南京戶部尚書王鴻儒卒。

鴻儒，南陽人。博聞多識，學有體要，明習國家典故，待物開誠，和而有禮。不問人私，而人亦不敢干以私。嘗曰：「惟誠與直能濟國事，趨名者益趨利，于社稷生民無益也。」卒，諡文莊。

逮陸完、蕭敬、錢寧、臧賢下獄，尋赦敬。

言官劾完等交通逆濠，并逮下獄。已，罰蕭敬白金二萬兩，赦出之，仍掌司禮監。

致仕南京吏部右侍郎羅玘卒。

玘致仕家居，宸濠重玘，欲招致之，以百金爲壽。玘聞之，先一夕逃去，家人莫知其處，人高其誼。至是卒。

八月，帝親討宸濠，大學士梁儲、蔣冕，邊將江彬、許泰扈行。

上初聞宸濠反，諸邊將在豹房者，各獻擒濠策。上亦欲假親征南遊，而太監張忠等見錢寧事敗，又欲因此邀功。於是，上自稱都督軍務、威武大將軍、總兵官、太師、鎮國公，下詔親征。廷臣力諫，不聽。行至良鄉，守仁捷音已至。上不發，使至南京奏聞。

九月，致仕南京兵部尚書林瀚卒，贈太子太保，諡文安。

九月，上至南京。

時，江彬、許泰輩先率兵至南昌，嫉王守仁，即造蜚語，言：「守仁始與宸濠通，既聞六師出，乃擒濠以脫罪。」欲并執守仁爲功。守仁覺之，遂發南昌，親獻俘。彬等遣人邀之，謂：「當縱濠鄱湖，俟上親與戰，而後奏凱論功。」守仁不聽，至杭州，與張永遇。守仁謂永曰：「江西之民，久遭濠毒。今經大亂，繼以旱災，又供京邊軍餉，困苦既極，必逃聚爲亂，奸黨應之，恐遂成土崩之勢。于時始興兵定亂，不亦難乎？」永深然之，徐曰：「吾此行，爲群小在君側，欲調護聖躬，非爲掩功來也。但將顧上意，猶可挽回。萬一逆之，徒激群小之怒，無救於事。惟公籌之。」守仁信其無他，乃以濠付永。永爲上備言守仁功，張忠等譖遂不得入。已而，守仁還南昌，忠等使北軍嫚罵唐突，欲借以起釁。守仁略不爲動，顧厚撫北軍，問勞有加。人人感悅，曰："王公待我厚，安可犯之？"群小計卒不行。

命都御史王守仁巡撫江西，以伍文定爲江西按察使，邢珣爲右參政。

冬十月，上在南京。

十一月，上在南京。

十二月，上在南京。

以鄧璋爲南京戶部尚書。

庚辰，十五年春正月，上在南京。

上在南京，欲就舊壇大祀天地。梁儲言："南北配位不同，且典章不可紊。"乃止。時，江彬等統邊軍數萬扈從，彬恃恩跋扈，無人臣禮，奴視公卿，潛懷不軌。喬宇爲南京兵部尚書，每事稍裁抑之，彬不敢甚肆。一日，彬索各城門鑰，宇曰："守備者，所以謹非常。城門鎖鑰，孰敢取，亦孰敢與？雖天子詔，奈何？"竟不與。彬每假中旨有所求，宇必請面奏，彬計不行。彬導上遊牛首山，三宿不返，禁衛軍夜大呼譟，彬懼，乃還。

彗星見。

三月癸丑朔，日有食之。

上在南京。

夏四月，上在南京。

五月，上在南京。

江西大水。

以副都御史李承勛巡撫遼東。

六月，上在南京。

秋七月，上在南京。

八月，上在南京。

上駐蹕南京久，復欲遊蘇杭，泛江浙、湖湘，登武當，而後還畿內。郡縣供給繁難，梁儲、蔣冕力請回鑾，泣跪行宮門外，自未至酉。中使傳諭，得報，乃起。

閏八月，上至鎮江幸靳貴宅。

冬十月，上班師還。

以王瓊爲吏部尚書。

禮部主事鄭善夫請改曆元。

善夫奏言："今歲及去年三次月食，臣皆同欽天監官登臺觀驗。初虧、復圓，時刻分秒多不合占步。蓋天道幽玄，其數精微，以人合天，誠亦未易。歲差之法，晉虞喜定以五十年差一度，久而驗之，弗合也。何承天以百年，劉焯以七十五年，僧一行以八十三年，久而驗之，又弗合也。許衡、郭守敬定以六十六年有餘，似已密矣。今據法推演，仍又不合。天道豈易言哉？且如定歲差之法，積四期餘一日，以一日分加於四期，故二至之時，只爭絲忽，此所宜定也。又如定日之法，一日百刻，而變爲九百四十分者，以氣朔有不盡之數難分也。凡月三十日，二氣盈四百一十一分二十五秒，一朔虛四百四十一分，積虛盈之數以制閏，故定朔必視四百四十一分前後爲朓朒，只在一分之間，此又所宜定也。如日月交食，惟日食爲最難測。月食分數，惟以距交遠近，別無四時加減，蓋月小，暗虛大，月入暗虛而食，故八方所見皆同。若日爲月體所掩而食，則日大而月小，日上而月下，日遠而月近，日行有四時之異，月行有九道之異，故旁觀者遠近自不同矣。如北方食既，南方才半虧；南方食既，北方才半虧。故食之時刻分秒，必須據地定表、因時求合而後准也。如正德九年八月朔日食，曆官報食八分六十七秒，而閩、廣之地遂至食既，其時刻分秒安得而同？今按交食以更曆元，時分刻，刻分分，分分秒，極精極細，及至於半秒難分之處，亦須酌量以足者也。若皆半秒，積以歲月，則躔離朓朒皆不合矣。漢、宋以來，皆設算學，與儒藝同科，稱四門博士，九章之法大明，故定差法，更曆元，每得其人。我朝算法既廢，而占天之書國法所禁，官生之徒明理實少。必須明理，然後數精。方今海內儒術之中，固有天資超邁、究心天人之學者，使得盡觀秘書，加以歲月，必能上按往古，下推未來，庶幾曆元可更也。"不報。

十二月，上至通州。

宸濠及其逆黨拱橑等伏誅。

起胡世寧爲湖廣按察使，尋升右僉都御史，巡撫四川。

辛巳，十六年春正月，上還京。

起費宏少保、戶部尚書，仍直文淵閣。

以石珤爲禮部尚書兼翰林院學士，掌詹事府。

以羅欽順爲吏部右侍郎。

二月，浚白茅河。

三月，上不豫。

上寢疾豹房，諸大臣皆不得見，獨內侍及諸義子在左右。行人張岳請日令大臣二人侍疾，防意外之變。不報。

丙寅，上崩於豹房。皇太后遣大學士梁儲等迎興獻王長子嗣位。

上崩，無嗣。慈壽皇太后與楊廷和等定議，憲宗次子興獻王長子倫序當立，乃以遺詔遵《祖訓》兄終弟及之義，遣儲及吏部尚書毛澄、內臣韋霦迎取嗣位。

江彬伏誅。

時，彬握重兵，蓄異志。楊廷和恐其為變，乃請皇太后以計誘彬入，伏壯士西安門內執之。下制，暴其罪，厚賞所部邊卒散遣歸鎮。下彬錦衣獄，論死，磔于市。籍其家，黃金七千斤，白金二十餘萬斤，珍寶不可勝計。

夏四月，興世子至京，即皇帝位。

梁儲等至安陸，奉上金符，上受之。四月壬午，辭興獻王墓，慟哭不能起。從官皆泣。次日，發安陸。瀕行，聖母曰："吾兒此行，負荷重任，毋輕言。"上曰："謹受教。"藩邸扈從諸臣、長史袁宗皋等，凡四十餘人，所過約束不擾，諸王府供饋悉謝不受。癸卯，至京，駐驛城外行殿。楊廷和令儀制郎余才具儀，請由東安門入居文華殿，百官上箋勸進，擇日登極。上命即從行殿受箋，由大明門入，日中登極，詔天下，以明年為嘉靖元年。

校勘記

〔一〕"徐知"，《明史》卷一百八十一《劉健傳》、卷三百四《宦官·劉瑾傳》、（清）谷應泰《明史紀事本末》卷四十三作"徐智"。

〔二〕"徐知"，同上。

〔三〕"同"，《明史》卷三百六《焦芳傳》作"同知"。

〔四〕"曹蘭"，（清）谷應泰《明史紀事本末》卷四十三同。《明史》卷二百二《周期雍傳》、卷三百四《宦官·劉瑾傳》作"曹閔"。

〔五〕"熊偉"，（清）谷應泰《明史紀事本末》卷四十三同。《明史》卷三百四《宦官·劉瑾傳》作"熊卓"。

〔六〕"況"，疑當作"見"。

〔七〕"何瑭"，底本作"何塘"，據後文、《明史》卷二百八十二《何塘傳》改。

〔八〕"石瑶"，《明史》卷一百九十《石珤傳》作"石珤"。

〔九〕"楊□□□"，（清）谷應泰《明史紀事本末》卷四十四作"楊真"。

〔一〇〕"孫景文"，底本作"係景文"，據前文改。

〔一一〕"曹蘭"，（清）谷應泰《明史紀事本末》卷四十三同。《明史》卷二百二《周期雍傳》、卷三百四《宦官·劉瑾傳》作"曹閔"。

〔一二〕"葛洪"，《明史》卷二百二《周期雍傳》、卷三百四《宦官·劉瑾傳》、（清）谷應泰《明史紀事本末》卷四十三作"葛浩"。

〔一三〕"津江"，當作"江津"。

〔一四〕"俞玉"，《明史》卷一百八十七《俞諫傳》、（清）谷應泰《明史紀事本末》卷四十八"俞諫"。

〔一五〕"始"，疑當作"殆"。

〔一六〕"喬"，疑當作"矯"。

〔一七〕"畜"，《明史》卷一百八十八《張士隆傳》作"蓄"。

〔一八〕"拮"，疑當作"結"。

〔一九〕"掠山"，《明史》卷二百《張岳傳》、（清）谷應泰《明史紀事本末》卷二十二作"諒山"。

〔二〇〕"三"，底本字跡漫漶，據（明）項篤壽《今獻備遺》卷三十八《王守仁》辨識。

〔二一〕"陳九州"，《明史》卷一百八十九《夏良勝傳》、（清）谷應泰《明史紀事本末》卷四十九作"陳九川"。

〔二二〕"九州"，同前作"九川"。

〔二三〕"陳果"，《明史》卷一百十七《寧王權傳》作"陳杲"。

附録：《國史紀聞提要》

《欽定四庫全書總目提要》卷四十八《國史紀聞提要》

《國史紀聞》十二卷，明張銓撰。

銓，字宇衡，沁州人，萬曆甲辰進士，官至監察御史，巡按遼東。天啓元年大兵破遼陽，殉節死。贈兵部尚書，謚忠烈。事迹具《明史·忠義傳》。是編起元至正十二年明太祖起兵濠州，迄於武宗之末，編年紀載，有綱有目。名曰《紀聞》者，銓自以職非史官，不得見實録記注，僅取各家之書，討論異同，編次成帙，所謂"得之傳聞而不敢據以爲信也"。書成於萬曆庚戌，至天啓甲子始刊行之，徐揚先爲之序，其子道濬又重爲校訂云。